高职高专汽车类教学改革规划教材

汽车保险与理赔
（第二版）

王富饶　尤　佳　主　编
周　宇　卢　荡　副主编

清华大学出版社
北　京

内 容 简 介

本书根据高职教育人才培养要求,主要介绍了汽车保险与理赔的相关知识,注重业务操作,从实用角度出发,理论联系实际,主要内容包括汽车保险概述、汽车保险合同、汽车保险原则、机动车交通事故责任强制保险、汽车商业保险、汽车保险承担、汽车保险理赔、汽车保险事故损失确定、汽车保险赔款理算、汽车保险典型案例分析,详细阐述了险种、费率、现场查勘、定损、核赔等实用的汽车保险与理赔知识。

本书可作为高职院校保险类、汽车类、汽车营销类专业的教学用书,也可作为财产保险公司、保险公估公司、汽车销售与维修公司从事汽车保险与理赔工作的相关岗位人员的培训用书。

本书封面贴有清华大学出版社防伪标签,无标签者不得销售。
版权所有,侵权必究。举报:010-62782989,beiqinquan@tup.tsinghua.edu.cn。

图书在版编目(CIP)数据

汽车保险与理赔 / 王富饶,尤佳 主编. —2版. —北京:清华大学出版社,2017(2021.1重印)
(高职高专汽车类教学改革规划教材)
ISBN 978-7-302-48114-0

Ⅰ.①汽… Ⅱ.①王… ②尤… Ⅲ.①汽车保险—理赔—中国—高等职业教育—教材 Ⅳ.①F842.63

中国版本图书馆 CIP 数据核字(2017)第 202054 号

责任编辑:	施 猛 王旭阳
封面设计:	常雪影
版式设计:	方加青
责任校对:	曹 阳
责任印制:	沈 露

出版发行:清华大学出版社
    网　　址:http://www.tup.com.cn,http://www.wqbook.com
    地　　址:北京清华大学学研大厦 A 座　　邮　编:100084
    社 总 机:010-62770175　　　　　　　　邮　购:010-62786544
    投稿与读者服务:010-62776969,c-service@tup.tsinghua.edu.cn
    质 量 反 馈:010-62772015,zhiliang@tup.tsinghua.edu.cn
    课 件 下 载:http://www.tupwk.com.cn,010-62781730
印 装 者:小森印刷霸州有限公司
经　　销:全国新华书店
开　　本:185mm×260mm　　印　张:14.5　　字　数:282 千字
版　　次:2012 年 11 月第 1 版　　2017 年 9 月第 2 版　　印　次:2021 年 1 月第 4 次印刷
定　　价:39.80 元

产品编号:073040-02

前言（第二版）

随着汽车保有量的持续增长，道路交通事故也时有发生，会造成人身伤亡和财产损失。防范和化解交通事故损失风险的有效措施就是投保汽车保险，因此，汽车保险市场将会越来越庞大，对从业人员的要求也会越来越规范。为了适应汽车保险行业对保险人才的需要，许多高职院校相继设置了保险专业，但在深化专业建设和课程建设的过程中，普遍存在缺乏配套专业教材的问题。本书结合了参编人员多年的教学经验和实践心得，并充分考虑了我国的具体国情、文化背景和高职教育的特点，主要介绍了汽车保险与理赔的相关知识，注重业务操作，从实用角度出发，理论联系实际，主要内容包括汽车保险概述、汽车保险合同、汽车保险原则、机动车交通事故责任强制保险、汽车商业保险、汽车保险承保、汽车保险理赔、汽车保险事故损失确定、汽车保险赔款理算、汽车保险典型案例分析，详细阐述了险种、费率、现场查勘、定损、核赔等实用的汽车保险与理赔知识。本书是省级精品课程"汽车信贷与保险"建设成果之一，配有教学课件。

随着保险行业的发展，尤其是2016年全国各地逐步进行了汽车商业保险条款的修订，本书第一版的内容已滞后，与汽车保险行业的现状不符。因此，本书为了与最新修订的汽车商业保险条款的内容保持一致，与汽车保险发展现状同步，进行了改版。

本书由辽宁省交通高等专科学校王富饶、辽宁省交通高等专科学校尤佳担任主编，辽宁省交通高等专科学校周宇、卢荡担任副主编。全书由王富饶统稿。

本书在编写过程中，参考和借鉴了国内出版的教材、论著、报刊，在此对原作者和编译者表示衷心的感谢！同时也感谢清华大学出版社的支持和帮助。

由于时间仓促，参与编写人员的水平和资料有限，书中可能存在疏漏和差错，敬请专家、读者批评指正，以便今后改进和完善。反馈邮箱：wkservice@vip.163.com。

编者
2017年4月

前言（第一版）

随着我国汽车工业的迅猛发展和政府促进汽车消费政策的逐步实施，以及我国居民购买力水平的持续提高，我国汽车保有量大幅上升，汽车进入家庭已从梦想变成现实。据中国汽车工业协会统计，2010年，我国汽车产量为1 826.47万辆，同比增长32.44%，销量为1 806万辆，同比增长32.37%，蝉联世界第一汽车市场桂冠。随着汽车保有量的持续增长，道路交通事故也时有发生，造成人身伤亡和财产损失。防范和化解交通事故损失风险的有效措施就是投保汽车保险，因此，汽车保险市场将会越来越庞大，对从业人员的要求也会越来越规范。

本书在编写过程中结合了参编人员多年的教学经验和实践心得，并充分考虑了我国的具体国情、文化背景和高职教育的特点，主要介绍了汽车保险与理赔的相关知识，注重业务操作，从实用角度出发，理论联系实际，主要内容包括汽车保险概述、汽车保险合同、汽车保险原则、汽车保险条款、汽车保险理赔实务、汽车保险事故损失确定、汽车保险赔款理算、汽车保险典型案例分析等，详细阐述了险种、费率、现场查勘、定损、核赔等实用的汽车保险与理赔知识。

本书为省级精品课程"汽车信贷与保险"建设研究成果之一，配有教学课件。本书由辽宁省交通高等专科学校王富饶、大连职业技术学院杨连福担任主编，辽宁省交通高等专科学校周宇、卢荡担任副主编。全书共十章，编写分工如下：王富饶编写第三章、第六章和第七章，杨连福编写第四章和第十章，周宇编写第一章和第五章，卢荡编写第八章和第九章，辽宁省交通高等专科学校孙晓芳编写第二章。全书由王富饶统稿。

本书在编写过程中，参考和借鉴了国内出版的教材、论著、报刊，在此对原作者和编译者表示衷心的感谢！同时也感谢清华大学出版社的支持和帮助。

由于时间仓促，参与编写人员的水平和资料有限，书中可能存在疏漏和差错，敬请专家、读者批评指正，以便今后改进和完善。反馈邮箱：hskj@vip.sina.com。

编者

2012年6月

目录

第一章　汽车保险概述 ………………1

第一节　风险与保险 …………………2
　一、风险 ……………………………2
　二、风险管理 ………………………3
　三、保险 ……………………………7
第二节　汽车保险的含义、特征与
　　　　作用 ……………………………11
　一、汽车保险的含义 ………………11
　二、汽车保险的特征 ………………11
　三、汽车保险的作用 ………………13
第三节　汽车保险的起源和发展 ……14
　一、汽车保险的起源 ………………15
　二、汽车保险在国外的发展 ………15
　三、我国汽车保险的发展进程 ……16
复习思考题 ……………………………17

第二章　汽车保险合同 ………………18

第一节　汽车保险合同的特征和
　　　　内容 ……………………………19
　一、汽车保险合同的概念 …………20
　二、汽车保险合同的特征 …………20
　三、汽车保险合同的内容 …………22
　四、汽车保险合同的形式 …………24
第二节　汽车保险合同的订立与
　　　　效力 ……………………………29
　一、保险合同的订立 ………………29
　二、保险合同的生效 ………………31
　三、保险合同主体及其权利和义务 …31
第三节　汽车保险合同的变更、转让和
　　　　终止 ……………………………36
　一、保险合同的变更 ………………36
　二、保险合同的转让 ………………36
　三、保险合同的终止 ………………38
第四节　汽车保险合同的解释与
　　　　争议处理 ………………………38
　一、保险合同条款的解释原则 ……38
　二、保险合同的争议处理 …………40
复习思考题 ……………………………43

第三章　汽车保险原则 ………………44

第一节　最大诚信原则 ………………45
　一、最大诚信原则的含义 …………45
　二、规定最大诚信原则的原因 ……46
　三、最大诚信原则的内容 …………47
　四、违反最大诚信原则的表现
　　　形式及其法律后果 ………………53
第二节　保险利益原则 ………………54
　一、保险利益及其确立条件 ………54
　二、保险利益原则及其对保险
　　　经营的意义 ………………………56

三、保险利益原则在保险实务中
　　　　的应用 …………………………… 56
第三节　损失补偿原则 ……………………… 58
　　一、损失补偿原则及其意义 …………… 58
　　二、影响保险补偿的因素 ……………… 61
　　三、损失补偿原则的派生原则 ………… 62
　　四、损失补偿原则的例外情况 ………… 67
第四节　近因原则 …………………………… 67
　　一、近因及近因原则 …………………… 67
　　二、近因原则的应用 …………………… 68
复习思考题 …………………………………… 71

第四章　机动车交通事故责任
　　　　强制保险 ………………………… 73

第一节　国外汽车责任强制保险概述 ……… 74
　　一、产生背景 …………………………… 74
　　二、强制汽车责任保险的特征 ………… 75
　　三、强制汽车责任保险的
　　　　实施方式 …………………………… 76
第二节　我国交强险条款和费率 …………… 77
　　一、定义 ………………………………… 77
　　二、保险责任 …………………………… 77
　　三、垫付与追偿 ………………………… 78
　　四、除外责任 …………………………… 78
　　五、赔偿处理 …………………………… 79
　　六、交强险费率 ………………………… 79
复习思考题 …………………………………… 85

第五章　汽车商业保险 ………………… 86

第一节　机动车商业保险概述 ……………… 87
　　一、机动车商业保险条款管理
　　　　规定 ………………………………… 87

　　二、现行机动车保险险种介绍 ………… 88
　　三、车险条款的内容构成 ……………… 88
第二节　机动车损失保险 …………………… 89
　　一、保险标的 …………………………… 89
　　二、保险责任 …………………………… 89
　　三、除外责任 …………………………… 92
　　四、免赔率 ……………………………… 97
　　五、保险金额 …………………………… 97
　　六、赔偿处理 …………………………… 98
第三节　机动车第三者责任保险 …………… 100
　　一、保险标的 …………………………… 100
　　二、保险责任 …………………………… 100
　　三、除外责任 …………………………… 101
　　四、免赔率 ……………………………… 102
　　五、责任限额 …………………………… 102
　　六、赔偿处理 …………………………… 103
第四节　机动车车上人员责任保险 ………… 103
第五节　机动车全车盗抢险 ………………… 105
　　一、保险责任 …………………………… 105
　　二、除外责任 …………………………… 105
　　三、保险金额 …………………………… 105
　　四、免赔率 ……………………………… 105
　　五、赔偿处理 …………………………… 106
第六节　机动车保险附加险 ………………… 106
　　一、玻璃单独破碎险 …………………… 106
　　二、车身划痕损失险 …………………… 107
　　三、不计免赔率特约条款 ……………… 107
　　四、自燃损失险 ………………………… 108
　　五、新增加设备损失保险 ……………… 109
　　六、发动机涉水损失险 ………………… 109
　　七、修理期间费用补偿险 ……………… 110
　　八、车上货物责任险 …………………… 111

九、精神损害抚慰金责任险………111
　　十、机动车损失保险无法找到第三方
　　　　特约险………………………113
　　十一、指定专修厂特约条款…………113
　复习思考题…………………………………113

第六章　汽车保险承保…………115
第一节　投保实务………………………116
　　一、投保条件……………………116
　　二、投保选择……………………117
　　三、投保人投保时应注意的事项…119
　　四、投保单的内容………………121
第二节　核保实务………………………126
　　一、核保原理……………………127
　　二、核保运作……………………130
第三节　缮制和签发单证………………135
　　一、出具单证……………………135
　　二、单证的清分与归档…………137
　　三、单证管理与统计……………138
第四节　续保与批改……………………140
　　一、续保…………………………140
　　二、批改…………………………141
　复习思考题………………………………142

第七章　汽车保险理赔…………144
第一节　车险理赔要求…………………145
　　一、汽车保险理赔的原则………146
　　二、汽车保险理赔的意义和作用…148
　　三、汽车保险理赔人员的
　　　　条件要求……………………148
第二节　车险理赔的程序与监督………150
　　一、汽车保险理赔的程序………150

　　二、汽车保险理赔工作的监督…153
第三节　现场查勘的内容与方法………156
　　一、现场查勘的意义、要求及
　　　　目的…………………………156
　　二、现场查勘的主要内容………159
　　三、现场查勘的方法……………161
　　四、现场查勘工作的实施………161
　复习思考题………………………………166

第八章　汽车保险事故损失确定…168
第一节　确定车辆损失…………………169
　　一、定损人员应具备的素质……169
　　二、车辆损失确定的程序………170
　　三、车辆定损时应注意的问题…171
　　四、车辆损失费用的组成………172
第二节　确定人身伤亡的费用…………172
　　一、人身伤亡费用的赔偿范围…172
　　二、人身损害赔偿费用计算标准…175
　　三、确定人身伤亡费用时应注意的
　　　　问题…………………………176
第三节　其他保险事故的损失确定……177
　　一、汽车火灾损失确定…………177
　　二、汽车水灾损失确定…………178
　　三、车辆盗抢损失确定…………179
第四节　确定施救费用和其他
　　　　财产损失……………………179
　　一、施救费用的确定……………180
　　二、其他财产损失的赔偿………180
　复习思考题………………………………182

第九章　汽车保险赔款理算………184
第一节　交强险赔款理算………………185

一、交强险的赔偿方式和赔款理算
　　的注意事项·················185
二、交强险理算实例···············187
第二节　机动车损失保险赔款理算·····189
一、投保时按照被保险机动车新车
　　购置价确定保险金额的车损险
　　赔款理算·······················189
二、投保时按机动车实际价值确定
　　保险金额或协商确定保险金额
　　的车损险赔款理算···············191
第三节　第三者责任保险赔款理算·····193
第四节　附加险赔款理算·············194
第五节　赔款理算实例···············197
一、混合责任的交强险赔款
　　理算···························197
二、车辆商业保险赔款理算·········200
复习思考题·····························202

第十章　汽车保险典型案例分析······203

第一节　交强险案例···················204
　　案例分析10-1·····················204

　　案例分析10-2·····················205
第二节　车辆损失保险案例···········206
　　案例分析10-3·····················206
　　案例分析10-4·····················207
第三节　第三者责任保险案例·········209
　　案例分析10-5·····················209
　　案例分析10-6·····················210
　　案例分析10-7·····················211
第四节　盗抢险案例···················212
　　案例分析10-8·····················212
第五节　自燃损失险案例·············215
　　案例分析10-9·····················215
第六节　其他案例·····················216
　　案例分析10-10···················216
　　案例分析10-11···················217
　　案例分析10-12···················218

参考文献·····························220

第一章

汽车保险概述

学习目标

能力目标	● 能够理解风险构成要素及各要素之间的关系 ● 能够分清在不同分类标准下保险的种类 ● 能够理解汽车保险与普通财产保险的区别
知识目标	● 掌握风险的含义及其构成要素 ● 掌握保险的含义及其分类 ● 掌握汽车保险的含义及其特征 ● 掌握汽车保险的作用 ● 了解汽车保险发展的历程

引导案例

中国每年发生的交通事故约50万起，因交通事故死亡的人数均超过10万人。统计数据表明，每5分钟就有一人丧生车轮下，每1分钟就会有一人因交通事故而伤残。每年，交通事故所造成的经济损失达数百亿元。要解决交通事故引发的问题，除了加强道路建设和安全管理设施建设、优化交通工具总体构成、提高我国现有公路质量，还要增强人们的交通安全意识，加强道路交通风险事故的宣传，大力发展汽车保险业。

在本章的学习中，我们将从了解风险开始，介绍有效转移风险损失的一种方法——保险的相关内容，并主要学习汽车保险的基本知识。

第一节 风险与保险

一、风险

(一) 风险的含义

风险是指人们因对未来行为的决策及客观条件的不确定性，而可能引起的后果与预定目标发生的偏离。这种偏离既有负偏离，也有正偏离。负偏离是指出现的损失，正偏离是指带来的收益。

风险是一种客观存在，是不以人的意志为转移的，它的存在与客观环境及一定的时空条件有关，并伴随人类活动的开展而存在。如果没有人类的活动，也就不存在风险。

(二) 风险的构成要素

风险的构成要素包括风险因素、风险事故和风险损失。

1. 风险因素

风险因素是指引起或促使风险事故发生，以及风险事故发生时致使损失增加、扩大的条件。风险因素是风险事故发生的潜在条件，一般称其为风险条件。风险因素通常有以下三种类型。

(1) 实质风险因素。它属于有形的因素，是指对某一标的增加风险发生机会或严重程度的直接条件。如汽车的制动系统失灵是汽车发生意外事故的实质风险因素；环境污染是影响人们健康的实质风险因素。

(2) 道德风险因素。道德风险因素是与人的品德修养有关的无形因素。它是指由于个人的恶意行为或不轨企图，促使风险事故发生，以致引起社会财富损毁和人身伤亡的原因或条件。如欺诈、纵火等。

(3) 心理风险因素。心理风险因素是与人的心理状态有关的无形因素。它是指由于人们主观上的疏忽或过失，以致增加风险事故发生的机会或扩大损失程度的因素。如仓库值班人员未尽职守，增加了发生偷窃风险的可能性；锅炉工未及时给锅炉加水，增加了发生爆炸的可能性。

2. 风险事故

风险事故是指造成人身伤亡或财产损失的偶然事件，是造成风险损失直接的、外在的原因，也是风险因素所诱发的结果。风险事故使发生风险的可能性转化为现实，即风险的发生。如刹车系统失灵酿成车祸而导致人员伤亡，其中，刹车系统失灵是风险因素，车祸是风险事故，人员伤亡是损失。如果仅有刹车系统失灵，而未导致车祸，则不会造成人员伤亡。

3. 风险损失

风险损失作为风险管理和保险经营的一个重要概念，是指非故意的、非预期的和非计划的经济价值的减少。显然，风险管理中的损失包括两个方面的条件：一为非故意的、非预期的和非计划的；二为经济价值的减少，即损失必须能用货币来衡量，两者缺一不可。如某人因病引起智力下降，虽然符合第一个条件，但不符合第二个条件，因此不能把智力下降定为损失。

风险由以上三个要素构成，其关系可概括为：风险因素引起风险事故，风险事故导致风险损失。

二、风险管理

(一) 风险管理的含义

风险管理是指经济单位通过对风险的认识、衡量和分析，选择最有效的方式，主动地、有目的地、有计划地处理风险,以最小的成本,争取获得最大的安全保障的方法。

对于风险管理的含义,应注意以下几点。

(1) 风险管理的主体是经济单位,即个人、家庭、企业或政府单位;

(2) 风险管理通过对风险的认识、衡量和分析,以最有效的方式,即最佳的风险管理技术为中心;

(3) 对风险管理技术的选择及对风险的处理,是经济单位处在主动的地位有目的、有计划地进行的;

(4) 风险管理的目标是以最小的成本争取获得最大的安全保障。

(二) 风险管理的程序

风险管理的基本程序分为风险识别、风险估测、风险评价、选择风险管理技术和评估风险管理效果五个环节。

1. 风险识别

风险识别是风险管理的第一步,它是指对企业、家庭或个人面临的和潜在的风险加以判断、归类和对风险性质进行鉴定的过程。即对尚未发生的、潜在的和客观存在的各种风险,系统地、连续地进行识别和归类,并分析产生风险事故的原因。风险识别主要包括感知风险和分析风险两个方面。存在于企业、家庭或个人周围的风险多种多样、错综复杂,有潜在的,也有实际存在的;有静态的,也有动态的;有内部的,也有外部的。所有这些风险在一定时期和某一特定条件下是否客观存在,存在的条件是什么,以及损害发生的可能性等,都是风险识别阶段应予解决的问题。

2. 风险估测

风险估测是在风险识别的基础上,通过对所收集的大量资料进行分析,利用概率统计理论,估计和预测风险发生的概率和损失程度。风险估测不仅使风险管理建立在科学的基础上,而且使风险分析定量化,为风险管理者进行风险决策、选择最佳管理技术提供了科学依据。

3. 风险评价

风险评价是指在风险识别和风险估测的基础上,对风险发生的概率、损失程度,结合其他因素进行全面考虑,评估发生风险的可能性及其危害程度,并与公认的安全指标相比较,以衡量风险程度,并决定是否需要采取相应的措施。处理风险,需要一定费用,费用与风险损失之间的比例管理直接影响风险管理的效益。通过对风险的定性分析、定量分析和比较处理风险所支出的费用,来确定风险是否需要处理和处理程度,以判定为处理风险所支出的费用是否有效益。

4. 选择风险管理技术

根据风险评价结果,为实现风险管理目标,选择最佳风险管理技术是风险管理中最为重要的环节。风险管理技术分为控制型和财务型两大类。前者的目的是降低损失频率和减少损失幅度,重点在于改变引起意外事故和扩大损失的各种条件;后者的目的是以提供基金的方式,对无法控制的风险做财务上的安排。

5. 评估风险管理效果

评估风险管理效果是指对风险管理技术的适应性及收益性情况的分析、检查、修正和评估。风险管理效益的大小,取决于是否能以最小的风险成本取得最大的安全保障。同时,在实务中还要考虑风险管理与整体管理目标是否一致,是否具有具体实施的可能性、可操作性和有效性。风险处理对策是否最佳,可通过评估风险管理的效益来判断。

(三) 风险管理的手段

1. 风险控制对策中的手段

(1) 损失回避。这是一种对付风险的最彻底的手段,有效的损失回避可以完全解除某一特定风险可能造成的损失。但它又是最消极的手段,因为它主要通过放弃或不再进行某项活动以消除风险源,同时也使获利的可能性降为零,何况并非所有的风险均能回避,避免了某一种风险可能又会面临另一种新的风险。因此,只有在迫不得已的情况下,人们才会使用损失回避手段。

(2) 损失控制。即通过减少损失发生的机会,或通过降低所发生损失的严重性,来处理那些不愿回避或转移的风险,它是一种被普遍采用的风险管理手段。根据损失控制的目的,它可以分为损失预防和损失减轻两种。前者试图减少或消除损失发生的机会,后者则主要为了降低损失的严重程度。

(3) 风险隔离。即对所面临的风险单位进行空间与时间的分离,这样便可达到减轻风险损失的目的。风险隔离相应增加了所要控制的单独风险单位的数量,如果其他情况不变,根据大数定律,显然会减少风险损失,当然可能会增加一定的管理费用。

(4) 风险结合。它与风险隔离正好相对应,是从另一个方面进行管理,即通过增加风险单位的数量来从整体上提高预防未来损失的能力,这在市场波动大、竞争激烈的现实中是极为有效的。

(5) 风险转移。它是指一些单位或个人为避免承担风险损失而有意识地将风险损失或与风险损失有关的财务后果转嫁给另一单位或个人承担的一种风险管理方式。通过风险转移，以达到降低风险发生频率和缩小其损失程度的目的。风险转移可以使风险在损失承受者之间进行转移，但不可能因此将风险消除或者减少其总量。

2. 风险财务对策中的手段

(1) 财务型非保险转移。这种手段主要是通过外部资金来支付可能发生的损失，将损失的财务负担转移给非保险业中的其他人。适用风险财务型非保险转移的情况：被转移方与转移方之间的损失可以清楚地划分，被转移人能够且愿意承担适当的财务责任，其成本低于采用其他手段的成本。

财务型非保险转移的方法很多，常见的有以下几种：①通过契约或合同将某人的财务责任转移给另一个人承担，如出租者通过租约，可以将本来应由自己承担的租物损坏的经济责任转移给承租人；②通过保证人、委托人、债权人三方签订保证书，用以明确委托人对债权人履行某些明确的义务，否则由保证人承担违约风险的财务责任；③通过发行股票、债券，可以把企业经营的风险分散给众多的股东和投资者。

(2) 财务型保险转移。这种手段是单位或个人通过订立保险合同，将其面临的财产风险、人身风险和责任风险等转嫁给保险人的一种风险管理技术，一般用来对付损失频率低、损失程度大的风险。

(3) 自我承担。当某种风险不能避免、控制、转移或因冒该风险可能会获取较大的利润时，可以将这种风险保留下来，自己承担由其所致的损失。这是一种较为普遍的风险管理手段，可以与除损失回避以外的其他手段共同使用。

自我承担可以分为两大类：一类是消极的自我承担，即没有意识到风险的存在而没有进行风险准备，或者明知风险存在却因疏忽怠慢，低估潜在的损失程度时，所产生的风险自留；另一类是积极的自我承担，即明知风险存在且不可避免，但又找不到适当的处理办法，采用这种方法或者因为自我承担风险比其他处理方法更经济、合理，或者因为风险损失不大且企业有能力自我承担。

(四) 风险管理的目标

风险管理的基本目标是以最小的成本获得最大的安全保障。风险管理的具体目标可以分为损失前目标和损失后目标。前者是指通过风险管理消除和降低风险发生的可能性，为人们提供较安全的生产、生活环境；后者是指通过风险管理在损失出现后及时采取措施，使受损企业的生产得以迅速恢复，或使受损家园得以迅速重建。

(1) 损失前目标：①减小风险事故的发生机会；②以经济、合理的方法预防潜在损失的发生；③减轻企业、家庭和个人对风险及潜在损失的烦恼和忧虑，为企业提供良好的生产经营环境，为家庭提供良好的生活环境；④遵守和履行社会责任和行为规范。

(2) 损失后目标：①减轻损失的危害程度；②及时提供经济补偿，使企业和家庭恢复正常的生产和生活秩序，实现良性循环。

三、保险

(一) 保险的含义

保险是指投保人根据合同约定，向保险人支付保险费，保险人对于合同约定的可能发生的事故因其发生所造成的财产损失承担赔偿保险金责任，或者当被保险人死亡、伤残、患病或者达到合同约定的年龄、期限时承担给付保险金责任的商业保险行为。

保险作为分散风险、消化损失的一种经济补偿制度，可以从不同的角度来理解其含义。

(1) 从经济角度看，保险是分摊意外损失、提供经济保障的一种财务安排。投保人缴纳保险费购买保险，实际上是将其面临的不确定的大额损失转变为确定性的小额支出，将未来大额的或持续的支出转变成目前的固定性支出。通过保险，提高了投保人的资金效益，因而被认为是一种有效的财务安排。人寿保险中，保险作为一种财务安排的特性表现得尤为明显，因为人寿保险还具有储蓄和投资的作用，具有理财的特征。正是从这个意义上说，保险公司属于金融中介机构，保险业是金融业的一个重要组成部分。

(2) 从法律角度看，保险是一种合同行为。保险合同当事人双方在法律地位平等的基础上，签订合同，承担各自的义务，享受各自的权利。

(3) 从风险管理角度看，保险是风险管理的一种方法，或风险转移的一种机制。通过保险，将众多的单位和个人结合起来，变个体应对风险为大家共同应对风险，从而提高对风险损失的承受能力。保险的作用在于集散风险、分摊损失。

(二) 保险的要素

1. 可保风险

可保风险是保险人可以接受承保的风险。尽管保险是人们处理风险的一种方式，它能为人们在遭受损失时提供经济补偿,但并非所有破坏物质财富或威胁人身安全的风险,保险人都承保。可保风险有以下几个特性:一是风险不是投机性的;二是风险必须具有不确定性,就一个具体单独的保险标的而言,保险当事人事先无法知道其是否发生损失、发生损失的时间和发生损失的程度;三是风险必须是大量标的均有遭受损失的可能;四是风险必须是意外的;五是风险可能导致较大损失;六是在保险期限内预期的损失是可计算的,保险人承保某一特定风险,必须在保险合同期限内收取足够数额的保险费,以聚集资金支付赔款,支付各项费用开支,并获得合理的利润。

2. 多数人的同质风险的集合与分散

保险的过程,既是风险的集合过程,又是风险的分散过程。众多投保人将其所面临的风险转嫁给保险人,保险人通过承保而将众多风险集合起来。当发生保险责任范围内的损失时,保险人又将少数人发生的风险损失分摊给全部投保人,也就是通过保险的补偿行为分摊损失,将集合的风险予以分散转移。保险风险的集合与分散应具备两个前提条件:一是多数人的风险。如果是少数或个别人的风险,就无所谓集合与分散,而且风险损害发生的概率难以测定,大数法则不能有效地发挥作用;二是同质风险。如果风险不是同质风险,那么风险损失发生的概率就不相同,风险也就无法进行集合与分散。此外,由于不同质的风险损失发生的频率与幅度是有差异的,倘若进行集合与分散,会导致保险经营财务的不稳定,保险人将不能提供保险供给。

3. 费率的合理厘定

保险在形式上是一种经济保障活动,而实质上是一种商品交换行为。因此,厘定合理的费率,即制定保险商品的价格,便构成保险的基本要素。保险的费率过高,保险需求会受到限制;反之,费率厘定得过低,保险供给得不到保障,这都不能称为合理的费率。费率的厘定应依据概率论、大数法则的原理进行计算。

4. 保险基金的建立

保险的分摊损失与补偿损失功能是通过建立保险基金实现的。保险基金是用以补偿或给付因自然灾害、意外事故和人体自然规律所致的经济损失和人身损害的专项货币基金。它主要来自开业资本金和保险费收入,就财产保险准备金而言,表现为未到期责任准备金、赔款准备金等形式;就人寿保险准备金而言,主要以未到期责任准备金的形式存在。保险基金具有分散性、广泛性、专项性与增值性等特点,保险基金是保险的赔偿与给付的基础。

5. 订立保险合同

保险是一种经济关系,是投保人与保险人之间的经济关系。这种经济关系是通过合同的订立来确定的。保险是专门对意外事故和不确定事件造成的经济损失给予赔偿,风险是否发生,何时发生,其损失程度如何,均具有较大的随机性。保险的这一特性要求保险人和投保人应在确定的法律或契约关系约束下履行各自的权利与义务。倘若不具备在法律上或合同上规定的各自的权利与义务,那么保险经济关系难以成立。因此,订立保险合同是保险得以成立的基本要素,它是保险成立的法律保证。

(三) 保险的特征

1. 经济性

保险是一种经济保障活动,这种经济保障活动是整个国民经济活动的一个组成部分。此外,保险体现了一种经济关系,即商品等价交换关系,保险经营具有商品属性。

2. 互助性

保险在一定条件下,分担了个别单位和个人所不能承担的风险,从而形成一种经济互助关系。它体现了"一人为众、众人为一"的思想,互助性是保险的基本特性。

3. 法律性

保险的经济保障活动是根据合同来进行的,因此从法律角度看,保险又是一种法律行为。

4. 科学性

保险是以数理计算为依据而收取保险费。保险经营的科学性是保险存在和发展的基础。

(四) 保险的分类

1. 按照实施方式分类

按照实施方式分类,保险可分为强制保险和自愿保险。

(1) 强制保险。强制保险(又称"法定保险")是由国家(政府)通过法律或行政手段强制实施的一种保险。强制保险的保险关系虽然产生于投保人与保险人之间的合同行为,但是合同的订立受制于国家或政府的法律规定,如机动车交通事故责任强制保险。

(2) 自愿保险。自愿保险是在自愿原则下，投保人与保险人双方在平等的基础上，通过订立保险合同而建立的保险关系。自愿保险的保险关系是当事人之间自由决定、彼此合意后所建立的合同关系。投保人可以自由决定是否投保、向谁投保、中途退保等，也可以自由选择保险金额、保障范围、保障程度和保险期限等。保险人也可以根据情况自愿决定是否承保、怎样承保等。

2. 按照保险标的分类

按照保险标的分类，保险可分为财产保险和人身保险。

(1) 财产保险。财产保险是以财产及其有关利益为保险标的的一种保险，包括财产损失保险、责任保险、信用保险等保险业务。

财产损失保险是以各类有形财产为保险标的的财产保险。其主要的业务种类有企业财产保险、家庭财产保险、运输工具保险、货物运输保险、工程保险、特殊风险保险和农业保险等。

责任保险是指以被保险人对第三者的财产损失或人身伤害依照法律和契约应负的赔偿责任为保险标的的保险。其主要的业务种类有公众责任保险、产品责任保险、雇主责任保险和职业责任保险等。

信用保险是以各种信用行为为保险标的的保险。其主要的业务种类有一般商业信用保险、出口信用保险、合同保证保险、产品保证保险和忠诚保证保险等。

(2) 人身保险。人身保险是以人的寿命和身体为保险标的的保险，包括人寿保险、健康保险、意外伤害保险等。

人寿保险是以被保险人的寿命作为保险标的，以被保险人的生存或死亡为给付保险金条件的一种人身保险。其主要的业务种类有定期寿险、终身寿险、两全寿险、年金保险、投资连结保险、分红寿险和万能寿险等。

健康保险是以被保险人的身体为保险标的，使被保险人在疾病或意外事故所致伤害时发生的费用或损失获得补偿的一种人身保险业务。其主要的业务种类有医疗保险、疾病保险和收入补偿保险等。

意外伤害保险是指以被保险人的身体为保险标的，以意外伤害而致被保险人身故或残疾为给付保险金条件的一种人身保险。其主要的业务种类有普通意外伤害保险、特定意外伤害保险等。

3. 按照承保方式分类

按照承保方式分类，保险可分为原保险、再保险、重复保险和共同保险。

(1) 原保险。原保险是保险人与投保人之间直接签订保险合同而建立保险关系的一种保险。在原保险关系中，保险需求者将其风险转嫁给保险人，当保险标的遭受保险责任范围内的损失时，保险人直接对被保险人承担赔偿责任。

(2) 再保险。再保险(也称"分保")是保险人将其所承保的风险和责任的一部分，转移给其他保险人的一种保险。转让业务的是原保险人，接受分保业务的是再保险人。这种风险转嫁方式是保险人对原始风险的纵向转嫁，即第二次风险转嫁。

(3) 重复保险。重复保险是指投保人以同一保险标的、同一保险利益、同一保险事故分别与数个保险人订立保险合同，且保险金额总和超过保险价值的一种保险。

(4) 共同保险。共同保险是指投保人与两个以上保险人之间，就同一保险利益、同一风险共同缔结保险合同的一种保险。在实务中，数个保险人可能以某一保险人名义签发一张保险单，然后每一保险人对保险事故损失按比例分担责任。共同保险是直接保险的一种，因此，共同保险人在联合承担保险责任以后，根据需要也可以进行再保险，与再保险人建立起再保险关系。

第二节　汽车保险的含义、特征与作用

一、汽车保险的含义

汽车保险，又称机动车辆保险，是以机动车辆本身及其第三者责任等为保险标的的一种运输工具保险。它的保险客户主要是拥有各种机动交通工具的法人团体和个人；其保险标的主要是各种类型的汽车，也包括电车、电瓶车等专用车辆及摩托车等。

二、汽车保险的特征

机动车辆保险与一般意义上的财产保险有区别，因为其保险责任包括第三者责任，所以它是一种综合保险，在欧美各国被列为意外保险。汽车保险除了其他财产保险所具有的共性，还具备本身独有的一些特点。

(一) 机动车辆保险属于不定值保险

机动车辆保险单中双方当事人不约定保险价值，只约定保险金额作为保险人承担

赔偿责任的最高限额。发生保险事故时，保险人的赔偿以保险金额不超过车辆损失时的实际价值为限，超过车辆实际价值的保险金额无效。

(二) 机动车辆损失保险的赔偿主要采取修复方式

普通的财产保险的赔偿主要采取货币方式，而机动车辆损失保险业务中除机动车辆发生严重全损、无法修复或被盗抢的情况下需要采取货币方式赔偿外，部分损失情况下的赔偿主要采取修复方式。

(三) 保险标的出险率较高

机动车辆作为交通工具，其经常处于运动状态，很容易发生碰撞及其他意外事故，造成人身伤亡或财产损失。由于车辆数量的迅速增加，一些国家交通设施及管理水平跟不上汽车的发展速度，再加上驾驶员的疏忽、过失等人为原因，交通事故发生频繁，汽车出险率较高。

(四) 业务量大，投保率高

由于汽车出险率较高，汽车的所有者需要以保险方式转嫁风险。各国政府在不断完善交通设施、严格制定交通规章的同时，为了保障受害人的利益，对第三者责任保险实施强制保险。保险人为适应投保人转嫁风险的不同需要，为被保险人提供了全面的保障，在开展车辆损失险和第三者责任险的基础上，推出了一系列附加险，使汽车保险成为财产保险中业务量最大、投保率最高的一个险种。

(五) 扩大保险利益

机动车辆保险中，针对汽车的所有者与使用者的不同特点，机动车辆保险条款一般规定：不仅被保险人本人使用车辆时发生保险事故，保险人要承担赔偿责任，而且凡是被保险人允许的驾驶人使用车辆时，也视为其对保险标的具有保险利益，如果发生保险单上约定的事故，保险人同样要承担事故造成的损失。

(六) 被保险人自负责任与无赔款优待

为了促使被保险人注意维护、养护车辆，使其保持安全行驶的技术状态，并督促驾驶员注意安全行车，以减少交通事故，保险合同上一般规定：驾驶员在交通事故中所负责任、车辆损失险和第三者责任险在符合赔偿规定的金额内实行绝对免赔率;保险车辆在保险期限内无赔款,续保时可以按保险费的一定比例享受无赔款优待。上述两项规定,虽然分别是对被保险人的惩罚和优待,但要达到的目的是一致的。

(七) 机动车辆损失赔偿的特殊性

在机动车辆保险单有效的保险期限内,不管发生一次还是多次保险责任范围内的车辆损失索赔,只要保险人核定的赔偿额在保险单规定的保险金额内,保险责任继续有效至保险期限结束,以致会在一份保险单项下出现多次赔偿额的累计高于保险单规定的保险金额的情况。但是,只要一次事故的赔偿额达到或超过保险金额,则保险责任自然终止。

三、汽车保险的作用

我国自1980年保险业务恢复以来,汽车保险业务已经取得了长足的进步,尤其是伴随汽车进入百姓的日常生活,汽车保险正逐步成为与人们生活密切相关的经济活动,其重要性和社会性也逐步突显。

(一) 促进汽车工业的发展,扩大了对汽车的需求

从目前的经济发展情况看,汽车工业已成为我国经济健康、稳定发展的重要动力之一,汽车产业政策在国家产业政策中的地位越来越重要,而汽车产业政策要产生社会效益和经济效益,要成为中国经济发展的原动力,离不开汽车保险与之配套服务。汽车保险业务自身的发展对于汽车工业的发展起到了有力的推动作用,汽车保险的出现解除了企业与个人对使用汽车过程中可能出现的风险的担心,在一定程度上提高了消费者购买汽车的欲望,扩大了人们对汽车的需求。

(二) 稳定了社会公共秩序

随着我国经济的发展和人们生活水平的提高,汽车作为重要的生产运输和代步的工具,成为社会经济及人们生活中不可缺少的一部分,其作用越来越重要。汽车作为一种保险标的,虽然单位保险金不是很高,但数量多且分散,车辆所有者既有党政部

门，也有工商企业和个人。车辆所有者为了转嫁使用汽车带来的风险，愿意支付一定的保险费投保，在汽车出险后，从保险公司获得经济补偿。由此可以看出，开展汽车保险既有利于社会稳定，也有利于保障保险合同当事人的合法权益。

(三) 促进了汽车安全性能的提高

在汽车保险的经营成本中，事故车辆的维修费用是重要的组成部分，同时车辆的维修质量在一定程度上体现了汽车保险产品的质量。保险公司出于有效控制经营成本和风险的需要，除了加强自身的经营业务管理外，必然会加大事故车辆修复工作的管理，在一定程度上提高了汽车维修质量管理的水平。同时，汽车保险的保险人从自身和社会效益的角度出发，联合汽车生产厂家、汽车维修企业开展汽车事故原因的统计分析，研究汽车安全设计新技术，并为此投入大量的人力和财力，从而促进了汽车安全性能的提高。

(四) 汽车保险业务在财产保险中占有重要的地位

目前，大多数发达国家的汽车保险业务在整个财产保险业务中占有十分重要的地位。美国汽车保险保费收入占财产保险总保费的45%左右，占全部保费的20%左右。日本和我国台湾地区汽车保险的保费占整个财产保险总保费的比例更是高达58%左右。

从我国情况来看，随着积极的财政政策的实施，道路交通建设的投入越来越多，汽车保有量逐年递增。在过去的20年，汽车保险业务保费收入每年都以较快的速度增长。在我国的保险公司中，汽车保险业务保费收入占财产保险业务总保费收入的50%以上，部分公司的汽车保险业务保费收入占财产保险业务总保费收入的60%以上。汽车保险业务已经成为财产保险公司的"吃饭险种"。汽车保险业务经营的盈亏，直接关系整个财产保险行业的经济效益。可以说，汽车保险业务的效益已成为财产保险公司效益的"晴雨表"。

第三节 汽车保险的起源和发展

汽车保险是一种财产保险，在财产保险领域，汽车保险属于一个相对年轻的险种，因为汽车保险是伴随汽车的出现和普及而产生和发展的。与现代机动车辆保险不同的是，在汽车保险的初期是以汽车的第三者责任险为主险，并逐步扩展到车身的碰撞损失等风险。

一、汽车保险的起源

国外汽车保险起源于19世纪中后期。当时，随着汽车在欧洲一些国家的出现与发展，因交通事故而引起的意外伤害和财产损失逐渐增加。尽管各国都采取了一些管制办法和措施，汽车的使用仍对人们的生命和财产安全构成严重威胁，因此引起了一些精明的保险人对汽车保险的关注。

1896年11月，由英国的苏格兰雇主保险公司发行的一份保险情报单中，刊载了为庆祝《1896年公路机动车辆法令》的顺利通过，而于11月14日举办伦敦至布莱顿的大规模汽车赛的消息。在这份保险情报中，还刊登了"汽车保险费年率"。

最早开发汽车保险业务的是英国的法律意外保险有限公司。1898年，该公司率先推出了汽车第三者责任保险，并可附加汽车火险。1901年，该保险公司提供的汽车保险单，已初步具备了现代综合责任险的条件，保险责任也扩大到汽车的失窃。

二、汽车保险在国外的发展

20世纪初期，汽车保险业在欧美国家得到了迅速发展。1903年，英国创立了汽车通用保险公司，并逐步发展成为一家大型的专业化汽车保险公司。

1906年，成立于1901年的汽车联盟建立了自己的汽车联盟保险公司。1913年，汽车保险已扩大到20多个国家，汽车保险费率和承保办法基本实现了标准化。

1927年是汽车保险发展史上的一个重要时期。美国马萨诸塞州制定的举世闻名的强制汽车(责任)保险法的颁布与实施，表明汽车第三者责任保险开始由自愿保险方式向法定强制保险方式转变。此后，汽车第三者责任法定保险很快波及世界各地。第三者责任法定保险的广泛实施，极大地推动了汽车保险的普及和发展。车损险、盗窃险、货运险等业务也随之发展起来。

自20世纪50年代以来，随着欧、美、日等国家汽车制造业的迅速扩张，机动车辆保险得到了广泛的发展，并成为各国财产保险中最重要的业务险种。到20世纪70年代末期，汽车保险的保费已占整个财产保险总保费的50%以上。

三、我国汽车保险的发展进程

(一) 萌芽时期

我国汽车保险业务的发展经历了一个曲折的历程。汽车保险进入我国是在鸦片战争以后，由于我国保险市场处于外国保险公司的垄断与控制之下，加之旧中国的工业不发达，我国的汽车保险实质上处于萌芽状态，其作用与地位十分有限。

(二) 试办时期

1950年，创建不久的中国人民保险公司开办了汽车保险。但是，因宣传不够和认识的偏颇，不久就出现对此项保险的争议，有人认为汽车保险以及第三者责任保险对于肇事者予以经济补偿，会导致交通事故的增加，会对社会产生负面影响。于是，中国人民保险公司于1955年停止了汽车保险业务，直到20世纪70年代中期，为了满足各国驻华使领馆等外国人拥有汽车保险的需要，开始办理以涉外业务为主的汽车保险业务。

(三) 发展时期

我国保险业恢复之初的1980年，中国人民保险公司逐步全面恢复中断了近25年之久的汽车保险业务，以适应国内企业和单位对于汽车保险的需要，适应公路交通运输业迅速发展、事故日益频繁的客观需要。但当时汽车保险仅占财产保险市场份额的2%。

随着改革开放，社会经济和人民生活发生了巨大的变化，机动车辆迅速得到普及和发展，机动车辆保险业务也随之得到了迅速发展。1983年，我国将汽车保险改为机动车辆保险，使其具有更广泛的适应性。1988年，汽车保险的保费收入超过20亿元，占财产保险份额的37.6%，第一次超过企业财产险。从此以后，汽车保险一直是财产保险的第一大险种，并保持高增长率，我国的汽车保险业务进入高速发展的时期。

与此同时，机动车辆保险条款、费率以及管理日趋完善，尤其是中国保监会进一步完善了机动车辆保险的条款，加大了对于费率、保险单证以及保险人经营活动的监管力度，加速建设并完善机动车辆保险中介市场，对全面规范市场，促进机动车辆保险业务的发展起到了积极的作用。

复习思考题

一、简述题

1. 简述风险的含义及其构成要素。
2. 简述风险管理的程序。
3. 按不同分类标准划分，保险的种类有哪些。
4. 简述汽车保险的含义及特征。
5. 汽车保险的作用有哪些。

二、案例分析

张先生30周岁，驾龄5年，居住地在黑龙江省哈尔滨市。2010年10月，张先生购买了一辆价值10万元的轿车，该车的使用性质为家庭自用，行驶区域主要在哈尔滨市内。由于张先生所住的小区没有停车场，他将车辆停放在小区周围的便道上。

根据上述资料，运用所学知识，分析张先生驾车所面临的主要风险有哪些？

第二章

汽车保险合同

学习目标

能力目标	● 能够全面理解汽车保险合同的内容，并对其做出正确的解释 ● 能够指导投保人正确填写投保单 ● 能够恰当处理保险合同争议，并对客户做出合理的解释
知识目标	● 理解汽车保险合同的概念及法律特征 ● 掌握汽车保险合同的主要内容 ● 熟练掌握汽车保险合同的组成部分及填写方法 ● 掌握汽车保险合同的签订程序 ● 了解汽车保险合同的争议处理方式

第二章 汽车保险合同

引导案例 　　　　　**保单未送达，岂能谈免赔**

保险单是保险合同的重要组成部分，必须及时送达投保人，并就合同条款有关内容向投保人做出提示说明，这是保险公司必须充分重视的问题。

在保险实务中，一些保险公司不重视保险合同的送达和签收。这主要表现在：一是有送达的流程但无送达的规范；二是有的代理人私自扣留保险单正本或保险合同条款，或在发生交通事故后才将保单和保险条款递交给投保人；三是实行"见费出单"后，只重视"收取保费"后及时"打印保险单"，却忽视了送达保单后的签收程序和保留送达的证据。一旦发生保险合同纠纷，保险公司往往无法举证证明已履行送达义务，导致在诉讼中败诉。例如：张先生在4S店购买丰田牌轿车的当天投保了机动车辆保险。次日，在前往机动车辆检测场办理验车上牌的途中发生了交通事故。公司按照车损险条款中关于"未办理临时号牌或移动证时上路行驶发生交通事故，保险公司不负赔偿责任"的约定拒赔。张先生则提出，在4S店投保时，没有人对责任免除条款进行明确提示和说明，投保当日也没有收到保险单及保险合同条款，故要求正常理赔。

这个案例提醒保险公司：在委托兼业保险代理人(车商)销售保险单的时候，需要对兼业保险代理人如何代公司履行法定义务，制定一个合理的、易于操作的流程，这个流程应能确切监督、反映兼业保险代理人是否已经完成法定义务。如果保险公司对兼业保险代理人的行为放任不管，就无法避免代理人的行为失控。比如本案中出现的这种情况：只知道卖出保险拿佣金，不向投保人说明保险条款的内容；未能及时将保险单等保险合同文件送达给投保人，致使投保人无从了解保险合同的内容。同时，本案也提醒广大投保人：在投保后应索要保险单等相关合同文件，并要求代理人解释说明保险条款及合同内容。

通过本章的学习，大家将了解以下内容：汽车保险合同的组成，正确填写汽车保险合同的方法，汽车保险合同订立的程序，汽车保险合同变更的处理方法以及汽车保险合同发生争议时的处理方法。

第一节 汽车保险合同的特征和内容

在我国，有关汽车保险的合同被赋予"机动车辆保险合同"的名称，是有名合同，它是保险合同中的一种重要合同形式。

一、汽车保险合同的概念

机动车辆保险合同是指机动车辆投保人和机动车辆保险人之间关于保险权利和义务的协议。投保人和保险人双方协商后在合同中约定，投保人向保险人支付保险费，保险人在保险标的遭受约定的保险事故时承担经济补偿责任。

二、汽车保险合同的特征

(一) 机动车辆保险合同的一般法律特征

机动车辆保险合同与其他经济合同一样，依据合同建立起来的保险关系属于民事法律关系的范畴。机动车辆保险合同一经成立即受法律保护，对合同各方具有约束力，从而使机动车辆保险合同能够有效履行，保护合同各方当事人的利益。因此，机动车辆保险合同具有一般合同的特征。

(1) 机动车辆保险合同是各方的法律行为，不是单方的法律行为。机动车辆保险合同是投保人和保险人双方意思表示一致的直接结果。即当事人双方不仅要有明确订立保险合同的意思，而且还要意思表示一致，否则合同不能成立。

(2) 机动车辆保险合同是双务合同，不是单务合同。双务合同是合同当事人双方必须互相承担义务和享受权利的合同，单务合同是合同一方当事人只承担义务，另一方当事人只享有权利的合同，如赠与合同。

作为双务合同的机动车辆保险合同，投保人和保险人相互都承担义务，投保人的主要义务是向保险人缴纳保费，保险人的主要义务是承担合同约定的保险责任。一方承担的义务也是对方享有的权利。

(3) 机动车辆保险合同当事人之间的法律地位平等。机动车辆保险合同当事人之间的法律地位平等，是双方当事人订立保险合同时真实表示意思的前提。任何一方均不能把自己的意思强加于对方，在此基础上订立的合同使双方的权利和义务是对等互利的。

(二) 机动车辆保险合同的特殊属性

1. 机动车辆保险合同是射幸合同

机动车辆保险合同具有射幸特点。射幸的意思是碰运气、赶机会。射幸特点是指保险合同履行的结果建立在事件可能发生，也可能不发生的基础之上。

保险事故发生的偶然性，决定了机动车辆保险合同具有射幸特点。在机动车辆损失保险中，投保人缴纳了少量的保险费，当发生保险事故造成车辆损失时，可以从保险人处得到赔偿，赔偿额往往远高于当时缴纳的保险费。反之，如果在保险合同有效期内没有发生保险事故，那么投保人只有缴纳保险费的义务，没有获得"报酬"的权利。保险人的情况正好相反。

2. 机动车辆保险合同是附和合同(格式合同)

附和合同是指合同一方当事人事先拟好标准合同条款，以供另一方当事人考虑接受还是拒绝的合同。附和合同往往由拟定合同的一方当事人事先印制成固定格式。

机动车辆保险合同是典型的附和合同。2002年以前，我国的机动车辆保险合同条款由保监会统一制定，2003年后由各家保险公司自行制定。投保人对这些条款只能表示接受与否，当投保人有特殊要求时，也只能在保险人提供的附加条款中选择。

机动车辆保险需求的特点之一是面广量大，投保人对机动车辆保险的需求基本雷同，因此保险人完全可以在充分调查研究的基础上了解投保人的需要，以此为依据制定格式合同。如果一定要与每一个投保人在协商的基础上共同订立保险条款，对保险人来说工作量太大，而且这部分工作量所产生的费用必然作为保险费的组成部分转嫁到投保人身上，保险费因此而增加。因此，充分认识机动车辆保险合同的附和性特点，与"霸王条款"严格区分开来是十分必要的。

3. 机动车辆损失保险合同是不定值保险合同

不定值保险合同是保险当事人在订立保险合同时对保险标的不约定保险价值的合同。合同中只列明保险金额，作为赔偿的最高限额。保险事故发生时，需要核定保险标的当时的实际价值，作为保险价值。

在不定值保险中，保险金额与保险价值确定的时间不一致，客观上可能造成保险金额与保险价值的不一致。保险金额与保险价值相同的保险称为足额保险，保险金额低于保险价值的保险称为不足额保险，反之称为超额保险。发生保险事故时，分析保险金额与保险价值的差异对赔付来说十分重要，足额保险应该足额赔偿；不足额保险赔偿应该以保险金额为限度进行赔偿；如果是超额保险，那么只能以保险价值为赔偿上限。

机动车辆损失保险之所以被确定为不定值保险，其依据是"损失补偿原则"。机动车辆在使用过程中的折旧以及机动车辆价格的波动，使机动车辆的价值无法在投保时完全确定。对于价格下跌中的受损机动车辆按照投保时的价值赔偿，被保险人实际获得的赔偿就会超过该车辆的实际价值，显然这是违背损失补偿原则的。

三、汽车保险合同的内容

《中华人民共和国保险法》(以下简称《保险法》)第十八条规定："保险合同应当包括下列事项：(一)保险人名称和住所；(二)投保人、被保险人的姓名或者名称、住所，以及人身保险的受益人的姓名或者名称、住所；(三)保险标的；(四)保险责任和责任免除；(五)保险期间和保险责任开始时间；(六)保险金额；(七)保险费以及支付办法；(八)保险金赔偿或者给付办法；(九)违约责任和争议处理；(十)订立合同的年、月、日。投保人和保险人可以约定与保险有关的其他事项。受益人是指人身保险合同中由被保险人或者投保人指定的享有保险金请求权的人。投保人、被保险人可以为受益人。保险金额是指保险人承担赔偿或者给付保险金责任的最高限额。"因此，有关这些内容的条款属于法定条款。

1. 当事人的姓名和住所

当事人是指保险合同权利和义务的直接享有者和承担者，他们的行为使保险合同得以产生，所以保险合同应该首先载明当事人(保险人和投保人)的名称和住所，被保险人是保险合同保障的对象，无论与投保人是否相同，都应该在合同中载明其姓名和住所。

投保人如果是单位则载明单位全称(与公章名称一致)，如果是个人则载明姓名。

2. 保险标的

保险标的是指作为保险对象的财产及其有关利益，是保险利益的载体。例如，车辆损失险的保险标的是保险车辆；第三者责任险的保险标的是被保险人或其允许的驾驶员在使用保险车辆行驶过程中给他人造成财产损失或人身伤害，依照法律及保险合同规定应当承担的经济赔偿责任。

3. 保险责任

保险责任是指保险人承担赔偿义务的风险。只要发生合同约定的保险责任范围的事故或事件，并造成经济损失，保险人就应该承担赔偿保险金的责任。

机动车辆保险合同中的保险责任采用列明方式，具体列明保险人应承担哪些保险事故(责任)引起的损失赔偿(或责任赔偿)、施救、救助、诉讼等费用的规定。

4. 责任免除

责任免除也称除外责任，是指根据法律规定或合同约定，保险人对某些风险造成的损失补偿不承担赔偿保险金的责任。责任免除条款适当限制了保险人承担的保险责任范围，意味着被保险人也要对某些风险自行承担责任。在保险合同中明确列出责任免除条款，对保险人和被保险人都十分重要。保险人在与投保人订立保险合同时，应当以十分明确的语言向投保人指明和解释责任免除条款，不得隐瞒或含糊其辞。《保险法》第十七条明确规定："对保险合同中免除保险人责任的条款，保险人在订立合同时应当在投保单、保险单或者其他保险凭证上做出足以引起投保人注意的提示，并对该条款的内容以书面或者口头形式向投保人做出明确说明；未做提示或者明确说明的，该条款不产生效力。"

机动车辆保险合同中的责任免除一般包括特殊风险、道德风险和保险车辆内在缺陷等。

5. 保险期间和保险责任开始的时间

保险合同的保险责任开始时间和终止时间是保险合同的起讫期限；保险责任开始到保险责任终止的期间叫做保险期间。保险人对保险期间内发生的保险事故承担责任。

保险责任开始时间也称保险合同生效时间，即保险人承担被保险人保险责任的开始时间。比如，2016年8月12日签订的保险合同，生效时间定于2016年8月13日0时0分，保险人从这个时间开始承担保险责任，在保险责任终止前发生的保险事故引起的损失，保险公司负责赔偿；如果没有发生保险事故，保险公司不必赔偿。

6. 保险金额

保险金额是指保险合同约定的保险人承担赔偿或给付保险金责任的最高限额。一般的财产保险中，保险金额由投保人与保险人协商，以保险价值为基础确定。因为机动车辆损失保险是不定值保险，所以机动车辆损失保险金额可以由投保人和保险人协商确定，但不能超过机动车辆的实际价值。第三者责任险中可能涉及人身伤害事故赔偿的处理，而人的生命价值其实无法用货币度量，因此只能由投保人与保险人在订立第三者责任险时协商确定保险金额，作为发生保险事故时保险人赔偿的限额。

7. 保险费以及支付办法

保险费是投保人向保险人支付的、用以换取保险人承担责任的代价。保险人向投保人收取保险费，建立保险基金，使保险人能够承担起保险责任，即对被保险人发生保险事故的损失进行赔偿。因此,保险人必须用科学的方法计算保险费,使保险费的数额与保险人承担的责任相匹配。投保人向保险人支付保险费,是投保人与保险人订立保险合同应尽的首要义务,在保险合同中要明确规定保险费的数目,并明确投保人支付保险费的方式,是一次付清还是分期支付,是现金支付还是用其他手段支付。

8. 保险金赔偿或给付办法

保险金赔偿或给付办法是指在保险合同中约定的、当发生保险事故时保险人向被保险人赔付保险金的计算方法。

9. 违约责任和争议处理

违约责任是指合同当事人违反合同义务时应当承担的民事责任。《中华人民共和国合同法》(以下简称《合同法》)第一百零七条规定:"当事人一方不履行合同义务或者履行合同义务不符合约定的,应当承担继续履行、采取补救措施或者赔偿损失等违约责任。"因而,当事人一方违约,另一方没有违约的当事人有权要求违约方继续履行合同义务,或者要求采取其他补救措施,或者要求损失赔偿。

争议处理是指合同当事人双方对保险合同发生争议或纠纷时的处理解决方式,主要有协商、调解、仲裁和诉讼等方式。一般情况下,双方当事人发生争议或纠纷时应该先采取协商的办法,在互谅的基础上寻找可以共同接受的条件,以达成和解的协议,进而消除争议。在协商不成的情况下,可以请第三方出面调解,请仲裁机构仲裁,直至向法院提起诉讼。

10. 订立合同的年、月、日

订立合同的年、月、日是指保险合同双方就主要条款达成一致协议,标志保险人认可投保人对保险标的具有保险利益、了解被保险人的风险状况、确认其符合保险条件,投保人接受保险人提出的保险条件,从而使合同成立的具体时间。保险合同成立的日期并不等于合同生效的日期,保险合同生效还要以某些附加条件的满足为依据。

四、汽车保险合同的形式

保险合同由投保单、保险单、批单和保险凭证以及特别约定组成。

(一) 投保单

投保单也称要保书，是由投保人填写、用以表明愿意与保险人订立保险合同的书面申请。投保单由保险人事先以统一格式印制，列有保险人必须了解的各个项目，投保人应该据实一一填写，保险人将以此为依据考虑是否愿意承保，或者以此为依据考虑合适的保险费率。

投保单不是正式的保险合同，然而保险人一经接受投保人的投保申请，投保人在投保单上写明的内容就成为保险合同内容的一部分。投保单上记载的内容即使没有出现在保险单上，其效力与记载在保险单上的效力一样。只有投保人在投保单上告知不实，又没有在保险单上如实修正，保险人才能追究投保人的不诚实，以此为依据解除保险合同。

机动车辆保险人要求投保人在投保单上填写如下内容。

1. 投保人

该项填写投保单位或个人的称谓。单位填写全称(与公章名称一致)，个人填写姓名。使用人或所有人的称谓与行驶证上的称谓不相符，或车辆是合伙购买与经营时，应该在投保单"特别约定"栏内注明，以便登录在保险单上。

2. 厂牌型号

3. 车辆类型

根据车辆管理部门核发的行驶证上注明的种类填写。如果投保单上未设立此栏目，则应在投保单"厂牌型号"栏内加注。

4. 号牌号码

填写车辆管理部门核发的号牌号码，并要注明号牌底色。

5. 发动机号码及车架号

它是指生产厂家在发动机缸体机车架上打印的号码。此栏根据车辆行驶证注明的号码填写。

6. 使用性质

如"营业""非营业(家庭自用、企事业单位)"等。

7. 吨位或座位

根据车辆管理部门核发的车辆行驶证注明的吨位或座位填写。货车填吨位，如

"5/"表明吨位为5t。客车填座位，如"/20"表明座位为20座。客货两用车填写吨位/座位，如"1.75/5"表明吨位为1.75t、座位为5座。

8. 行驶证初次登记年月

按车辆管理部门核发的车辆行驶证上的"登记日期"年月填写。初次登记年月是理赔时确定保险车辆实际价值的重要依据。

9. 保险价值(新车购置价)

机动车辆损失保险是不定值保险，因此在投保单中填写的保险价值不是严格意义上的保险价值。在实务操作中，按保险合同签订时，在合同签订地购置与保险车辆同类型的新车价格与车辆购置附加税之和填写。

免税车、易货贸易、赠送车辆的保险价值比照合同签订地同类车型新车价格与车辆购置税之和计算。但须与投保人约定车辆实际价值，实际价值按该车购买时的发票价格为计算基础，并在"特别约定"栏内约定。

10. 车辆损失险保险金额的确定方式

填写"按照保险价值确定"或"按照实际价值确定"，或按保险人与投保人商定的方式确定，但不应超过投保时的保险价值。

11. 第三者责任险的赔偿限额

12. 附加险的保险金额或赔偿限额

13. 车辆总数

投保人投保的车辆较多时，除写明车辆的总数外，还应该加填"机动车辆投保单附表"，在附表上逐辆填写所有投保车辆的有关内容，并在投保单"特别约定"栏处填写"其他投保车辆详见附表"字样。

14. 保险期限

15. 地址、邮政编码、电话、联系人、开户银行、银行账号

16. 特别约定

此栏注明保险合同的未尽事宜，由保险人和投保人协商后填写。特别约定的内容不得与法律法规相抵触。

17. 投保人签章

(二) 保险单

保险单是投保人与保险人之间订立保险合同的正式书面凭证，记载保险合同的主要内容，如保险项目、保险责任、责任免除、附注条件等。

1. 保险项目

保险项目包括保险合同当事人及关系人(如被保险人、受益人)的姓名或名称，保险标的的种类，保险金额、保险期限、保险费的确定和支付方式，以及其他承保事项的声明等。

2. 保险责任

3. 责任免除

4. 附注条件

附注条件是指保险合同双方当事人履行享有的权利和应尽的义务的规定，例如保险人的义务、被保险人的义务和保险单的变更、转让、终止，以及索赔期限、索赔手续、争议处理等。

(三) 保险凭证

保险凭证也称保险卡，是保险人发给投保人以证明保险合同已经订立或保险单已经签发的一种凭证。由于机动车辆保险的标的具有流动性大、出险概率较高的特点，一旦出险需要出示保险合同。然而，被保险人与其允许的驾驶人员往往不止一人，尤其是单位投保人同时投保多辆车，不便也不可能随身携带保险单，因此保险人在签发保险单时还向被保险人签发机动车辆保险凭证，便于被保险人或其允许的驾驶人员随身携带，证明保险合同的存在。

保险凭证的法律效力与保险单相同，保险凭证上未列明的事项以保险单为准。

(四) 批单

在保险合同有效期间，可能发生需要修改或变更部分内容的情况，这时要求对保险单进行批改。保险单的批改应该根据不同的情况采用统一和标准措词的批单。批单的内容通常包括：批改申请人、批改的要求、批改前的内容、批改后的内容、是否增加保险费、增加保险费的计算方式、增加的保险费，并明确除本批改外原合同的其他内容不变。

批单应该加贴在原保险单正本和副本背面上,并加盖骑缝章,使其成为保险合同的一部分。

在多次批改的情况下,最近一次批改的效力优于之前的批改,手写批改的效力优于打字批改。

小资料2-1　　　　　　　　如何读懂汽车保险合同?

我国保险市场化以后,大多数产品已经不再使用全国一致的"统颁条款",各保险公司在拟定条款时可谓"八仙过海,各显神通"。由于行业标准缺失,部分保险合同出现了问题条款。消费者在选择公司和产品之前,应当把握条款中的关键内容,将主动权掌握在自己手中。

第一,把握合同中的保险责任条款。

该条款主要描述保险的保障范围与内容,即保险公司在哪些情况下须理赔或如何给付保险金。这也是投保人向保险公司购买保险产品后的核心利益所在。

第二,阅读除外责任条款。

该条款列举了保险公司不理赔的各种事故状况,消费者购买保险后要小心回避这些状况,避免发生事故而不能获得赔偿的情况出现。

第三,必须核实保险合同上填写的内容。

如合同中的投保人、被保险人的姓名、身份证号码是否有误;有无保险公司的合同专用章及总经理签字;合同中的保险品种与保险金额、每期保费是否与你的要求相一致;投保单上是否有自己的亲笔签名。

第四,看合同中的名词注释。

此项内容是保险公司专用名称统一的、具有法律效力的解释。主要是为了帮助投保人清晰地理解保险合同条款的内容,防止出现理解上的偏差。

第五,看合同解除或更改情况的规定或列举。

一般而言,保险公司除合同中列明的情况外,不能解除或终止正在履行的合同,而投保人则可随时提出解除或终止。

在重点阅读上述五方面的内容时,消费者有任何疑问均应及时询问保险公司,后者有义务如实相告。

第二节 汽车保险合同的订立与效力

一、保险合同的订立

机动车辆保险合同的订立需要经过以下过程。

(一) 投保人填写投保单

投保单可采取以下方式填写。

(1) 投保人手工填写。投保单的填写必须字迹清楚,如有更改,投保人应在更正处签章。

(2) 投保人利用保险公司提供的网上投保系统、触摸屏等工具自助录入,打印后由投保人签字。

(3) 投保人口述,由保险公司业务人员或代理人员录入业务处理系统,打印后由投保人签字。

小资料2-2　　　　　　　　代签名导致的保险合同纠纷

保险合同纠纷诉讼中,争议双方都会将"投保单"作为重要的证据向法庭提交。其中被保险人亲自签名或盖章代表了被保险人提出投保要求和对保险合同的认可。被保险车辆或其他被保险标的发生意外事故后,保险公司依照保险合同约定的内容决定是否履行保险责任。但是保险公司依据保险合同拒赔的主张常常得不到法院的支持。究其原因,主要是在保险代理公司或保险经纪公司代理销售财产保险时,为图省事,由他人代投保人、被保险人签名,法院据此认定保险公司未履行保险条款的说明义务,因此免责条款不产生法律效力,不能约束被保险人。据统计,在车险业务中,约有90%的"投保单"存在代签名情况,由此导致保险公司败诉的案例已有不少。

(二) 保险人核保

业务人员拿回投保单之后,交核保人进行审核。核保人收到投保单,应根据公司开办机动车辆保险的有关规定,结合投保车辆的相关证明,对业务进行详细审核。

保险核保是指保险人对投保人的投保申请进行审核，决定是否接受承保这一风险，并在接受承保风险的情况下，确定承保费率和条件的过程。核保工作的目的是对不同风险程度的风险业务进行识别，按不同标准进行承保、制定费率，从而保证承保业务质量，保障保险当事人的合法权益，保证保险经营的稳定性。

核保是保险经营过程中十分重要的环节，保险公司除了要大量承揽业务以外，还要保证业务的质量，否则就会出现风险，使公司赔付率上升，不仅影响公司正常的经营，严重的还会影响公司的偿付能力，对经营者和保险人甚至社会带来危害。因此，建立核保制度对于保证承保业务的质量，控制保险公司经营风险，确保保险业务的健康发展起着举足轻重的作用。因此，各保险公司均十分重视核保工作的管理。

案例2-1 投保前未对高额被保险车辆进行检验，导致合同纠纷

部分合同纠纷缘于保险公司承保前未对高保额标的车进行检验，理赔审核中才发现投保人未对被保险车辆的相关情况做如实说明，从而引发理赔纠纷。如李先生与某保险公司关于机动车玻璃破碎险理赔纠纷案：李先生在投保时与代理人协商按照进口的前风挡玻璃价值进行承保，保险事故发生后，保险公司查勘人员发现该车前风挡玻璃实为国产玻璃，经询问得知李先生为新司机，对汽车玻璃保险的知识不甚了解，以为按进口玻璃投保多交保费，出险后保险公司就按承保的进口玻璃价款进行赔付。调解中，保险公司称李先生投保时未如实告知，李先生则反问保险公司为何不验车承保。又如某公司承保的一辆英菲尼迪轿车，第一次出险时车辆已对自身四个轮胎、轮圈进行了改装，但查勘人员未及时提出，第二次出险后，保险公司认为被保险人私自对车辆进行改装，明显增加了保险标的的危险程度，投保时未如实告知，故而拒绝赔付。被保险人则认为，车辆改装在投保前，保险公司承保前为何不对车辆进行检验，首次理赔时也未对改装提出异议，应认定保险公司默认了改装的合理性。因此不能以此为由拒赔。

分析：在机动车辆保险中，保险公司签发保险单之前除了要对投保人进行询问，还要对车辆及有关证件进行检验，这是核查投保人告知事项是否真实准确的一个重要环节，同时也是核保的主要内容。在上述案例中，保险公司在决定是否承保前，并未认真、仔细地对车辆是否符合承保条件的有关项目进行检验，所以容易导致保险合同纠纷。

(三) 双方达成协议，保险人缮制签发保险单证、开具保险费收据

投保人接到保险费收据后应仔细核对，确认无误后可据此办理交费手续。

(四) 保险人出具保险单以及其他凭证

投保人办完交费手续后可凭保险费收据领取机动车辆保险单(及附表)、保险证。投保人拿到保险单、保险证后，应再核对一遍，检查各栏目填写是否正确，计算是否准确，签章是否齐全。若有错误或遗漏，要及时更正。保险单带回后应妥善保管，因为保险单就是保险合同，是参加保险的凭证。在投保人或被保险人向保险公司索赔、申请变更保险合同内容或者申请其他服务时，都必须提交保险单。机动车辆保险证应随车携带，以便一旦发生保险事故，在报案时能够及时、准确地说明被保险人、保险车辆及保险单号等有关情况，便于受理人员迅速处理报案并安排理赔人员及时进行现场勘察。

二、保险合同的生效

一般情况下，保险合同自投保人与保险人就合同主要条款达成一致协议时成立。机动车辆保险合同采用书面形式，自双方当事人签字或盖章时合同成立。

保险合同的生效与成立的时间不一定一致。《合同法》第四十五条、四十六条规定，当事人可以对合同的效力约定附生效条件或附生效期限。

机动车辆保险实践中，各家保险公司一般均以缴纳保险费作为合同生效的条件。关于汽车保险合同的生效期限，我国保险公司普遍推行"零时起保制"，把保险合同生效的时间放在合同成立日的次日零时。

三、保险合同主体及其权利和义务

(一) 保险合同主体

保险合同主体是指具有权利能力和行为能力的保险关系双方，包括保险合同的当事人和关系人。

1. 机动车辆保险合同的当事人

机动车辆保险合同的当事人是指具有机动车辆保险合同法律关系、享有权利、承担义务的人，包括投保人和保险人。投保人和保险人通过订立保险合同，依法设定了双方的权利义务关系，从而成为保险合同的主体。

(1) 投保人。投保人就是为机动车辆办理保险并支付保险费的团体或个人。一般的投保人是机动车辆的所有者或使用者,但投保人不一定是车主本人。

(2) 保险人。保险人是与投保人订立机动车辆保险合同,对于合同约定的可能发生的事故造成的机动车辆本身损失及其他损失,承担赔偿责任的财产保险公司。

2. 机动车辆保险合同的关系人

机动车辆保险合同是一种财产保险合同,所以机动车辆保险合同的关系人是被保险人。

(1) 被保险人的特征。被保险人又称"保户",是指其财产或人身受保险合同保障,享有保险金请求权的人。在机动车辆保险合同中,被保险人一般指机动车辆的所有人或对其具有利益的人,也就是行驶证上登记的车主。

(2) 投保人和被保险人的关系。①相等关系。在机动车辆保险中,投保人以自己的机动车辆投保,投保人就是被保险人。②不等关系。投保人以他人的机动车辆投保,保险合同一经成立,投保人与被保险人分属两者。被保险人是保险事故发生而遭受损失的人,具有请求赔偿的权利,而投保人则没有。

(二) 保险合同主体的权利和义务

1. 保险人的权利和义务

(1) 权利

① 要求投保人如实告知的权利。在世界各国的保险法中,如实告知都被作为一项重要内容加以规定。为保证保险活动正常开展,保险人对保险标的的了解十分重要。

我国《保险法》第十六条规定:"订立保险合同,保险人就保险标的或者被保险人的有关情况提出询问的,投保人应当如实告知。投保人故意或者因重大过失未履行前款规定的如实告知义务,足以影响保险人决定是否同意承保或者提高保险费率的,保险人有权解除合同。前款规定的合同解除权,自保险人知道有解除事由之日起,超过三十日不行使而消灭。自合同成立之日起超过两年的,保险人不得解除合同;发生保险事故的,保险人应当承担赔偿或者给付保险金的责任。投保人故意不履行如实告知义务的,保险人对于合同解除前发生的保险事故,不承担赔偿或者给付保险金的责任,并不退还保险费。投保人因重大过失未履行如实告知义务,对保险事故的发生有严重影响的,保险人对于合同解除前发生的保险事故,不承担赔偿或者给付保险金的责任,但应当退还保险费。保险人在合同订立时已经知道投保人未如实告知的情况的,保险人不得解除合同;发生保险事故的,保险人应当承担赔偿或者给付保险金的责任。保险事故是指保险合同约定的保险责任范围内的事故。"

② 收取保费的权利。我国《保险法》规定，保险合同成立后，投保人要按照约定交付保费，保险人按照约定时间开始承担保险责任。如果投保人没有按照机动车辆保险合同的约定期限缴纳保费，保险人有权要求投保人限期缴纳并补交利息，或者决定终止保险合同并正式通知投保人或被保险人。

③ 代位追偿权。如果存在第三责任人，保险人有向第三责任人追偿的权利。我国《机动车辆保险条款》规定："保险车辆发生车辆损失险列明的保险责任范围内的损失应当由第三方负责赔偿的，被保险人应向第三方索赔，如果第三方不予支付，被保险人应提起诉讼。"经法院立案后，保险人根据被保险人提出的书面赔偿请求，应按照保险合同予以全部或部分赔偿，但被保险人必须将第三方应付赔偿部分转让给保险人。

(2) 义务

① 说明义务。保险合同签订前，保险人应向投保人和被保险人解释和说明保险合同条款。我国《保险法》规定，订立保险合同时，保险人应当向投保人说明保险合同的内容，对保险合同中免除保险人责任的条款，保险人应当提示投保人注意，并向投保人明确说明，未作提示或者明确说明的，该条款不产生效力。

小资料2-3 销售保险时没有依法履行说明义务，有关免责条款不产生效力

在机动车辆保险业务销售环节，老车主在上一保单年度即将届满时，常常会集中收到多个销售车险的电话或短信，对被保险人的正常生活和工作造成干扰。这种销售方式已引起公众反感。在车主购置新车或从二手车市场购车买保险时，保险公司及其代理人不向投保人说明保险条款的内容，不讲主险与附加险的关系，有的只是简单地告诉车主："你就上个全险！"但是这个"全险"的概念既不明确也不科学，对于保险知识贫乏的车主来说，会误以为自己买到了保险公司所有涉及机动车的保险险种，任何车辆的责任，保险公司都会承担。销售人员不讲保险条款中的责任免除条款内容，使得广大的保险客户拿着"保险单"却并不知晓哪些情况属于保险责任、哪些情况属于保险公司免除保险责任的范围、"绝对免赔额"等是怎么回事。出险后，车主因种种情况被保险公司拒赔时才知道"这也不赔、那也不赔"，极易给人留下"投保容易，理赔难"的印象。事实上，按照我国《保险法》的有关规定，采用保险公司提供格式条款订立保险合同的，投保单应当附格式条款，保险公司应当向投保人说明合同的内容；还要对免责条款做出足以引起投保人注意的提示，并以书面或者口头形式

向投保人做出明确说明；未作提示或者明确说明的，该条款不产生效力。

2009年4月，某法院向某财产保险公司发送的司法建议函提出：要对免责条款"加黑、加粗印制""建议函中要对公司履行明确说明义务的时间、形式、内容和效果承担证明责任"。目前，保险条款中对于责任免除部分基本选用与其他文字相同的字体字号印刷，不易与保险合同的其他条款相区别，无法引起被保险人的注意。保险公司可以按照法院的建议，对保险条款中责任免除部分，选用"加大"字体，同时"加黑、加粗"印制，以尽到法律要求的"提示"义务。

---

② 及时签单义务。投保人提出投保要求，经保险人同意承保，并就合同条款达成一致，保险合同成立。此时，保险公司应当及时向被保险人签发保险单和保险凭证，以作为书面合同的证明。

③ 赔偿义务。在汽车保险事故发生后，按照保险合同的约定，保险人有义务负责赔偿保险事故所造成的实际损失或支付约定的保险金。

④ 勘查义务。发生保险事故时，接到被保险人的报案电话后，保险人应及时派工作人员到事故现场进行勘查。

勘查后，应根据事故性质、损失情况，及时向被保险人提供索赔须知，告知被保险人应提供的各种与索赔相关的材料。在被保险人提供了各种必要单证后，保险公司应当迅速审查核定，并将核定结果及时通知被保险人。

案例2-2

李女士夜间倒车撞上施工现场的铁架子，并现场报案。承保公司要求李女士次日将事故车开至定损中心进行损失核定。查勘员次日到定损中心验车后，将初步的估损意见上报核损部门。第四日，核损部门将需要进行现场复勘的意见反馈给查勘员。当查勘员与被保险人一同到达事发地点进行碰撞痕迹比对时，施工现场的铁架子已拆卸移走。因对事故真实性存疑，保险公司迟迟没有做出理赔决定。被保险人认为已在事故现场向保险公司报案，履行了通知义务；铁架拆移导致无法对碰撞痕迹进行复勘属于保险公司的过失，保险公司应当给予全额赔偿，后经调解，保险公司虽然全额理赔，但是仍给被保险人留下了"投保容易，理赔难"的印象。

⑤ 保密义务。保险人对在办理保险业务中获知的投保人和被保险人的业务和财产情况及个人隐私，负有保密义务。

2. 投保人及被保险人的权利和义务

(1) 权利

① 知情权。投保人和被保险人在一般情况下并不具有机动车辆保险和法律等方面的专业知识或者知之甚少，因此很难充分了解机动车保险条款中所使用的保险和法律术语。因此，有权要求保险公司对此做出详细、准确的说明。

② 退保权。我国《保险法》规定，除本法另有规定或者保险合同另有约定外，保险合同成立后，投保人可以解除保险合同，保险人不得解除合同。投保人基于以下原因可能会要求退保：汽车按规定报废；汽车转卖他人；重复保险；对保险公司不满，想换保险公司。

③ 获得赔偿的权利。在约定的保险事故发生时，被保险人有权请求保险公司赔偿。

(2) 义务

① 告知义务。保险合同订立时，投保人或被保险人应当将保险标的的有关重要事项如实告知保险人。我国《保险法》规定，订立保险合同时，保险人就保险标的或者被保险人的有关情况提出询问的，投保人应当如实告知。

这种方式明确规定保险人所询问的事项为重要事项，对询问保险标的或被保险人有关情况以外的事项，投保人或被保险人不必告知。

② 缴纳保费的义务。保险合同成立后，投保人应按照约定交付保险费。投保人缴纳保费应该根据保险合同的约定一次交清或分期付款。在保险合同期限内，当被保险的汽车危险程度增加时，投保人必须增交保险费。否则，保险人可以终止合同。

③ 申请批改的义务。在保险合同有效期内，保险车辆合法转卖、转让、赠送他人、变更用途或增加危险程度，被保险人应当事先书面通知保险人并申请办理批改。

④ 出险后的施救与通知义务。汽车保险合同生效以后，如果发生了保险责任事故，投保人和被保险人都负有施救、报案和及时通知保险人的义务。

我国《机动车辆保险条款》规定："保险车辆发生保险事故后，被保险人应该采取合理的保护、施救措施，并立即向事故发生地交通管理部门报案，同时在48小时之内通知保险人。"

第三节 汽车保险合同的变更、转让和终止

一、保险合同的变更

保险合同的变更是指在保险合同期满之前,合同当事人根据主客观情况的变化,按照法律规定的条件和程序,对保险合同的某些条款进行修改或补充。我国《保险法》第二十条规定:"投保人和保险人可以协商变更合同内容。"

保险合同的变更主要涉及以下几方面内容。

(1) 主体内容的变更。保险人分立或合并时,应该变更保险人;投保人或被保险人将保险标的转让给他人的,应该变更投保人或被保险人。

(2) 保险标的内容的变更。它包括保险标的的用途(如非营业车辆改变用途为营业车辆)、危险程度的变化等。

(3) 保险责任条款内容的变更。它包括保险责任范围的扩大或缩小。

变更保险合同应该经合同双方当事人协商一致,采用书面形式。我国《保险法》第二十条规定:"变更保险合同的,应当由保险人在保险单或者其他保险凭证上批注或者附贴批单,或者由投保人和保险人订立变更的书面协议。"如果涉及保险责任条款的变更,可以采用保险人事先准备的附加条款,或者由保险人在原保险单上批注。根据国际惯例,手写批注的法律效力优于打字批注;打字批注的法律效力优于加贴的附加条款;加贴的附加条款的法律效力优于基本条款;旁注附加的法律效力优于正文附加。

保险合同中的变更部分与未变更部分重新组成一份完整的保险合同,成为合同当事人享有合同权利和履行合同义务的依据。

二、保险合同的转让

保险合同当事人一方依法把他的合同权利和义务全部或者部分转让给第三人的行为,称为保险合同的转让。保险合同转让的主要形式是保险单的转让,用保险单的转让表明原当事人在保险单中载明的权利和义务转让给第三人。

当机动车辆所有人以赠送或者出售的形式把机动车辆转让给第三人时,并不意味着他与保险人签订的保险合同同时自动转让给第三人。根据保险利益原则,作为保险标的的机动车辆的所有权的转让,使投保人(或被保险人)随着对该保险标的的所有

权的丧失而同时丧失其保险利益,投保人与保险人之间签订的保险合同失去存在的依据。如果要使该合同继续有效,投保人或被保险人必须在转让作为保险标的的机动车辆的同时,通知保险人申请保险合同的转让。保险人有权对机动车辆转让后可能发生的风险状况的变动进行审核,保险人审核后同意继续承保的,可以对保险单进行批改,确认保险合同转让,即该保险合同为机动车辆新所有者与保险人之间的保险合同。转让后的保险合同有效期不变。

案例2-3 时间差中出了事故,过户车该如何索赔?

案情:宋先生的汽车转让给刘先生,上午办好过户手续一小时后,刘先生驾车就被一辆货车撞了。于是宋先生先向保险公司索赔,保险公司称,该车已经转让却没有通知保险公司,因此保险公司有权拒赔宋先生,而刘先生当然更没资格要求索赔了。

分析:保险公司允许保险合同变更。可是在车辆转让—通知保险公司—批改保险单这几个环节中,一定存在时间差,不可能同时发生。那么在这个时间差中出现了保险事故,要不要赔?保险公司要求被保险人在汽车转让前事先通知保险公司,然而汽车还没有转让,怎么变更保险单。保险单变更,转让却没有成功又怎么办?这一直是笔糊涂账。

2014年8月31日召开的第十二届全国人民代表大会常务委员会第十次会议,对《中华人民共和国保险法》进行了修正,其中第四十九条规定:"保险标的转让的,保险标的的受让人承继被保险人的权利和义务。保险标的转让的,被保险人或者受让人应当及时通知保险人,但货物运输保险合同和另有约定的合同除外。由保险标的转让导致危险程度显著增加的,保险人自收到前款规定的通知之日起三十日内,可以按照合同约定增加保险费或者解除合同。保险人解除合同的,应当将已收取的保险费,按照合同约定扣除自保险责任开始之日起至合同解除之日止应收的部分后,退还投保人。被保险人、受让人未履行本条第二款规定的通知义务的,由转让导致保险标的的危险程度显著增加而发生的保险事故,保险人不承担赔偿保险金的责任。"

从规定来看,保险标的转让的,保险也相应地转让,无须保险公司再次承保,保险标的的受让人自然就成为新的被保险人。这样,保险标的的转让人、受让人之间就是无缝保险保障,无论保险公司是否知道这个转让事宜,都应该对受让人承担保险责任,受让人的风险完全消失。这样的规定,有利于保护受让人,也有利于维护稳定的交易秩序与安全的交易环境。

因此这笔糊涂账在最新修订的《保险法》中已不再糊涂,只要保险标的的转让没有导致危险程度的显著增加,那么,保险公司仍然需要履行赔付义务,但被保险人与保险标的受让人为尽量避免产生此类纠纷,应履行及时告知义务。

三、保险合同的终止

保险合同的权利义务关系绝对消失时,即保险合同的终止。保险合同可以是自然终止,也可以因解除而终止,或者因义务已履行而终止。

保险合同有效期届满,保险人承担的保险责任即告终止,这就是保险合同的自然终止。机动车辆保险合同一般是一年期的合同,当合同有效期届满时投保人提出"续保",这并不是原合同的继续,当保险人对风险状况进行审查后确认承保时,标志一个新合同的成立。

解除保险合同也会导致保险合同的终止,终止时间为解除合同的书面通知送达对方当事人之时。如果合同双方当事人通过协商达成解除合同的协议,该协议生效之时就是原合同终止之时。

保险合同因义务已履行而终止是指保险合同有效期间,发生保险事故后,合同因保险人按约定履行了全部保险金赔偿或给付义务而消灭。《保险法》第42条规定:"保险标的发生部分损失的,在保险人赔偿后30日内,投保人可以终止合同;除合同约定不得终止合同的以外,保险人也可以终止合同。保险人终止合同应当提前15日通知投保人,并将保险标的的未受损失部分的保险费,扣除自保险责任开始至合同终止之日期间的应收部分后,退还投保人。"但需要注意的是,《保险法》第42条规定的保险合同终止与保险合同因履行而终止不同,前者是保险人作了相应的赔偿之后,因当事人的意思而终止合同,是合同的提前终止,即合同的解除;后者是以保险人履行了全部赔付义务而终止合同,是合同的自然消灭。

第四节 汽车保险合同的解释与争议处理

一、保险合同条款的解释原则

保险合同文本以法律语言表述,在表述严谨的同时往往不易被理解,合同当事人在主张各自的权利和履行义务时容易因为理解的不同而发生争执。对合同的内容及其用词进行解释时，遵循合理的原则是十分必要的。

对保险合同的解释应当遵循以下原则。

(1) 合法解释原则。保险合同当事人在对有分歧理解的保险合同条款进行解释时不得违反法律、法规的强制性规定。

(2) 诚实信用解释原则。诚实信用原则是任何合同当事人在订立合同和履行合同时都必须遵守的原则，这个原则同样适用于保险合同。按照这个原则，保险合同的当事人在解释条款时必须诚实守信。

(3) 文义解释原则。文义解释原则就是按照保险合同条款文字的含义进行解释的原则。保险合同中的文字一部分是以普通含义来解释的，另一部分有专门的含义，它们或者是保险专业术语，或者是法律语言，对于这些词语必须按照特定的专业含义来解释。

案例2-4　　保险条款的部分名词未做"释义"，令人费解

王先生于2016年1月购买一辆注册登记日期为2010年1月的二手轿车。次年2月该车因发生交通事故全损。保险公司理赔时，运用保险合同中约定的"折旧金额=该车新车购置价×被保险机动车已使用月数×折旧率"公式计算该车折旧金额。可是王先生认为，2010年1月至2015年12月该车还不是自己的财产，为何自己要承担折旧？再者，目前的新车购置价与注册登记时新车购置价相比已大幅下降，因此要求将其买车的2016年1月作为"被保险机动车已使用月数"的计算起点。双方争执不下。

分析：机动车的折旧应从该车投入使用时起算，而不能只对某个人使用的某一时段进行计算。因此保险公司的计算方式并无不妥，但是，保险公司提供给王先生的"保险合同条款"未对"被保险机动车已使用月数"做出释义，理赔员也未能依据保险原理向王先生解释清楚。事实上，在机动车辆保险合同中，类似这样的专业术语不少，例如："家庭成员""保险金额""实际价值""保险价值"等，还有类似"按新车购置价投保""按出险时车辆的实际价值理赔"的表述，更让普通的保险消费者费解，容易发生理赔争议。保险公司在与客户签订保险合同时，最好将有关专业术语的释义通过书面或口头形式进行提示，以免产生误解和纠纷。

(4) 意图解释原则。当订立的保险合同中某些文字的文义不清，引起合同当事人理解的歧义时，适用意图解释原则。意图解释原则要求在解释保险合同条款时尊重双方订立合同时的真实意图。保险合同是双方当事人自由意志表示一致的结果，订立合同时双方的真实意图必须在合同有效期保持不变，不应该在发生争执时任意改动。因此在对条款的理解发生分歧时，由于条款文字无法按文义解释，必须根据定约时的背景和客观实际情况进行逻辑分析、演绎来确定定约时的真实意图。

(5) 整体解释原则。无论采用上述哪个原则，都不能拘泥于合同的某个条款或条款中的某一个词语，必须把有分歧理解的条款放在整个合同中，根据订立合同的目的、结合合同其他条款的内容来确定具体条款的含义。

(6) 不利解释原则(不利于保险人解释，有利于被保险人的解释原则)。这个原则是对格式合同解释时必须遵循的原则。保险合同是由保险人事先拟定的格式合同，投保人只有表示接受或拒绝的可能，在法律地位上处于劣势。此外，投保人不是保险专家，尽管在订立合同时保险人根据最大诚信原则有义务对保险合同进行解释，尤其必须对可能发生歧义的条款进行解释，然而投保人不一定能全部理解。因此，《保险法》第三十条规定："采用保险人提供的格式条款订立的保险合同，保险人与投保人、被保险人或者受益人对合同条款有争议的，应当按照通常理解予以解释。对合同条款有两种以上解释的，人民法院或者仲裁机构应当做出有利于被保险人和受益人的解释。"因此，在按照上述各种解释原则都不能对有争议的条款进行清楚解释的情况下，或者对有争议条款具有两种解释的情况下，应当采用有利于被保险人和受益人的原则进行解释。

二、保险合同的争议处理

当保险人与投保人、被保险人就保险责任的归属、赔偿保险金数额的确定、对保险条款的理解等产生不同意见，并且各执己见时，就会产生合同争议。在机动车辆保险中，发生的赔偿案件一般比较复杂，造成事故的原因多种多样，哪些原因属于保险责任范围，哪些原因不属于保险责任范围，极易在保险人和被保险人之间产生不同的判断，争议难以避免。这些争议往往导致对赔偿金额的不同主张。产生这些分歧的原因又往往出自对保险责任、责任免除、保险金额等合同条款的不同解释。因此，在机动车辆保险合同中包括对争议处理的规定。

我国《合同法》对合同争议的处理方式做出了明确规定。《合同法》第一百二十八条规定："当事人可以通过和解或者调解解决合同争议。当事人不愿和解、调解或者和解、调解不成的，可以根据仲裁协议向仲裁机构申请仲裁。涉外合同的当事人可以根据仲裁协议向中国仲裁机构或其他仲裁机构申请仲裁。当事人没有订立仲裁协议或者仲裁协议无效的，可以向人民法院起诉。当事人应当履行发生法律效力的判决、仲裁裁决、调解书；拒不履行的，对方可以请求人民法院执行。"因此，保险合同争议可以采用和解、调解、仲裁和诉讼等方式解决。

(一) 和解

和解是无第三人参加的情况下,由合同当事人双方在互谅互让的基础上,就争议内容进一步协商,寻求一致意见达成协议的方法。当被保险人和保险人发生意见分歧时,和解一般是首选解决纠纷的方法,因为这种方法不仅节约费用,而且不伤和气,有利于继续履行合同。

(二) 调解

调解是在第三人主持下,合同当事人双方依据自愿合法的原则,在明辨是非、分清责任的基础上达成协议,从而解决纠纷的方法。

如果第三人是合同当事人双方共同选择的,由他主持进行调解的方法称为自愿调解。自愿调解达成的协议不具有强制执行的效力,一方当事人不执行调解协议,另一方当事人只能将争议提交仲裁委员会或向人民法院起诉,无权要求人民法院强制执行自愿调解的协议。如果在司法机构或仲裁机关的主持下,双方当事人就争议内容达成一致意见,这就是司法调解。司法调解达成的和解协议,一旦生效就具有强制执行的效力,只要一方不执行协议,另一方就可以向法院申请强制执行。

(三) 仲裁

仲裁是双方当事人在发生争议之前或者发生争议之后,达成把争议事项递交给仲裁机关,由仲裁机关进行裁决,从而解决争议的法律制度。

仲裁是解决保险合同争议的重要方法,遵照我国仲裁法的程序和原则进行。仲裁以自愿为基本原则,以仲裁协议为基础。只有合同双方当事人就以仲裁的方法解决纠纷达成一致意见,才可以将双方的争议提交仲裁,而一旦选择仲裁作为解决双方争议的方式,就不能再向法院提起诉讼。

仲裁采取一裁终局制度,仲裁机关做出仲裁裁决之后,生效的仲裁裁决对争议双方具有法律约束力,每一方都必须执行,任何一方当事人都不得要求重新仲裁,或者向人民法院起诉,只有当某一方没有执行仲裁决议时,另一方才可以向法院申请强制执行。

小资料2-4 　　　　　　　　　　**车险纠纷如何申请仲裁?**

事件回顾:2014年8月,周飞(化名)在武汉为自己的金杯客车办理了投保手续,并在保险合同上约定通过仲裁解决合同争议。2014年9月,周飞的车辆在广东被盗,次年,保险公司以车主擅自改变车辆使用性质投入营运为由拒赔。2016年底,双方提请武汉仲裁委员会仲裁纠纷。仲裁委审理认定，保险公司拒赔无依据，应支付保险金及利息8万多元。随后，保险公司依据裁决书向车主如数赔偿。发生车辆保险合同纠纷时，车主如何申请仲裁？

专家解答如下。

问：发生合同纠纷后，选择诉讼还是仲裁有什么区别？

答：仲裁解决纠纷的优点在于仲裁庭包括经济领域各个行业的知名学者、专家，他们更了解该行业法律方面的各种操作习惯，甚至更深入地了解纠纷的技术经济细节。仲裁解决纠纷的另一优点是当事人有机会选择仲裁员，这有助于增强当事人对仲裁的信心。仲裁庭所做出的文书、财产保全或执行等是借助法院实现的。此外，仲裁一般实行一裁终局制，而法院大多实行上诉制度。一裁终局比法院的二审终审制度从时间和经济上要节约很多。

问：仲裁制度的公正性如何得到保障？

答：在我国，各仲裁委员会的仲裁员大都是在法律界或行业界有声望的专家、学者。仲裁员的声誉和地位，通常都是经过长时间的艰苦努力才达到的，他们都非常珍视自己的地位和名誉，很难想象会通过贿赂或其他不正当手段去收买他们。

问：如何通过仲裁来解决经济合同纠纷？

答：当事人必须在合同中明确约定通过仲裁解决纠纷，并明确规定所选定的仲裁机构。没有约定或约定不明确，都不能要求仲裁。此外，在发生纠纷后当事人也可以约定仲裁，但在这种情况下，当事人达成一致有很大的困难。如果没有约定解决纠纷的方式，法律上就认为当事人默认采取诉讼方式解决纠纷。

4. 诉讼

如果当事人双方对保险合同有争议，也可以直接通过诉讼方式，请求法院做出判决。保险合同属于民事法律关系范畴，适用于民事诉讼法的有关规定。提起诉讼的一方当事人首先应当向法院递交起诉书，起诉书中要写明诉讼当事人的姓名、住址、诉讼请求和事实根据，按被告人数递交副本；其次应当提供一系列文件作为诉讼的依据，这些文件包括合同、记录、原始凭证、来往信件和其他证明等。如果提起诉讼的一方当事人是法人，那么必须签署并递交委托书，明确诉讼代理人或代表的姓名、职务、代理权限等。

法院在收到原告的起诉书和连带的证明文件后，应该将这些材料按时送达被告，被告应当在法定的期限内将答辩书递交法院，然后等待法院开庭通知，参加诉讼。

法院处理保险合同纠纷时,应该以事实为根据,以法律为准绳,实事求是地分清是非、明确责任,及时准确地解决纠纷。法院应该坚持以调解为主的原则,尽量通过司法调解促使当事人双方和解,在调解不成的情况下应该及时做出判决。

复习思考题

一、简述题

1. 简述汽车保险合同的特征。
2. 汽车保险合同主体有哪些?分别有哪些权利和义务?
3. 汽车保险合同由哪些部分组成?
4. 当保险合同双方当事人发生纠纷时,可采取哪些方式解决?
5. 汽车保险合同解释应遵循哪些原则?

二、案例分析题

2015年3月10日,王先生为自己的机动车上了10万元的第三者责任险。同年12月8日晚,王先生的车不慎将某通讯公司的通信电缆剐断。事发后,王先生立即向当地派出所报案,并于次日8点向保险公司报案。同月22日,王先生向通讯公司支付了3.6万余元赔偿费。2016年6月22日,保险公司委托评估公司对事故损失进行评估。评估公司认定,事故直接损失属于保险单保险责任,建议保险人赔付8 725元。同时,评估报告中还载明:"根据被保险人告知,修复后的电缆再次被车剐断。"因不同意按评估公司建议的数额进行理赔,王先生数次与保险公司协商未果。

2016年7月,王先生诉至一审法院称,事发7日后,保险公司要求提供被剐断的电缆和水泥杆原件,通讯公司同意实地勘查,保险公司拒绝到现场勘查,称没有原物只能得到50%的理赔数额。直至王先生2016年6月再次与保险公司交涉后,保险公司才委托评估公司对事故损失进行评估,因事故现场已不复存在,故无法评估,对评估结果不予认可,保险公司应按实际损失赔偿3.6万余元保险费。保险公司辩称,王先生未提供被剐断的电缆及水泥杆原件,所述赔偿费未经保险公司核准,且过高;王先生报案时并未要求索赔,故保险公司尚未启动理赔程序;依据《保险法》,王先生的理赔程序尚未完结,不同意王先生的诉讼请求。一审法院经审理判决后,保险公司不服,上诉到北京二中院。北京二中院经审理,判定保险公司应按照王先生提供的赔偿款发票数额进行理赔。

请问保险公司是否应按照王先生提供的赔偿款发票数额进行赔偿?

第三章

汽车保险原则

👤 学习目标

能力目标	● 能够全面理解汽车保险的四大基本原则，能够向客户做出解释和说明 ● 能够在承保和理赔过程中熟练运用保险原则来处理业务 ● 能够重点理解保险利益原则和近因原则
知识目标	● 掌握最大诚信原则的含义和内容 ● 掌握保险利益的确立条件和保险利益原则对保险经营的意义 ● 掌握损失补偿原则的含义和影响保险补偿的因素 ● 掌握近因原则在保险实务中的应用

引导案例   **机动车辆保险骗赔猖獗**

> 近年来，我国汽车保险市场的潜力巨大。然而，随着机动车辆保有量的迅速增加，机动车辆出险率也开始大幅上升，尤为严重的是欺诈行为不断涌现。各保险公司的查勘理赔队伍人员较少、素质较低，加之相关法律、道德舆论对保险骗赔现象缺乏有效的约束力，致使一部分别有用心的人乘机以各种手段进行骗赔，保险骗赔案件呈上升趋势。据保守估计，约有20%的赔款属于欺诈，保险骗赔犯罪触目惊心。
>
> 保险骗赔不仅有悖于保险经营的公平诚信等原则，而且威胁保险事业的生存与发展，严重破坏了国家的经济、金融秩序。减少或者杜绝骗赔行为是保险公司控制经营风险的内在要求，也是保证保险市场良性发展、维护消费者利益的必要举措。
>
> 要防范骗赔案件的发生，保险公司就必须强化承保理赔机制，完善各项理赔管理环节，把被动的"事后控制"转变为主动的"事前预防"，尤其对疑难赔案，要充分发挥保险公司与公安检察等机关建立的联络机制的作用，加大对骗赔案件的调查、侦破和打击力度，真正对骗赔者构成威慑。投保人和被保险人要树立正确的参保观念，切不可怀有投机心理。同时，有关职能部门也要严把各个关口，不为骗赔者提供便利。
>
> 在本章的学习中，我们将了解我国汽车保险的基本原则，主要包括最大诚信原则、保险利益原则、损失补偿原则和近因原则，对保险人和投保人、被保险人在汽车保险活动中应遵循的基本原则进行系统介绍。

汽车保险原则是指贯穿汽车保险之中的，人们在汽车保险活动中必须遵循的根本准则，它是制定、解释、执行和研究汽车保险的出发点和根据。汽车保险的基本原则主要有最大诚信原则、保险利益原则、损失补偿原则、近因原则。

第一节 最大诚信原则

一、最大诚信原则的含义

在民事活动中，各方面当事人都应当遵循诚实信用原则。我国《民法通则》第四条规定："民事活动应当遵循自愿、公平、等价有偿、诚实信用的原则。"我国

《保险法》第五条规定："保险活动当事人行使权利、履行义务应当遵循诚实信用原则。"所谓诚实信用，是指任何一方当事人对他方不得隐瞒，都须善意地、全面地履行自己的义务，不得滥用权利及规避法律或合同规定的义务。但是，在保险活动中对保险合同当事人的诚信要求，比一般民事活动更为严格，即要求当事人具有"最大诚信"。

最大诚信原则的基本含义：保险合同当事人双方在签订和履行保险合同时，必须以最大的诚意，履行自己应尽的义务，互不欺骗和隐瞒，恪守合同的承诺和义务，否则保险合同无效。

最大诚信原则最初多用于限制投保方，因为保险标的掌握在投保方手中，保险人决定是否承保以及保险费率的高低取决于投保方的告知与保证。后来该原则也适用于保险人，因为保险合同大多属于附合合同，合同的格式、内容都由保险人拟定，保险费率是否合理、承保条件及赔偿方式是否合理均取决于保险人的诚意。最大诚信原则的具体内容包括：投保方的告知和保证义务，保险人的说明、弃权与禁止反言义务。

二、规定最大诚信原则的原因

(一) 保证保险合同的合意性

保险合同是以文字条款的形式约定双方当事人的权利义务关系，最大诚信原则要求双方当事人本着善意合同原则，彼此充分披露和交流信息，以保证订约双方在真实意思表示一致的基础上设定合同，唯有如此合同才具有法律效力，才能达到双方设定合同的目的。

(二) 保证保险交易的公平性

保险交易是一种特殊的商品交易，保险合同是保险产品的体化物。保险市场普遍存在信息不对称，保险人对保险标的的了解情况远比投保人来得少，这样可能会产生诸多风险，最大的风险是道德风险和逆选择。道德风险，它来源于保险对被保险人防损动机的改变，降低了投保人防损的动机；逆选择，它是当保险客户比保险公司对期望索赔成本有更多的了解时产生的，必然导致高风险单位倾向购买保险，而低风险单位倾向放弃购买保险。如果对上述这些风险不加以抑制，势必将误导保险人做出错误的保险决策，并增大保障成本，进而危及交易安全。最大诚信原则的确立就是要使保险双方尽可能相互知悉信息，从而达成公平的合同交易。

(三) 保证保险合同的合法性

保险合同行为是双方当事人的民事法律行为。最大诚信原则作为保险市场经济活动的基本原则，它要求人们在订立及履行保险合同的过程中，应当讲究信用，恪守诺言，诚实不欺，在不损害他人利益和社会利益的前提下追求自己的利益，否则将严重地影响保险合同的合法性。如出现虚假告知情况，严重的将使保险合同失去法律效力，最终使投保人的经济利益遭受损失。

三、最大诚信原则的内容

(一) 保险人的说明义务

保险人的说明义务，是指订立保险合同时，保险人应当向投保人解释合同条款的内容，特别是免责条款的内容。保险合同因投保人和保险人的意思表示一致而成立，但保险合同通常都以标准合同的形式订立，而不经过真正的协商过程，投保人之所以向保险人支付保险费，在很大程度上是因为信赖保险人就其保险条款的内容所做的解释或者说明。在保险人违反说明义务的主观要件上，即确认保险人违反说明义务时所必备的行为中，并不要求存在过错，只要保险人未尽说明义务，就构成说明义务的违反。可以说，我国《保险法》对保险人的说明义务采取的是严格责任原则。为了保护投保人和被保险人的利益，我国《保险法》第十七条规定："订立保险合同，采用保险人提供的格式条款的，保险人向投保人提供的投保单应当附格式条款，保险人应当向投保人说明合同的内容。对保险合同中免除保险人责任的条款，保险人在订立合同时应当在投保单、保险单或者其他保险凭证上做出足以引起投保人注意的提示，并对该条款的内容以书面或者口头形式向投保人做出明确说明；未作提示或者明确说明的，该条款不产生效力。"

保险人的说明义务具有法定性、先合同性和主动性的特点，即保险人的说明义务为法定义务，不允许保险人以合同条款的方式予以限制或者免除；不论在何种情况下，保险人均有义务在订立保险合同前详细说明保险合同的各项条款，并对投保人有关保险合同的询问做出直接、真实的回答；保险人向投保人说明保险合同条款的内容，无须投保人询问或者请求，保险人应当主动进行。

保险人说明义务的重心是保险合同中的免责条款。所谓免责条款，是指保险合同中载明的保险人不负赔偿或给付保险金责任的范围的条款，即除了保险责任外，保险人不负责的自然灾害和意外事故所造成的损失，一般包括战争或者军事行动所造成的损失；保险标的自身的自然损耗；被保险人故意行为造成的事故；其他不属于保险责任范围的损失等。投保人和保险人约定的责任免除条款，只要不违反法律、行政法规以及社会公共利益，就受法律的承认和保护。

保险合同中的责任免除条款，一般限于免除保险人的保险责任，包括但不限于保险单或保险条款所约定的格式化"除外责任条款"。凡保险合同中规定的保险人除外责任条款以外的免予承担保险责任的条款，诸如被保险人违反保险条件、保险合同的成立或生效条件等，保险人在订立保险合同时，应当向投保人做出明确的说明。

保险人有义务向投保人对责任免除条款作完整、客观、真实的说明。保险人作说明时，不能只提醒投保人阅读有关保险人的免责条款，而应当对该条款的内容、术语、目的以及适用等做出解释。

保险人可以书面形式向投保人做出说明，也可口头向投保人做出说明。保险人履行责任免除条款或限责条款的说明义务，不以保险人本人做出的说明为限，保险人的代理人向投保人所作出的说明，具有相同的效果。订立保险合同时，保险人不作说明的，免责条款或限责条款对投保人、被保险人或者受益人不生效；保险人若在订立保险合同后，才对投保人作说明的，其说明不生效。

(二) 投保人的如实告知义务

1. 如实告知的含义

告知，又称申报、披露，是指投保人在订立合同时，对保险人的询问所做的说明或者陈述，包括对事实的陈述、对将来事件或行为的陈述以及对他人陈述的转述。

如实告知，是指投保人的陈述应当全面、真实、客观，不得隐瞒或故意不回答，也不得编造虚假情况来欺骗保险人。投保人不仅应当告知保险人其现实已知的情况，而且对于其尚未知悉，但应当知道的情况，投保人也负告知的义务，如果投保人因过失而未告知，也构成对如实告知义务的违反。

广义的如实告知义务，不仅包括保险合同订立时投保人的如实告知义务，还包括保险期间保险标的危险增加时被保险人的通知义务以及保险事故发生时被保险人的通知义务。

案例3-1 违反如实告知义务(危险程度增加未告知)的后果

案情：2015年5月，李某将自有的桑塔纳轿车向保险公司投保了家庭自用汽车保险，投保险种为车辆损失险、第三者责任险等。在保险期限内，李某一直使用标的车在汽车站从事出租业务，2016年2月，李某驾驶标的车载客从汽车站出来与一辆正规的出租车相撞，交通部门认定李某负全部责任。事后，李某向保险公司索赔，保险公司拒绝赔偿。

分析：李某与保险公司签订的机动车辆保险合同是合法有效的，保险车辆虽然发生交通事故造成损失，但李某将家庭自用车从事营业运输，导致保险车辆危险程度增加，李某没有及时以书面形式通知保险人，违反了保险合同中的投保人、被保险人义务条款，所以，保险公司不负责赔偿。

2. 告知义务人

投保人为告知的义务人，这是没有争议的。但是，当投保人与被保险人不是同一人时，被保险人是否负有如实告知义务，各国保险立法的规定不尽相同。美国《纽约州保险法》规定，投保人和被保险人均负有如实告知义务。我国《保险法》虽然仅规定了投保人如实告知义务，但在投保人和被保险人不是同一人时，应当认为如实告知义务同样适用于被保险人。这是因为在投保人和被保险人不是同一人时，投保人对被保险人的有些情况难以知晓，无法履行告知义务，使保险人无法确定是否同意承保或者提高保险费率。基于诚信原则，被保险人应负有告知的义务。保险公司的保险条款一般均要求被保险人须履行告知义务，但受益人不负有告知的义务。

3. 告知的时间和范围

告知义务的履行时间是从当事人订立保险合同时开始到合同成立时结束。根据我国《保险法》的规定，投保人、被保险人必须在合同订立前完成告知义务，而合同于保险人承诺时成立。因此，投保人、被保险人在合同成立之前，均是告知义务履行的时间。同时，我国《保险法》第五十二条规定："在合同有效期内，保险标的的危险程度显著增加的，被保险人应当按照合同约定及时通知保险人，保险人可以按照合同约定增加保险费或者解除合同。保险人解除合同的，应当将已收取的保险费，按照合同约定扣除自保险责任开始之日起至合同解除之日止应收的部分后，退还投保人。被保险人未履行前款规定的通知义务的，因保险标的的危险程度显著增加而发生的保险事故，保险人不承担赔偿保险金的责任。"这说明被保险人在合同成立后须承担通知义务，但非告知义务。

对于告知范围的界定，各国立法采取不同的原则，一般可分为两种：一是询问告知主义，要求投保人只需如实回答保险人对保险标的风险状况提出的询问即可，对保险人没有询问的事项，投保人无须主动告知。目前，多数国家都采用这种告知方式。二是无限告知主义，即法律对告知的内容没有明确的规定，只要事实上与保险标的的危险状况有关的任何重要事实,投保人都有义务告知保险人。目前,英、美、法等国采用这种方式。

我国《保险法》确定了询问告知原则。我国《保险法》第十六条规定:"订立保险合同,保险人就保险标的或者被保险人的有关情况提出询问的,投保人应当如实告知。"因此,投保人告知的范围,以保险人询问的事项为限,且保险人询问的只能是与保险合同有关的事项。实践中,通常的做法是由保险人提出一定格式的询问表(被称为告知表,常与投保单合一),将投保人应如实告知的事项列于表中,让投保人一一填写,投保人依表上所问如实告知,但对保险人没有询问的事项,不负有告知义务。投保人履行如实告知义务,不以书面告知为限,对于口头告知,保险人不得以投保人没有履行告知义务为由,主张解除合同。投保人和被保险人可以亲自履行如实告知义务,也可以通过其授权的代理人履行如实告知义务。

案例3-2　　　　投保时出示行驶证,算不算如实告知?

案情:个体户徐某将其自有的从事营运的一辆双排客货车向保险公司投保车辆损失险、第三者责任险,保险公司按吨位收取车辆损失险保费720元,第三者责任险(限额20万元)保费1 370元。3个月后的一个晚上,徐某在行驶中发现车辆有故障,遂将车辆停在路中,但未设明显标志。一辆摩托车因车速过快与徐某的车辆相撞,致使一人死亡,一人重伤,造成车损1 500元,人员伤亡总费用75 000元。经交警部门认定:徐某在车辆有故障不能行驶时,未能将车辆靠路右边停放,且夜晚未设明显标志,违反《中华人民共和国道路交通管理条例》第48条之规定,应负事故的次要责任,负该起事故40%的赔偿责任。

事故处理结束后,徐某向保险公司提出索赔,对照机动车辆保险条款,该起事故属碰撞责任,在车损险及第三者责任险赔偿范围内。保险人在审核保险车辆行驶证时发现该双排客货车为1吨/6座,根据车险实务有关规定,双排客货车收费应按"就高不就低"的原则,即按吨位或座位计算,取较高者计费。本案中该车保费按吨位收取为低,应按座位收取,即应收取车损险保费1 120元,第三者责任险(限额20万元)保费2 030元,故投保人实际缴费不足。经向办理该项业务的人员了解,徐某投保时已向其出示行驶证,且投保单背面亦附贴有该标的行驶证复印件,业务员对业务不熟导致收费不足。本案中保险公司未能足额收取保险费,赔偿处理中是按足额还是按比例赔偿呢?

分析:《保险法》第十六条明确规定:"订立保险合同,保险人就保险标的或者被保险人的有关情况提出询问的,投保人应当如实告知。"从上述规定中不难发现，投保人应如实告知仅限于保险人的询问，保险人未询问的，投保人则不必陈述。本案中，投保人徐某向保险人出示保险车辆行驶证并且提供复印件附贴在投保单背面，也就是履行了告知义务，但究竟如何收费，则是保险人的事，不能将保险人的过错导致收费失误的责任归于投保人，所以为维护被保险人的合法权益，本案应该足额赔偿，而非按比例赔付。

4. 告知义务的内容

关于告知的内容，应限于重要事实。凡能够影响一个正常的、谨慎的保险人决定其是否接受承保，或者据以确定保险费率，或者是否在保险合同中增加特别条款的事实，都是重要事实。

在保险实践中，告知事项一般包括：有关投保人和被保险人的详细情况；有关标的的详细情况；危险因素或危险增加的情况；损失期望值高出一般的情况；以往损失赔付情况；以往遭到其他保险人拒绝承保的事实；旧保单中保险人拟定的不利于投保人的条件等。

(三) 投保人或被保险人的保证义务

1. 保证的概念和作用

保证，是最大诚信原则的一项重要内容。保证，又称担保，是指人们对某种事情的作为和不作为的允诺。保险合同中的保证，是指投保人和被保险人对保险人做出的一种关于为或不为某种行为，或某种状态存在或不存在的担保。

保证是保险合同的基础，投保人或被保险人违反保证，就使保险合同失去存在的基础，保险人有权解除合同。保证的目的和作用在于控制风险。

2. 保证的种类

保证通常包括明示保证和默示保证。

(1) 明示保证。明示保证是指保险合同中记载的保证事项，需要投保人明确做出承诺。明示保证又有确认保证和承诺保证之分：确认保证是指投保人对过去或现在某种特定事项存在或不存在的保证，如某人保证过去或现在未得过某种疾病；承诺保证是指投保人对将来某种事项的作为或不作为的保证，如投保家庭财产保险时，投保人保证不在家中放置危险品。

(2) 默示保证。默示保证是指保证内容虽没有记载于保险合同之上，但由于法律规定或惯例要求投保人、被保险人必须保证的事项。默示保证一般存在于海上保险中，通常包括保证船舶具有适航能力和适货能力、保证非因避难不绕航或改变航程、保证运输业务合法，这些都不在保险单中载明，而是被社会公认的默示保证。默示保证与明示保证具有同等的法律效力。

我国《保险法》对于保证，未作明文规定。在保险实务中有保证的做法，但无确认与承诺之分，一般都是承诺保证。

案例3-3　　　　　　　　违反保证条款的后果

案情：2015年5月，王某将自有的卡车向保险公司投保了机动车保险，投保险种为车辆损失险、第三者责任险等。在保险期限内，王某驾驶所投保卡车因严重超载违章，致使制动器失效，发生重大交通事故，王某负全责，赔偿被害人10万元。该车辆核定载重量为8吨，发生事故时超载至20吨。事后，王某向保险公司索赔，保险公司拒赔。

分析：王某与保险公司签订的机动车辆保险合同是合法有效的，保险车辆虽然发生交通事故造成损失，但装载不符合规定，违反了保险合同中的投保人、被保险人义务条款中"保险车辆装载必须符合《道路交通法》中有关机动车辆装载的规定，使其保持安全行驶技术状态"以及被保险人不履行规定的义务，保险人有权拒绝赔偿的条款。因此，保险公司不负责赔偿。

3. 保证与告知的区别

(1) 保证是保险合同的重要组成部分，除默示保证外，均须列入保险合同中；而告知是在保险合同订立时所做的陈述，并不构成保险合同的内容。

(2) 保证的目的是控制风险，而告知的目的在于保险人正确估计危险发生的可能性和程度。

(3) 保证在法律上被推定是重要的，任何违反都将导致合同被解除的法律后果；而告知须由保险人证明其确实重要，才能成为解除合同的依据。

(4) 保证内容必须严格遵守，而告知仅需实质上正确即可。

4. 保证义务违反的法律后果

保证是保险的基础，因此各国立法对投保人或被保险人遵守保证事项的要求十分严格，投保人或者被保险人违反保证义务，无论故意或者过失，保险人均有权解除合同，不承担赔偿责任。

(四) 弃权和禁止反言

弃权是指保险人放弃因投保人或被保险人违反告知或保证义务而产生的保险合同

解除权。禁止反言，又称禁止抗辩，是指保险人既然放弃自己的权利，将来不得反悔再向对方主张已经放弃的权利。例如，投保人在投保时，声明其投保的财产旁边存放有特别危险品，但保险人或其代理人既不拒保，也不提高保险费，以后保险财产因其旁边的特别危险品而造成损失的，保险人既不能解除合同，也不能拒赔。又例如，某被保险人投保人身意外伤害保险时，向保险代理人声明(告知)，在某段时间内将从事一些危险性较高的工作，而保险代理人为了招揽业务，认为合同的有效性和保险费的确定可不受其影响，如果在保险期间被保险人发生意外事故，正是由于从事危险性较高的工作引起的，根据弃权与禁止反言的规则，保险人不能行使保险合同的解除权，也不能拒绝给付保险金。

四、违反最大诚信原则的表现形式及其法律后果

我国《保险法》第十六条规定："订立保险合同，保险人就保险标的或者被保险人的有关情况提出询问的，投保人应当如实告知。投保人故意或者因重大过失未履行前款规定的如实告知义务，足以影响保险人决定是否同意承保或者提高保险费率的，保险人有权解除合同。前款规定的合同解除权，自保险人知道有解除事由之日起，超过三十日不行使而消灭。自合同成立之日起超过两年的，保险人不得解除合同；发生保险事故的，保险人应当承担赔偿或者给付保险金的责任。投保人故意不履行如实告知义务的，保险人对于合同解除前发生的保险事故，不承担赔偿或者给付保险金的责任，并不退还保险费。投保人因重大过失未履行如实告知义务，对保险事故的发生有严重影响的，保险人对于合同解除前发生的保险事故，不承担赔偿或者给付保险金的责任，但应当退还保险费。保险人在合同订立时已经知道投保人未如实告知的情况的，保险人不得解除合同，发生保险事故的，保险人应当承担赔偿或者给付保险金的责任。保险事故是指保险合同约定的保险责任范围内的事故。"

我国《保险法》第十七条明确规定："订立保险合同，采用保险人提供的格式条款的，保险人向投保人提供的投保单应当附格式条款，保险人应当向投保人说明合同的内容。对保险合同中免除保险人责任的条款，保险人在订立合同时应当在投保单、保险单或者其他保险凭证上做出足以引起投保人注意的提示，并对该条款的内容以书面或者口头形式向投保人做出明确说明；未作提示或者明确说明的，该条款不产生效力。"

在财产保险中，我国《保险法》第五十一条规定："投保人、被保险人未按照约定履行其对保险标的安全应尽责任的，保险人有权要求增加保险费或者解除合同。"

第五十二条规定:"在合同有效期内,保险标的的危险程度显著增加的,被保险人应当按照合同约定及时通知保险人,保险人可以按照合同约定增加保险费或者解除合同。保险人解除合同的,应当将已收取的保险费,按照合同约定扣除自保险责任开始之日起至合同解除之日止应收的部分后,退还投保人。被保险人未履行前款规定的通知义务的,因保险标的的危险程度显著增加而发生的保险事故,保险人不承担赔偿保险金的责任。"

第二节 保险利益原则

一、保险利益及其确立条件

(一) 保险利益

保险利益,也叫可保利益,是指投保人或被保险人对保险标的具有的法律上承认的利益。保险利益体现的是人与标的之间的损益关系。这种关系的最基本判断标准,是保险标的的损失能否使投保人的利益受到损害。如果直接表现为财产的减少或人身利益的受损,或者表现为精神方面的重大不利影响,那么都可以认定为有保险利益;相反,则不存在保险利益问题。

(二) 保险利益的确立条件

1. 必须是合法的利益

保险利益必须符合法律规定,符合社会公共秩序要求,为法律认可并受到法律保护。如果投保人以非法律认可的利益投保,则保险合同无效。

2. 必须是经济上的利益

保险利益必须是可以用货币计算和估价的利益。保险不能补偿被保险人遭受的非经济上的损失。精神创伤、刑事处罚、政治上的打击等,虽与当事人有利害关系,但这种利害关系不是经济上的,不能构成保险利益。但人身保险的保险利益不纯粹以经济上的利益为限。

3. 必须是确定的利益

保险利益必须是已经确定的利益或者能够确定的利益。这包括两层含义:

(1) 该利益能够以货币形式估价。如属于无价之宝而不能确定价格,保险人则难以承保。

(2) 该利益不是当事人主观估价的,而是事实上的或客观上的利益。所谓事实上的利益包括现有利益和期待利益。运费保险、利润损失保险均直接以预期利益作为保险标的。

小资料3-1　　　　　　　　如何具体认定保险利益?

保险利益的认定有两种方式:①定义式。在保险立法中对保险利益的概念进行定义,凡符合这一定义的,就认为有保险利益,英国、美国采取这种方式。②列举式。在立法中,对依法具有保险利益的情况一一列举,这种方式比较严格、清楚,但缺乏灵活性,一般而言,大陆法系国家对人身保险的保险利益立法,多采用列举式。

1. 人身保险利益的具体认定

人身保险按投保方式不同,一般可分为投保人以自己的生命或身体投保的人身保险和投保人以他人的生命或身体投保的人身保险两种。关于人身保险的保险利益,我国《保险法》第三十一条规定:"投保人对下列人员具有保险利益:(一)本人;(二)配偶、子女、父母;(三)前项以外与投保人有抚养、赡养或者扶养关系的家庭其他成员、近亲属;(四)与投保人有劳动关系的劳动者。除前款规定外,被保险人同意投保人为其订立合同的,视为投保人对被保险人具有保险利益。"

有些国家在保险立法中还规定债权人对债务人、雇佣人与受雇人之间、合伙人之间具有保险利益。

人身保险的保险利益在合同订立时必须存在,否则订立的合同无效。在合同订立后,投保人失去保险利益的,则对已经订立的人身保险合同的效力没有影响。

2. 财产保险利益的具体认定

关于财产保险的保险利益,我国《保险法》没有明确规定范围。一般来说,下列人员在法律上享有财产保险的保险利益。

(1) 财产所有权人对其所有的财产;

(2) 抵押权人、质权人对抵押出质的财产;

(3) 财产的经营管理人对其经营管理的财产;

(4) 财产的保管人对其保管的财产;

(5) 公民法人对其因侵权行为或合同而可能承担的民事责任;

(6) 保险人对保险标的的保险责任;

(7) 债权人对其现有的或期待的债权等。

财产保险的保险利益在保险合同订立时可以不存在，但在保险事故发生时必须存在。这是因为只有保险事故发生时存在保险利益，投保人或被保险人才有实际损失发生，保险人才可以据此确定补偿的程度。

二、保险利益原则及其对保险经营的意义

各国法律都把保险利益作为保险合同生效和有效的重要条件，主要有两层含义：第一，对保险标的有保险利益的人才具有投保人的资格；第二，保险利益是认定保险合同有效的依据。这就是所谓的保险利益原则。

保险利益原则的确立，有以下三个方面的意义。

1. 防止道德危险因素，以保障被保险人的生命安全与财产安全

道德危险是指投保人、被保险人或受益人为诈取保险赔款而违反法律或合同规定，故意造成事故和扩大损失的危险。有了保险利益原则，就可以防止投保人为实施保险欺诈而杀害被保险人或毁损被保险财产。

2. 消除赌博行为

保险区别于赌博的关键在于保险中有保险利益存在，如果投保人对保险标的不具有保险利益，就意味着投保人可以随便对他人的财产和人身进行保险。一旦发生保险事故，他就可以不受损失而得到赔款，这使保险失去给付意义，而只能使保险成为单纯的赌博。

3. 限制保险补偿的程度

保险利益是保险人所补偿的最高限度。被保险人所主张的赔偿金额，不得超过保险利益的金额或价值。

三、保险利益原则在保险实务中的应用

在机动车辆保险的经营过程中，涉及保险利益原则方面存在一个比较突出的问题，即被保险人与车辆所有人不吻合的问题。在车辆买卖过程中，由于没有对投保单项下的被保险人进行及时的变更，使其与持有行驶证的车辆所有人不吻合，一旦车辆

发生损失，原车辆所有人转让了车辆，不具备对车辆的可保利益，就会导致其名下的保单失效，而车辆新的所有者由于不是保险合同中的被保险人，当然也不能向保险人索赔，这种情况在出租车转让过程中较常见。

案例3-4　　机动车保险的保险利益

案情：2015年8月20日，某保险公司沈阳分公司出具保险单，保险单上显示的被保险人、联系人、索赔权益人均是陈某，新车购置价是59万元，实际价值是27万元。投保险种为车辆损失险、第三者责任险、全车盗抢险等。当天，陈某为机动车承保支付保险费8 352元。2016年6月15日，该车被盗，虽然报警，但该案一直未破。

陈某找到保险公司，要求保险公司就车辆被盗理赔。保险公司经过调查发现陈某不是车辆的所有权人，真正的所有权人是某商贸公司。由于陈某对车辆不具有保险利益，根据法律规定，保险合同无效。因此，保险公司拒绝赔偿。多番协商不成，陈某认为保险公司是在无端抵赖，于是一纸诉状告上法庭，要求法院判决保险公司支付保险赔偿金27万元人民币及其利息3 500元。

针对保险公司称"车辆真正的所有权人是某商贸公司，与陈某毫无利益关系"的说法，陈某反驳说，该车实际是刘某所有，是刘某在2010年向某商贸公司购得，但是她曾借给刘某10万元人民币，虽然她不是所有者，却是刘某的债权人，投保的目的也是对她的债权给予保障，因此她同样对该车具有保险利益，保险合同应依法认定有效。

保险公司则认为，刘某在法庭上称向某商贸公司购买车辆的转让协议丢失了，无法提供转让协议，行驶证上的所有人仍然是某商贸公司。因此，保险公司认为陈某所言无据。

分析：保险单是投保人与保险人之间订立的保险合同，根据《中华人民共和国保险法》的规定："投保人对保险标的应当具有保险利益。投保人对保险标的不具有保险利益的，保险合同无效。保险利益是指投保人对保险标的具有的法律上承认的利益。"而依据陈某的陈述，该车的所有权不是她的，那么她对该车就没有保险利益，应认定保险合同无效，因合同无效，陈某就不能依据无效合同请求保险赔偿。因此，合同无效，保险公司无须赔付，只需将保险费返还给陈某即可。

第三节 损失补偿原则

一、损失补偿原则及其意义

(一) 损失补偿原则

损失补偿原则是指保险事故发生使被保险人遭受损失时,保险人必须在保险责任范围内对被保险人所受的损失进行补偿。它包括两层含义:第一,被保险人只有受到约定的保险事故所造成的损失,才能得到补偿。在保险期限内,即使发生保险事故,如果被保险人没有遭受损失,就无权要求保险人赔偿。第二,补偿的量必须等于损失的量,即保险人的补偿恰好能使保险标的恢复到保险事故发生前的状况,被保险人不能获得多于或少于损失的补偿。损失补偿原则最直接地体现了保险的经济补偿职能。

损失补偿原则只适用于财产保险。人身保险合同不适用这一原则。在财产保险中,定值保险合同、重置价值保险等也不完全适用这一原则。

1. 损失补偿的范围

损失补偿的范围是指保险人应对被保险人的哪些损失予以补偿。一般而言,损失补偿的范围主要包括以下内容。

(1) 保险事故发生时,保险标的的实际损失。在财产保险中,实际损失的计算,通常以损失发生时受损财产的实际现金价值为准,但最高赔偿额以保险标的的保险金额为限。

(2) 合理费用。合理费用主要指施救费用和诉讼支出。我国《保险法》第五十七条规定:"保险事故发生时,被保险人应当尽力采取必要的措施,防止或者减少损失。保险事故发生后,被保险人为防止或者减少保险标的的损失所支付的必要的、合理的费用,由保险人承担;保险人所承担的费用数额在保险标的损失赔偿金额以外另行计算,最高不超过保险金额的数额。"第六十六条规定:"责任保险的被保险人因给第三者造成损害的保险事故而被提起仲裁或者诉讼的,被保险人支付的仲裁或者诉讼费用以及其他必要的、合理的费用,除合同另有约定外,由保险人承担。"

(3) 其他费用。其他费用主要指为了确定保险责任范围内的损失所支付的受损标的的检验、估价、出售等费用。

需要注意的是,保险标的本身的损失与费用的支出应分别计算,费用支出的最高赔偿额不得超出保险金额。

2. 损失补偿的方法

从保险实践来看,主要有以下几种补偿方法。

(1) 现金赔付。在大多数情况下,保险人都采取此种方法。无形财产保险,如责任保险、信用险、保证险等,只能采取现金赔付的方法。

(2) 修复。在有形财产保险中,当保险标的发生部分损失,保险人可委托有关修理部门,对受损的保险标的物予以修复,费用由保险人负担。此方法多适用于汽车保险。

(3) 更换。当保险标的物因保险事故发生而遭受损失时,保险人可以对标的物的受损部分或全部予以更换。该方法多适用于玻璃破碎险等。因考虑原标的物的折旧,保险人通常享有一定的折扣。

(4) 重置。重置即对被保险人毁损、灭失的标的物,保险人负责重新购置与原标的物等价的物品,以恢复被保险人的原财产状态。该方法一般适用于不动产或一般财产保险。但目前保险人很少采用此种方法。

小资料3-2　　　　　　　　　**损失赔偿的方式**

1. 第一损失赔偿方式

即在保险金额限度内,按照实际损失赔偿。其计算公式为

(1) 当损失金额≤保险金额时:赔偿金额=损失金额

(2) 当损失金额>保险金额时:赔偿金额=保险金额

第一损失赔偿方式(第一危险责任)是把保险财产的价值分为两个部分:第一部分为保险金额以内的部分,这部分已投保,保险人对其承担损失赔偿责任;第二部分是超过保险金额的部分,这部分未投保,因而保险人不承担损失赔偿责任。由于保险人只对第一部分的损失承担赔偿责任,故称为第一损失赔偿方式。在我国该赔偿方式主要用于家庭财产保险。

2. 比例赔偿方式

该方式适用于不定值保险合同。对足额保险和超额保险按照"损失多少赔多少原

则"掌握，而不足额保险的赔偿方式是按保障程度计算赔偿金额，其计算公式为

$$赔偿金额=损失金额×(保险金额÷损失当时保险财产的实际价值)$$

3. 定值保险赔偿方式

当保险事故发生时，保险人不论保险标的损失当时的市价如何，即不论保险标的的实际价值大于或小于保险金额，均按损失程度十足赔付，其计算公式为

$$赔偿金额=损失金额×损失程度(\%)$$

4. 限额责任赔偿方式

限额责任赔偿方式是指保险人仅在损失超过一定限额时才负赔偿责任的一种赔偿方式。在限额内的较小损失一般对被保险人没有严重的经济影响，可由投保人自行承担。

比如，某种作物在正常年份的平均亩产为400千克，按照90%确定为保险标的的保险产量，那么40千克以内的差额即为绝对免责限额，只有当该作物的实际产量低于360千克时，按实际损失赔偿。

此种赔偿方式通常用于农作物保险，一是有利于投保人加强责任感，二是有利于减轻投保人的保费负担。

(二) 损失补偿原则的意义

1. 遏制道德危险的发生

损失补偿原则是保险立法的基本原则之一，它强调有损失有赔偿，损失多少赔多少，被保险人不能从损失赔偿中获得额外的利益，而且赔偿的只能是直接损失。如果被保险人能够从保险赔偿中获得额外的利益，那么极有可能诱发投保人或被保险人以诈骗保险金为目的的恶意超额投保行为，即在投保后故意损坏保险标的以图谋保险金而获得额外利益；或者在投保后，当标的物贬值至保险金额以下时，故意损坏保险标的，以获取保险赔偿。可见，凡是有可能诱发道德危险发生的保险合同都有违保险制度设计的初衷。

2. 保证保险分配的公平合理

保险公司是金融服务企业，提供包括保险产品设计在内的一整套与保险业务有关的服务，其中保险产品的设计、供应和需求，实际上是对社会危险处理的一部分财务资源的分配和再分配，以实现千家万户帮一家的均摊目的。保险费中净费率的定价依

据是保险金额的损失率,体现保险责任(包括保险赔偿责任)与保险收费之间的权利与义务对等。因此,损失补偿原则不仅体现了保险人与被保险人之间权利与义务对等,而且体现了在被保险人之间均摊危险损失的公平合理。

3. 发挥防灾减损的社会效应

经济补偿是保险的基本功能之一,而监督危险是其派生的功能,保险的损失补偿动用的是保险基金,是危险事故对社会资源纯损耗后的填补。因此,为了减少社会资源的虚耗,保险法在立法上无不对投保人或被保险人赋予防灾减损的义务,同时,在保险合同的条款上明确约定投保人或被保险人的防灾减损义务。如果投保人或被保险人违背了这些义务,就必须承担相应的法律责任,不能获得保险赔偿。另一方面,防灾减损的社会效应还表现为在损失率下降的同时,保险费率将随之下降,从而投保人的保险需求成本也下降,实现以最小的成本支出获得最大的经济保障。

二、影响保险补偿的因素

(一) 实际损失

保险补偿以实际损失为限。当投保财产遭受保险责任范围内的损失时,不论保险合同约定的保险金额是多少,被保险人所能获得的保险赔偿不得超过其实际损失。

(二) 保险金额

保险金额是保险人承担赔偿责任的最高限额。保险人的赔偿金额在任何情况下,均不能超过保险金额,只能低于或等于保险金额。例如,某幢建筑物按实际价值100万元投保,因火灾遭受全损,损失当时房价上涨,该建筑物的市价是130万元,这时虽然被保险人的实际损失是130万元,但因为保险金额是100万元,所以保险人只能以保险金额为限,赔付100万元。

(三) 保险利益

保险利益是保险补偿的最高限度。保险赔款不得超过被保险人对遭受损失的财产所具有的保险利益,当被保险人的保险利益发生变更或减少时,保险补偿应以被保险人实际存在的保险利益为限。如上例,假设损失当时房价跌落,该建筑物的市价为70

万元，则保险人只能按市价赔偿，因为此时被保险人的实际保险利益只有70万元。

(四) 直接损失

保险补偿只负责被保险人的直接经济损失，除合同另有约定外。例如，某宾馆投保了火灾险，后因火灾遭受财产损失和营业中断损失，财产损失为直接损失，营业中断损失为间接损失。保险人只赔偿财产损失，不赔偿营业中断损失，除非该宾馆同时加保了营业中断险。

三、损失补偿原则的派生原则

从损失补偿原则派生出来的，还有重复保险分摊原则和代位原则。它们也都仅适用于财产保险，而不适用于人身保险。

(一) 重复保险分摊原则

重复保险分摊原则仅适用于财产保险中的重复保险。它是指在重复保险的情况下，当保险事故发生时，除合同另有约定外，各保险人按照适当的方法分摊赔偿责任，使被保险人既能得到充分补偿，又不会超过其实际的损失而获得额外的利益。

比例责任制和责任限额制是保险分摊常用的两种方法。

1. 比例责任制分摊方法

此方法是以每个保险人所承保的保险金额比例来分摊损失赔偿责任。计算公式为

$$某保险人责任 = \frac{某保险人的保额}{所有保险人的保额} \times 损失金额$$

2. 责任限额制分摊方法

此方法是指每个保险人对损失的分摊并不是以其保险金额作为分摊基础，而是按照他们在无他保的情况下单独应负的限额责任比例分摊。计算公式为

$$某保险人责任 = \frac{某保险人独立责任限额}{所有保险人独立责任限额之和} \times 损失金额$$

例如：甲、乙两个保险人承保某单位同一财产，甲保险人承保4万元，乙保险人承保8万元，在保险期限内发生了6万元的损失。

按比例责任制分摊为

$$甲保险人赔付 = \frac{4万元}{4万元+8万元} \times 6万元 = 2万元$$

$$乙保险人赔付 = \frac{8万元}{4万元+8万元} \times 6万元 = 4万元$$

按责任限额制分摊为

$$甲保险人赔付 = \frac{4万元}{4万元+6万元} \times 6万元 = 2.4万元$$

$$乙保险人赔付 = \frac{6万元}{4万元+6万元} \times 6万元 = 3.6万元$$

(二) 代位原则

代位原则是损失补偿原则的派生原则。保险的代位是指保险人取代被保险人的求偿权和对标的的所有权。代位原则是指保险人依照法律或保险合同的约定，对被保险人遭受的损失进行赔偿后，依法取得向对损失负有责任的第三者进行追偿的权利，或取得被保险人对保险标的的所有权。

代位原则只在财产保险中适用，不适合于寿险合同。寿险中的被保险人死亡，受益人可以同时得到保险人给付的保险金和加害人支付的赔偿金，因为人的价值无法确定，不存在额外受益问题。

代位原则由代位追偿和物上代位两部分组成。

1. 代位追偿

(1) 代位追偿的概念与原理。代位追偿又称为权利代位，是指在财产保险中，第三者的过错致使保险标的发生保险责任范围内的损失，保险人按照保险合同的约定给付了保险金后，有权将自己置于被保险人的地位，获得被保险人有关该项损失的一切权利和补偿。

《保险法》明确规定："因第三者对保险标的的损害而造成保险事故的，保险人自向被保险人赔偿之日起，在赔偿金额范围内代位行使被保险人对第三者请求赔偿的权利。"《中华人民共和国合同法》和《中华人民共和国财产保险条例》对代位追偿也做了类似的明确规定。保险合同的代位追偿制度在很多国家的法律中均做了规定，如日本的法律规定："保险人支付保险标的全部保险赔偿金额后，应当代位取得被保险人对残余物的一切权利。"

保险合同中的代位追偿，实际上是保险补偿原则的延伸和派生。财产保险合同是经济补偿合同，具有经济补偿性，保险人只能对被保险人的实际损失进行补偿。在财产保险中，因第三者对保险标的的损害而造成保险事故的，受害人(被保险人)与致害人、被保险人与保险人之间存在两种不同的法律关系。一方面，根据被保险人与保险人因保险标的有关利益签订的保险合同而产生的民事合同法律关系,当发生合同约定的保险事故时,保险公司依约承担赔偿责任。另一方面,受害人(被保险人)与致害人之间是一种因侵权行为而产生的民事侵权法律关系,致害人按照有关法律规定承担民事赔偿责任。当出于第三者原因导致的保险事故发生后,被保险人既可以根据保险合同向保险人索赔,也可以根据有关法律向致害人请求予以赔偿。另外,由于财产保险合同是补偿性合同,被保险人不能既向保险人索赔又向致害人索赔,从而获得超出其损失金额的赔偿。因此,被保险人如果向保险人提出赔偿要求,根据保险合同的约定,保险人支付给被保险人保险赔偿金后就取得向第三者追偿的权利,被保险人将与第三者之间的债权转让给保险人,从而在保险人与第三者之间形成一种特殊的债权债务关系。实质上,保险人代位追偿权的取得是一种债权的转让。只要保险人支付了赔偿金,被保险人就自动将向第三者追偿的权利转让给保险人。这符合保险合同的补偿原则和公平原则。

案例3-5　　　　　　什么是代位追偿?

案情：小林驾驶自己的奔驰车外出,突然,一辆面包车失控越过中间护栏撞上了小林的车,奔驰车严重受损,幸好人没事。经交警部门鉴定,该事故由面包车负全部责任,全部损失应由面包车车主负责赔偿。但面包车没有保险,车主也没有经济能力赔偿。小林的奔驰车投保了车辆损失险和第三者责任险,但小林对事故没有责任,他投保的保险公司会赔付奔驰车的损失吗?

分析：答案是肯定的,只要在保险责任范围之内的损失,保险公司就要负责赔偿,不管被保险人对事故是否有责任。在保险公司赔偿前,小林应当向面包车车主索赔,如果面包车车主不予支付,小林可以提起诉讼。保险公司根据小林的书面赔偿要求按照保险单的规定赔偿小林,但小林必须将向面包车车主追偿的权利转让给保险公司,并协助保险公司向面包车主追偿。这就是代位求偿权。当然,保险公司行使代位请求赔偿的权利,不影响小林就未取得赔偿的部分向面包车请求赔偿的权利。如果保险事故发生后,保险公司未赔偿保险金之前,小林放弃对面包车请求赔偿的权利,保险公司就不承担赔偿责任。

(2) 代位追偿权产生的条件。代位追偿权是指保险人取得被保险人作为受害人的地位,行使向致害人(侵权者)进行民事侵权索赔的权利。根据《保险法》的有关规定及保险原则,代位追偿权的产生应具备以下条件。

① 保险标的的损失必须是由第三者造成的，依法应由第三者承担赔偿责任。所谓第三者是指保险人与被保险人以外的人。造成损失的原因主要包括：一是第三者的侵权行为造成保险标的的损失，第三者依法应该承担民事赔偿责任。例如，由第三者的碰撞造成保险车辆的损失。二是第三者违反合同约定依法应承担违约责任。由于第三者的故意或者过失使保险标的遭受损失，或无论第三者有无过错造成保险标的的损失，根据合同约定都应承担民事赔偿责任。三是第三者的不当得利。例如，保险标的丢失后，第三者非法占有保险标的。

② 保险标的的损失是保险责任范围内的损失，根据保险合同的约定，保险公司理应承担赔偿责任。如汽车保险中的车辆损失险，保险车辆因碰撞发生保险事故而造成损失，根据保险合同的约定，保险公司应负责赔偿。如果不属于保险责任范围内的损失，则不适用代位追偿。

③ 代位追偿权的产生必须在保险人给付保险金之后，保险人才能取代被保险人的地位，与第三者产生债务债权关系。

(3) 代位追偿权的行使。代位追偿的对象是负民事赔偿责任的第三者，既可以是法人、自然人，也可以是其他经济组织。被保险人的近亲属的过失行为造成的被保险财产损失，不适用代位追偿的规定。

① 代位追偿的范围。保险人通过代位追偿得到的第三者的赔偿额度，只能以保险人支付给被保险人的实际赔偿的保险金额为限，超出部分的权利属于被保险人，保险人无权处理；如果被保险人向有责任的第三者请求并得到全部赔偿，保险人不再履行任何赔偿义务，无代位追偿可言；如果被保险人向有责任的第三者请求并得到部分赔偿，他仍然有权向保险人提出索赔要求，保险人的赔偿责任是保险标的的实际损失与被保险人已获得第三者赔偿的差额。对于此差额部分，保险人具有代位追偿权。

按照我国的法律，如果被保险人放弃向第三者的追偿权，那么他也同时放弃了向保险人请求赔偿的权利。保险人既可以以被保险人的名义，也可以以保险人的名义，还可以以双方的名义行使代位追偿权。保险人以被保险人的名义行使追偿权，是因为保险合同具有补偿性的特点，被保险人不得重复获得经济补偿，而不是保险人代替第三者赔偿经济损失后被保险人再向第三者追偿。

案例3-6　　　　　　　被保险人索赔前放弃求偿权的后果

案情：某天凌晨，李某开车不幸和人相撞，车辆严重受损。对方系酒后违规行驶，应负全部责任。但事发后，对方态度蛮横，无理取闹，不赔钱想耍赖。李某不想跟对方纠缠，直接向保险公司索赔，被保险公司拒绝。

> 分析：被保险人必须先向第三方索赔，才有可能获得保险公司的赔偿。一旦放弃了向第三方追偿的权利，也就放弃了向保险公司要求赔偿的权利。

② 代位追偿权的时效。代位追偿权基于保险合同法律关系而产生，一旦保险人取得后，它又成为独立于保险合同法律关系以外的另一种债权的法律关系。代位追偿实际上是债权的转让，是被保险人将债权转让给保险人，仍适用被保险人与第三者之间的一种特定债权债务关系，不能以保险合同的法律关系来确定代位追偿的时效与管辖权。这就需要保险人在代位追偿中，一定要注意时效问题，尽快处理完保险赔偿并取得被保险人的支持，积极有效地在法律规定的时效内向第三者进行追偿，维护自己的合法权益。

为防止被保险人因做出某种承诺而损害保险人的利益，各国法律均对代位追偿权的行使做出了规定。如规定保险事故发生后，如为第三者的责任，被保险人在向保险人提出赔偿请求的同时，应向负有责任的第三者也提出赔偿要求，或者采取措施保留保险人的代位追偿权；被保险人向负有责任的第三者做出任何承诺或与其达成某种协议时，都应征得保险人的同意。否则，如因被保险人的作为或不作为而致使保险人的代位追偿权遭到损害时，保险人有权在赔款中予以相应的扣减。

小资料3-3　　　　关于代位追偿权的两种错误观念

保险人在行使代位追偿权时应注意两种错误观念：一是认为保险人只承担被保险人有责任的事故造成的损失；二是认为只要保了险，尽管被保险人没有责任，只要致害人不予支付事故损失，经被保险人请求愿意将向第三方追偿的权利转让给保险人，保险人就应该对被保险人受到的损失全部进行赔偿。前一种观念错误地将汽车保险理解为责任保险。后一种观念忽视了"保险合同是一种有价合同，保险行为是建立在保险合同基础上的一种商业行为"，合同双方当事人应按照合同规定的权利与义务进行索赔与赔偿。

2. 物上代位

物上代位是指保险标的遭受风险损失后，一旦保险人履行了对被保险人的赔偿义务，即刻拥有对保险标的的所有权。

保险的目的是保障被保险人的利益不因保险风险的损失的存在而丧失。因此，被保险人在获得对保险标的所具有的保险利益的补偿后，就达到了保险的目的，保险标的理应归保险人所有。若保险金额低于保险价值，保险人应按照保险金额与保险价值的比例，取得受损保险标的的部分权利。

四、损失补偿原则的例外情况

(一) 人身保险的例外

由于人身保险的保险标的是无法估价的人的生命或身体机能，其可保利益是无法估价的。因此，人身保险合同不是补偿性合同，而是给付性合同。保险金额是根据被保险人的需要和支付保险费的能力来确定，当保险事故或保险事件发生时，保险人按双方事先约定的金额给付。

(二) 定值保险的例外

所谓定值保险，是指保险合同双方当事人在订立保险合同时，约定保险标的的价值，并以此确定为保险金额，视为足额保险。当保险事故发生时，保险人不论保险标的损失时的市价如何，即不论保险标的的实际价值是大于还是小于保险金额，均按损失程度十足赔付。

(三) 重置价值保险的例外

所谓重置价值保险，是指以被保险人重置或重建保险标的所需费用或成本确定保险金额的保险。由于通货膨胀、物价上涨等因素，有些财产(如建筑物或机器设备)即使按实际价值足额投保，保险赔款也不足以进行重置或重建。为了满足被保险人对受损的财产进行重置或重建的需要，保险人允许投保人按超过保险标的实际价值的重置或重建价值投保，发生损失时，按重置费用或成本赔付。这样就可能出现保险赔款大于实际损失的情况，所以重置价值保险也是损失补偿原则的例外。

第四节 近因原则

一、近因及近因原则

近因原则是判断保险事故与保险标的损失之间的因果关系，从而确定保险赔偿责任的一项基本原则。

所谓近因,并非指时间上最接近损失的原因,而是指促成损失结果的最有效的或起决定作用的原因。

近因原则的基本含义:如果引起保险事故并造成保险标的损失的近因属于保险责任,保险人承担损失赔偿责任;如果近因属于除外责任,保险人不负赔偿责任。即只有当承保危险是损失发生的近因时,保险人才负赔偿责任。

早在1906年,英国《海上保险法》就规定了这一原则。该法第五条第一款规定:"根据本法规定,除保险单另有约定外,保险人对由其承保近因造成的损失,承担赔偿责任;但对非由其承保近因造成的损失,概不承担责任。"我国《保险法》对近因原则没有明文规定,但在实践中处理理赔案遵循的也是这一原则。

小资料3-4   **近因的认定方法**

认定近因的关键是确定危险因素与损失之间的因果关系,认定的方法有顺推法和逆推法两种。

(1) 顺推法是从原因推断结果,即从最初的事件出发,按逻辑推理直到最终损失的发生,最初事件就是最后事件的原因。例如,大树遭雷击而折断,并压坏了房屋,房屋中的电器因房屋的倒塌而毁坏,那么电器损失的近因是雷击,而不是房屋的倒塌。

(2) 逆推法是从结果推断原因,即从损失开始,自后往前推,追溯最初事件,没有中断,则最初事件就是近因。如上例中,电器毁坏是由房屋的倒塌引起的,房屋倒塌是由于大树的压迫,而大树是因为雷击而折断,在此系列事件中,因果相连,则雷击为近因。

二、近因原则的应用

在保险实务中,如何确定损失近因,要根据具体情况做具体分析。

(一) 单一原因致损

造成损失的原因只有一个,这个原因就是近因。如果该近因属于承保危险,保险人承担赔偿责任;如果该近因属于未保危险或除外责任,则保险人不承担赔偿责任。例如,货物在运输途中遭受雨淋而受损,如果被保险人在水渍险的基础上加保淡水雨淋险,保险人应承担赔偿责任；如果被保险人只投保水渍险，则保险人不承担赔偿责任。

案例3-7 　　　　　　　　　**保险责任与除外责任的划分**

　　案情：贾某的重型卡车在金州区大窑湾填海施工，卸土石方时，车不慎滑进海里，车厢里下滑的石块将车后厢板砸掉，落入海中。后来，贾某购件修车花费1 800元。事故发生后，保险公司人员到现场拍照查勘，并定损1 500元，但以车损是由车上的石块把后厢板砸掉造成的、属责任免除的情况为由，不同意赔偿。多次协商未果，贾某诉至法院，要求保险公司赔付1 500元。

　　分析：贾某的私有车辆投保后，保险公司就应承担合理的保险责任。施工时，由于滑坡，贾某车上装载的石块下滑，将车后厢板砸落，车辆滑坡是造成车辆损坏的直接原因，符合保险合同中规定的倾覆范围，保险公司根据合同责任免除第三条"受本车所载货物撞击的损失"拒绝赔付不合理。因此，保险公司赔偿贾某经济损失1 500元。

(二) 多种原因同时致损

　　多种原因同时致损，则原则上它们都是损失的近因。如果多种原因都属于承保危险，保险人须承担赔偿责任；如果都属于除外责任，保险人不承担赔偿责任。多种原因中既有承保危险，又有除外责任，如果它们所致的损失能够分清，保险人对承保危险造成的损失承担赔偿责任；如果它们所致的损失无法分清，此种情形的处理有4种意见：有的学者主张损失由保险人和被保险人平均分担，有的学者主张保险人可以完全不承担赔偿责任，有的学者主张保险人与被保险人协商赔偿，有的学者主张应按致损的承保危险在所有致损危险中所占的比例承担赔偿责任。例如，致损危险有三个，其中一个是承保危险，另外两个是除外责任，则保险人应赔偿1/3的损失。

(三) 多种原因连续发生致损

　　多种原因连续导致损失，并且前因和后因之间存在未中断的因果关系，则最先发生并造成一连串事故的原因为近因。如果该近因属于承保危险，保险人承担赔偿责任；反之，保险人不承担赔偿责任。例如，某汽车投保第三者责任险，汽车在正常行驶中，轮胎压飞石子，石子击中行人的眼睛，造成失明，则轮胎压飞石子为近因。该近因属于承保危险，保险人应负赔偿责任。又如敌机投弹导致火灾发生，造成保险财产的损失，则敌机投弹是近因，而敌机投弹属战争行为，不属于承保危险，保险人不承担赔偿责任。

(四) 多种原因间断发生致损

当发生并导致损失的原因有多个，且在一连串发生的原因中有间断情形，即有新的独立的原因介入，使原有的因果关系断裂，并导致损失，则新介入的独立原因为近因。如果该近因属承保危险，保险人承担赔偿责任；反之，保险人不承担赔偿责任。例如，某人投保人身意外伤害险，发生交通事故导致伤残，但在康复过程中，突发心脏病导致死亡。其中，突发心脏病为独立的新介入的原因，属于死亡的近因，但其不在人身意外伤害险的承保范围，因此保险人对该被保险人死亡不承担赔偿责任，只对交通事故造成的伤残承担赔偿责任。

案例3-8　　　　　　　　　　非直接责任的理赔案

案情：2016年3月21日10时，胡某驾驶车主王某的上海籍大客车，自安徽蒙城驶往浙江温州。当车行至浙江省余姚市，在距高速公路入口约一公里处，因车辆出现故障，胡某随即将车停靠在路边，车身有1/3在行车道上。

在司机处理发电机故障时，有部分乘客下车方便。乘客张某在下车后，从车的前面横穿公路，被后方驶来的一辆河南籍客车当场撞死，造成事故。此事故经过当地交警部门的处理后，认定死者张某违章横穿公路是导致此次事故的主要原因，张某应负主要责任；胡某违章停车是导致此次事故的间接原因，应负次要责任；河南客车方超速行驶也负次要责任，胡某及河南客车方分别承担本次事故赔偿费用的20%。

事故处理完结后，王某将交警部门出具的相关手续交给承保公司要求赔偿。

分析：本案中，死者张某为车主王某的乘客，即张某与王某形成服务关系。由于事故发生时，张某仍然是王某的乘客，并没有因车辆临时停车而解除服务关系。因此，王某的雇员胡某作为司乘人员，对于乘客负有安全责任。车辆临时停车时，司乘人员有责任保护乘客临时下车时的安全，尤其是应该意识到在位于快速路(临近高速路入口处)非正常停车可能会发生的问题。显然，对于乘客张某的死亡，司乘人员应该承担工作疏忽和过失的责任。同时，由于张某并没有和王某解除服务关系，张某不属于"第三者"的范畴，也就不属于王某车辆第三者责任保险的责任范围，保险公司对于王某应对死者张某所承担的责任不予赔偿。

从案情介绍看，发电机故障导致停车，停车使乘客有机会下车方便，似乎停车是导致这起事故的原因。但是，如果仔细分析这起事故，就会发现乘客张某违章横穿马路以及河南籍客车超速行驶是造成这起事故的直接原因。用保险近因的原则分析，违章横穿马路和超速行驶是造成这起事故的近因。上海籍大客违章停车与本事故并无直接关系，也就是说上海籍大客违章停车，并不必然会造成这起事故。保险汽车系违章停车，应受到公安交通管理部门的行政处罚。因此，保险公司不应赔付相应的事故损失。

复习思考题

一、简述题

1. 最大诚信原则的含义是什么？为什么要规定最大诚信原则？
2. 最大诚信原则的内容包括哪些？
3. 保险利益有哪些确立条件？
4. 如何具体掌握损失补偿的范围？
5. 影响保险补偿的因素有哪些？
6. 请具体解释损失补偿原则的两个派生原则。
7. 近因原则在保险实务中如何应用？

二、计算题

1. 某财产的保险金额总和是140万元，投保人与甲、乙保险人订立合同的金额分别是80万元和60万元，若保险事故造成的实际损失是80万元，请根据比例责任制和责任限额制分别计算甲、乙保险人分别应该赔偿投保人多少万元？

2. A、B两家公司承保同一财产，A公司保4万元，B公司保6万元，若保险事故造成的实际损失为5万元。请根据比例责任制和责任限额制分别计算A、B保险人分别应该赔偿投保人多少万元？

三、案例分析题

1. 2016年9月7日，杨某投保机动车保险，保险公司签发了保单。保险期限内某日凌晨，市区下了一场倾盆大雨，大多数道路都有积水现象。上午9时，杨某准备开车上班，见停放在其住宅区通道的车辆轮胎一半受水淹，则上车点火启动，发动机发出发动声后熄火，尔后则无法起动。

杨某向保险公司报案，车辆被拖至某修理厂，经检查认为故障原因系发动机进气系统入水吸进燃烧室，活塞运转与水不可压缩之后的作用力导致连杆折断，缸体破损。

产品质量监督检验所经鉴定认为：①造成发动机缸体损坏的直接原因：进气口浸泡在水中或空气隔有余水，启动发动机，气缸吸入了水，导致连杆折断，从而打烂缸体；②事发时的可能：当天晚上下了大雨，该车停放的地方涨过水，使该车被雨水严重浸泡，进气管空气隔进水，当水退至车身地台以下，驾驶员启动汽车时，未先检查汽车进气管空气隔有无进水，使空气隔余水被吸入发动机气缸，造成连杆折断，缸体破损。

请问本案的近因是什么？保险公司是否应该负责赔偿？

2. 为避让骑自行车的人，某储运公司大货车司机王某打轮过猛，挂车右侧车轮陷入松软地带，致使货车倾斜。王某采取措施想使货车恢复正常行驶，但货车越陷越深，倾斜角度也越来越大，需牵引才可恢复行驶能力，王某向储运公司求助，并在当地警方协助下，动用吊车将货车恢复了原状，产生大笔施救费用。

请问本案的施救措施是否合理？保险公司是否应该承担吊车的施救费用？

3. 2015年10月18日，某科技公司将其所有的车辆向某保险公司投保车辆损失险、第三者责任险、盗抢险等险种，保险期限自2015年10月19日起至2016年10月18日止，其中盗窃险的保险金额为40万元。2016年2月5日晚，司机王某将该车停放在某物业公司经营管理的汽车停车场内，交由该停车场保管，该停车场将"取车凭证"交给了司机。次日上午，王某去取车时，发现车辆被盗，停车场也出示证明证实该车是在其停车场内被盗的，随后向公安机关报案。三个月后，公安机关出示证明证实，未能侦破此案。被保险人某科技公司依据车辆保险合同向保险公司提出索赔，保险公司依据合同约定，向被保险人某科技公司支付了32万元的盗窃险赔偿金。与此同时，某科技公司也向保险公司出具了权益转让书，将该车项下32万元的权益转让给了保险公司。

请问保险公司在支付保险补偿金后是否有权向停车场索赔？车辆停车场先停车后交费，车辆丢失后，停车场该不该赔？

第四章

机动车交通事故责任强制保险

学习目标

能力目标	● 能够全面掌握交强险条款 ● 能够分清交强险与第三者责任保险的关系 ● 能够正确计算不同车型的交强险保费
知识目标	● 掌握交强险的特点 ● 掌握交强险的定义 ● 掌握交强险的保险责任和除外责任 ● 了解交强险基础费率表

> **引导案例**
>
> 2010年11月28日,张某为自用的丰田轿车投保了交强险、车辆损失险、盗抢险。合同有效期内,其驾车过程中发生意外事故(张某负全责),造成行人李某重伤(未残疾),花费医疗费2万余元。事后,张某找到了投保交强险的保险公司,要求对方赔偿李某医疗费2万余元,但保险公司仅支付了1万元费用。张某不解,认为交强险赔偿限额为12.2万元,其2万元医疗费并未超过赔偿限额,保险公司应该全额支付赔款。随后,张某将保险公司诉至法院。法院判决保险公司胜诉。
>
> 交强险合同中的责任限额是指被保险机动车发生交通事故,保险人对每次保险事故所有受害人的人身伤亡和财产损失所承担的最高赔偿金额。责任限额分为有责和无责两种,每种责任限额下又分为死亡伤残赔偿限额、医疗费用赔偿限额和财产损失赔偿限额,三种赔偿限额之和为12.2万元,但医疗费用的赔偿限额为1万元。张某只知道交强险的总赔偿限额,但不了解其赔偿限额是分项计算的,因此造成上述误解。
>
> 在本章的学习中,我们将了解国外强制汽车责任保险的产生和发展,全面掌握我国机动车交通事故责任强制保险条款的内容。

第一节 国外汽车责任强制保险概述

强制汽车责任保险也称法定汽车责任保险,是国家或地区基于公共政策的考虑,为维护社会大众利益,以颁布法律或行政法规的形式实施的汽车责任保险。在强制汽车责任保险的规定下,不管被保险人是否愿意,汽车所有人都必须按照法规投保汽车责任保险。强制汽车责任保险的目的是保障交通事故受害者能获得基本的赔偿。

一、产生背景

第一次世界大战以后,汽车产量激增。不过,当时汽车价格昂贵,购车首付几乎花光了车主所有的积蓄,于是出现了许多无力购买汽车保险或无相应财产做担保的驾驶人。当事故发生时不仅驾驶人的损失无法弥补,而且受害人的损害也无法得到及时、有效的赔偿。为了改变这种状况,许多国家和地区相继制定了有关法令,强制实行汽车责任保险,以确保受害人能得到及时补偿。

最早将车辆损害视为社会问题的地区是美国马萨诸塞州。该州认为,公路是为全体行人修建的,驾车者在使用汽车时对其他行人会构成威胁,万一发生事故,必须具有赔偿能力,因此要求驾车者应该预先投保汽车责任保险或者提供保证金以证明自己具有赔偿能力。该州为了谋求对大众的保护,决定彻底改革汽车的责任保险制度,于1925年着手起草保险史上著名的《强制汽车保险法》,并于1927年实施。《强制汽车保险法》规定,驾车者在发生意外事故后,必须证明自己有经济赔偿能力,否则为非法驾车者。同时,该法还要求驾车者在登记申请牌照时,必须有汽车责任保险单或者提供证明自己有赔偿能力的保证金。

英国于1930年颁布了《道路交通法——1930》,并于1931年实施了强制汽车责任保险;日本于1955年制定了《机动车损害赔偿保障法》,并于1956年实施了强制汽车责任保险;法国于1958年制定强制保险制度,并于1959年起实施;德国于1965年制定了《汽车所有人强制责任保险法》,强制汽车所有人投保;我国香港于1951年模仿英国汽车强制保险,颁布了《汽车保险(第三人危险)法规》,实施了强制汽车责任保险。目前,世界上大多数国家或地区都实行了强制汽车责任保险制度。

二、强制汽车责任保险的特征

(一) 强制汽车责任保险具有强制性

一般汽车责任保险都依据自愿原则办理,而强制汽车责任保险根据强制保险的相应法规开办,汽车拥有者必须购买,否则属于违法,因此它具有强制性的特点。

(二) 强制汽车责任保险对第三者的利益具有基本保障性

对于一般汽车责任保险,投保人可以自愿选择责任限额,主要是依个人的需要和缴费能力确定,一般情况下,投保人会选择稍高限额,以获得保险的充足保障。而强制汽车责任保险的责任限额是固定的,不能自愿选择,因此各国在制定责任限额时都定得比较低,以使大多数投保人都有购买能力,较低的限额只是对事故受害者的一个基本保障。

(三) 强制汽车责任保险以无过失责任为基础

一般汽车责任保险依据保险合同的规定,以被保险人在事故中所负的责任比例确定损害赔偿的范围和大小，因此它是以过失责任为归责原则。而强制汽车责任保险根据相关法律的规定，大多基于损害的存在对受害者予以补偿，因此它多采用无过失责任作为归责原则。我国的交强险采用过失责任和无过失责任相结合的原则。

(四) 强制汽车责任保险具有公益性

一般汽车责任保险的费率厘定是考虑公司盈利的，而强制汽车责任保险的费率由政府统一制定，且不考虑盈利，所以保险费率相对较低，具有公益性。

三、强制汽车责任保险的实施方式

关于强制汽车责任保险与一般汽车责任保险的实施，一般有两种方式：混合实施和分离实施。

(一) 混合实施

在保险模式设计时，分多个层次，投保哪个层次的保险，由投保人自由决定。各个层次类型的保险中，以只能提供最基本保障的强制汽车责任保险为最低层次，其他的层次都包括最低层次，即都包括强制汽车责任保险，这种强制汽车责任保险与一般汽车责任保险的实施方式称为混合式实施。英国的强制汽车责任保险就是采用这种实施方式。在英国，汽车保险被设计为4个层次的类型。

(1) 法定最低要求的汽车责任保险。

(2) 第三者责任保险(包括强制汽车责任保险)。

(3) 第三者责任、火灾和盗窃保险(包括强制汽车责任保险)。

(4) 综合保险(包括强制汽车责任保险)。

(二) 分离实施

分离实施是指强制汽车责任保险与一般汽车责任保险分别实施，前者按照法律规则设计，后者按照一般商业保险的原则设计，投保人分别办理。强制汽车责任保险是汽车所有人或驾驶员必须办理的，而商业性汽车保险的主险和附加险，由投保人自愿选择。日本采用分离实施方式。我国的交强险和商业汽车保险采用的也是分离实施方式。

第二节 我国交强险条款和费率

一、定义

机动车交通事故责任强制保险(简称交强险)，是指由保险公司对被保险机动车发生道路交通事故造成本车人员、被保险人以外的受害人的人身伤亡、财产损失，在责任限额内予以赔偿的强制性责任保险。

二、保险责任

交强险保险责任的成立应满足4个条件：一是被保险机动车在中华人民共和国境内使用；二是发生交通事故；三是造成受害人的人身或者财产损失；四是依法应当由被保险人承担损害赔偿责任。

(一) 责任限额

1. 机动车在道路交通事故中有责任的赔偿限额

(1) 死亡伤残赔偿限额：110 000元人民币；

(2) 医疗费用赔偿限额：10 000元人民币；

(3) 财产损失赔偿限额：2 000元人民币。

2. 机动车在道路交通事故中无责任的赔偿限额

(1) 死亡伤残赔偿限额：11 000元人民币；

(2) 医疗费用赔偿限额：1 000元人民币；

(3) 财产损失赔偿限额：100元人民币。

(二) 赔偿项目

(1) 死亡伤残赔偿限额：是指被保险机动车发生交通事故，保险人对每次保险事故所有受害人的死亡伤残费用所承担的最高赔偿金额。死亡伤残费用包括丧葬费、死亡补偿费、受害人亲属办理丧葬事宜支出的交通费用、残疾赔偿金、残疾辅助器具费、护理费、康复费、交通费、被抚养人生活费、住宿费、误工费、被保险人依照法院判决或者调解承担的精神损害抚慰金。

(2) 医疗费用赔偿限额：是指被保险机动车发生交通事故，保险人对每次保险事故所有受害人的医疗费用所承担的最高赔偿金额。医疗费用包括医药费、诊疗费、住院费、住院伙食补助费，必要的、合理的后续治疗费、整容费、营养费。

(3) 财产损失赔偿限额：是指被保险机动车发生交通事故，保险人对每次保险事故所有受害人的财产损失承担的最高赔偿金额。

三、垫付与追偿

对于垫付的抢救费用，保险人有权向致害人追偿的4种情形如下所述。
(1) 驾驶人未取得驾驶资格的；
(2) 驾驶人醉酒的；
(3) 被保险机动车被盗抢期间肇事的；
(4) 被保险人故意制造交通事故的。

被保险机动车在上述四种情形的任一情形下发生交通事故的，造成受害人受伤需要抢救的，保险人在接到公安机关交通管理部门的书面通知和医疗机构出具的抢救费用清单后，按照国务院卫生主管部门组织制定的《道路交通事故受伤人员临床诊疗指南》和国家基本医疗保险标准进行核实，对不足的部分，保险人在医疗费用赔偿限额内垫付。被保险人在交通事故中无责任的，保险人在无责医疗费用赔偿限额内垫付。对于其他损失和费用，保险人不负责垫付和赔偿。

四、除外责任

除外责任主要列明保险公司不负责赔偿和垫付的损失和费用，具体如下所述。
(1) 因受害人故意造成的交通事故的损失；
(2) 被保险人所有的财产及被保险机动车上的财产遭受的损失；
(3) 被保险机动车发生交通事故，致使受害人停业、停驶、停水、停气、通信或者网络中断、数据丢失、电压变化等造成的损失以及受害人财产因市场价格变动造成的贬值、修理后因价值降低造成的损失等其他间接损失；
(4) 因交通事故产生的仲裁或者诉讼费用以及其他相关费用。

五、赔偿处理

(一) 人身伤亡赔偿标准

交通事故人身伤亡赔偿标准可参照有关法律法规,有关法律法规主要是指:
(1)《最高人民法院关于审理人身损害赔偿案件适用法律若干问题的解释》;
(2) 卫生主管部门组织制定的《道路交通事故受伤人员临床诊疗指南》;
(3) 国家基本医疗保险标准。

(二) 赔偿注意事项

(1) 因保险事故造成受害人人身伤亡的,被保险人不要自行承诺或支付赔偿金额,应取得保险人书面同意,对被保险人自行承诺或支付的赔偿金额,保险人在交强险责任限额内有权重新核定。

(2) 因保险事故损坏的受害人财产需要修理的,被保险人应当在修理前会同保险人检验,协商确定修理或者更换项目、方式和费用。否则,保险人在交强险责任限额内有权重新核定。

六、交强险费率

(一) 交强险费率的执行细则

目前,我国统一执行的交强险费率如表4-1所示。

表4-1 机动车交通事故责任强制保险基础费率表

车辆大类	序号	车辆明细分类	保费
一、家庭自用车	1	家庭自用汽车6座以下	950
	2	家庭自用汽车6座及以上	1 100
二、非营业客车	3	企业非营业汽车6座以下	1 000
	4	企业非营业汽车6~10座	1 130
	5	企业非营业汽车10~20座	1 220
	6	企业非营业汽车20座及以上	1 270
	7	机关非营业汽车6座以下	950
	8	机关非营业汽车6~10座	1 070
	9	机关非营业汽车10~20座	1 140
	10	机关非营业汽车20座及以上	1 320

(续表)

车辆大类	序号	车辆明细分类	保费
三、营业客车	11	营业出租租赁6座以下	1 800
	12	营业出租租赁6～10座	2 360
	13	营业出租租赁10～20座	2 400
	14	营业出租租赁20～36座	2 560
	15	营业出租租赁36座及以上	3 530
	16	营业城市公交6～10座	2 250
	17	营业城市公交10～20座	2 520
	18	营业城市公交20～36座	3 020
	19	营业城市公交36座及以上	3 140
	20	营业公路客运6～10座	2 350
	21	营业公路客运10～20座	2 620
	22	营业公路客运20～36座	3 420
	23	营业公路客运36座及以上	4 690
四、非营业货车	24	非营业货车2吨以下	1 200
	25	非营业货车2～5吨	1 470
	26	非营业货车5～10吨	1 650
	27	非营业货车10吨及以上	2 220
五、营业货车	28	营业货车2吨以下	1 850
	29	营业货车2～5吨	3 070
	30	营业货车5～10吨	3 450
	31	营业货车10吨及以上	4 480
六、特种车	32	特种车一	3 710
	33	特种车二	2 430
	34	特种车三	1 080
	35	特种车四	3 980
七、摩托车	36	摩托车50CC及以下	80
	37	摩托车50CC～250CC(含)	120
	38	摩托车250CC以上及侧三轮	400
八、拖拉机	39	兼用型拖拉机14.7kW及以下	按保监产险〔2007〕53号实行地区差别费率
	40	兼用型拖拉机14.7kW以上	
	41	运输型拖拉机14.7kW及以下	
	42	运输型拖拉机14.7kW以上	

注：座位和吨位的分类按照"含起点不含终点"的原则解释。

交强险费率表中把机动车按种类、使用性质分为家庭自用车、非营业客车、营业客车、非营业货车、营业货车、特种车、摩托车和拖拉机8种类型42小项，每种类型的含义如下所述。

(1) 家庭自用车：是指家庭或个人所有，且用途为非营业性的客车。

(2) 非营业客车：是指党政机关、企事业单位、社会团体、使领馆等机构从事公务或在生产经营活动中不以直接或间接方式收取运费或租金的客车，包括党政机关、企事业单位、社会团体、使领馆等机构为从事公务或在生产经营活动中承租且租赁期限为1年或1年以上的客车。非营业客车分为：党政机关、事业团体客车，企业客车。驾校用于驾驶训练、邮政公司用于邮递业务、快递公司用于快递业务的客车，以及警车、普通囚车、医院的普通救护车、殡葬车按照其行驶证上载明的核定载客数，适用对应的企业非营业客车的费率。

(3) 营业客车：是指用于旅客运输或租赁，并以直接或间接方式收取运费或租金的客车。营业客车分为：城市公交客车，公路客运客车，出租、租赁客车。旅游客运车按照其行驶证上载明的核定载客数，适用对应的公路客运车费率。

(4) 非营业货车：是指党政机关、企事业单位、社会团体自用或仅用于个人及家庭生活，不以直接或间接方式收取运费或租金的货车(包括客货两用车)。货车是指载货机动车、厢式货车、半挂牵引车、自卸车、蓄电池运输车、装有起重机械但以载重为主的起重运输车。驾校用于驾驶训练、邮政公司用于邮递业务、快递公司用于快递业务的货车按照其行使证上载明的核定载重量，适用对应的非营业货车的费率。

(5) 营业货车：是指用于货物运输或租赁，并以直接或间接方式收取运费或租金的货车(包括客货两用车)。货车是指载货机动车、厢式货车、半挂牵引车、自卸车、蓄电池运输车、装有起重机械但以载重为主的起重运输车。

(6) 特种车一：装载油料、气体、液体等的专用罐车；特种车二：专用净水车、特种车一以外的罐式货车，以及用于清障、清扫、清洁、起重、装卸(不含自卸车)、升降、搅拌、挖掘、推土、压路、冷藏、保温等的各种专用机动车；特种车三：车内装有固定专用仪器设备，从事专业工作的监测、消防、运钞、医疗、电视转播、雷达、X光检查等的各种专用机动车；特种车四：专门用于牵引集装箱箱体(货柜)的集装箱拖头。

(7) 摩托车：是指以燃料或蓄电池为动力的各种两轮、三轮摩托车。摩托车分三类：50CC及以下，50CC～250CC(含)，250CC以上及侧三轮。正三轮摩托车按照排气量分类执行相应的费率。

(8) 拖拉机：按其使用性质分为兼用型拖拉机和运输型拖拉机。兼用型拖拉机是指以田间作业为主，通过铰接连接牵引挂车可进行运输作业的拖拉机。兼用型拖拉机分为14.7kW及以下和14.7kW以上两种。运输型拖拉机是指货箱与底盘一体，不通过牵引挂车可运输作业的拖拉机。运输型拖拉机分为14.7kW及以下和14.7kW以上两种。低速载货汽车参照运输型拖拉机14.7kW以上的费率执行。

(9) 挂车：是指就其设计和技术特点需机动车牵引才能正常使用的一种无动力的道路机动车。挂车根据实际使用性质并按照对应吨位货车的30%计算。装置有油罐、气罐、液罐的挂车按"特种车一"的30%计算。

(二) 交强险费率浮动项目

交强险第一年实行全国统一保险价格，从第二年开始实行"奖优罚劣"的费率浮动机制，逐步实行差异化费率。"奖优罚劣"费率浮动机制是指费率水平将与道路交通违法行为和道路交通事故挂钩，安全驾驶者可以享受优惠的费率，交通肇事者将负担高额保费。交强险费率浮动项目具体如下所述。

1. 与道路交通违法行为相结合的浮动项目

(1) 费率上浮的项目：上一保险年度具有下列交通违法行为的，根据发生次数费率上浮一定比例。

① 饮酒后驾驶机动车的。
② 公路运营客车载人超过核定人数20%以上的或者违反规定载货的。
③ 无证驾驶或机动车驾驶证被暂扣期间驾驶机动车的。
④ 机动车行驶超过规定时速的。
⑤ 造成交通事故后逃逸，尚不构成犯罪的。
⑥ 正常道路状况下，在高速公路上低于规定最低速度的。
⑦ 货车载物超过核定载质量30%的。
⑧ 连续驾驶机动车超过4小时未停车休息或停车休息时间少于20分钟的。
⑨ 在高速公路上倒车、逆行、穿越中央分隔带掉头的。
⑩ 在高速公路上试车和学习驾驶机动车的。
⑪ 在高速公路上不按规定停车的。
⑫ 机动车在高速公路上发生故障、事故停车后，不按规定使用灯光或设置警告标志的。
⑬ 违反交通信号，闯红灯、闯禁行的。
⑭ 驾驶和准驾驶车型不符的机动车的。
⑮ 在高速公路上违反规定拖拽故障车、肇事车的。
⑯ 低能见度气象条件下在高速公路上不按规定行驶的。
⑰ 不按规定运载危险物品的。

(2) 费率下浮或不浮动的项目。

① 上一保险年度未发生任何交通违法行为的，费率下浮一定比例。

② 上一保险年度发生其他交通违法行为的，或发生违法行为次数不到有关上浮标准的，不上浮费率，但也不下浮费率。

2. 与道路交通事故相结合的浮动项目

(1) 费率上浮项目：上一保险年度发生下列交通事故的，根据事故次数费率上浮相应的比例。交通事故包括经公安交通管理部门认定的交通事故，以及虽未经公安交通管理部门认定，但保险人已经在交强险项下承担赔偿责任的事故。

① 发生涉及人伤的交通事故并负主要以上责任的。

② 发生未涉及人伤的交通事故并负主要以上责任的。

③ 发生涉及人伤的交通事故并负同等责任的。

④ 发生未涉及人伤的交通事故并负同等责任的。

⑤ 发生涉及人伤的交通事故并负次要责任的。

⑥ 发生未涉及人伤的交通事故并负次要责任的。

(2) 费率下浮的项目：上一保险年度、上两个保险年度或上三个及以上保险年度未发生有责任交通事故的，费率下浮一定比例。

(三) 交强险费率浮动暂行办法

2007年6月27日，保监会公布了《机动车交通事故责任强制保险费率浮动暂行办法》，规定在全国范围统一实行交强险费率浮动与道路交通事故相联系，暂不在全国范围内统一实行与道路交通安全违法行为相联系。

交强险费率浮动因素及比率，如表4-2所示。

表4-2 交强险费率浮动因素及比率

	浮动因素		浮动比率
与道路交通事故相联系的浮动A	A1	上一个年度未发生有责任道路交通事故	-10%
	A2	上两个年度未发生有责任道路交通事故	-20%
	A3	上三个及以上年度未发生有责任道路交通事故	-30%
	A4	上一个年度发生一次有责任不涉及死亡的道路交通事故	0%
	A5	上一个年度发生两次及两次以上有责任道路交通事故	10%
	A6	上一个年度发生有责任道路交通死亡事故	30%

(1) 交强险最终保险费=交强险基础保险费×(1+与道路交通事故相联系的浮动比率A)。

(2) 摩托车和拖拉机暂不浮动。

(3) 与道路交通事故相联系的浮动比例A为A1至A6其中之一，不累加。同时满足多个浮动因素的，按照向上浮动或者向下浮动比例的高者计算。

(4) 仅发生无责任道路交通事故的，交强险费率仍可享受向下浮动。

(5) 浮动因素计算区间为上期保单出单日至本期保单出单日之间。

(6) 与道路交通事故相联系浮动时，应根据上年度交强险已赔付的赔案浮动。上年度发生赔案但还未赔付的，本期交强险费率不浮动，直至赔付后的下一年度交强险费率向上浮动。

(7) 几种特殊情况的交强险费率浮动办法如下所述。

① 首次投保交强险的机动车费率不浮动。

② 在保险期限内，被保险机动车所有权转移，应当办理交强险合同变更手续，且费率不浮动。

③ 机动车临时上道路行驶或境外机动车临时入境投保短期交强险，交强险费率不浮动。其他投保短期交强险的情况下，根据交强险短期基准保险费并按照上述标准浮动。

④ 被保险机动车经公安机关证实丢失后追回的，根据投保人提供的公安机关证明，在丢失期间发生道路交通事故的，交强险费率不向上浮动。

⑤ 机动车上一期交强险保单满期后未及时续保的，浮动因素计算区间仍为上期保单出单日至本期保单出单日之间。

⑥ 在全国车险信息平台联网或全国信息交换前，机动车跨省变更投保地时，如投保人能提供相关证明文件的，可享受交强险费率向下浮动。不能提供的，交强险费率不浮动。

(8) 交强险保单出单日距离保单起始期最长不能超过三个月。

(9) 除投保人明确表示不需要的，保险公司应在完成保险费计算后、出具保险单前，向投保人出具《机动车交通事故责任强制保险费率浮动告知书》，经其签章确认后，再出具交强险保单、保险标志。投保人有异议的，应告知其有关道路交通事故查询方式。

(10) 已经建立车险联合信息平台的地区，通过车险联合信息平台实现交强险费率浮动。除当地保险监管部门认可的特殊情形以外，《机动车交通事故责任强制保险费率浮动告知书》和交强险保单必须通过车险信息平台出具。未建立车险信息平台的地区，通过保险公司之间相互报盘、简易理赔共享查询系统或者手工方式等，实现交强险费率浮动。

复习思考题

一、简述题

1. 简述强制汽车责任保险的特征。
2. 我国交强险的责任限额是如何规定的?
3. 我国交强险的赔偿项目具体有哪些?
4. 我国交强险的除外责任有哪些?
5. 我国交强险的费率浮动与哪些项目有关?具体浮动比例是多少?

二、案例分析

2016年8月10日,沈阳市某交通驾驶人培训有限公司将自有的田野轿货汽车,牌照号码为辽AXXXX(教练车),向某保险公司投保了机动车交通事故责任强制保险,保险期限为一年。

2016年9月30日,驾驶员李某(教练员)驾驶辽AXXXX田野轿货汽车,在沈阳市苏家屯区浑河大市场教练场地行驶时,因脚穿高跟鞋,采取刹车制动时,脚误踏到油门上,车辆撞到同在浑河大市场教练场地的辽AZZZZ田野轿货汽车左侧,造成两台车辆损坏。此事故经沈阳市苏家屯区交警队处理,认定李某负事故的全部责任。事故造成辽AXXXX车损失693元,辽AZZZZ车损失2 014元,两车均属于驾驶人培训中心的教练车。事后,该培训中心向保险公司提出索赔。

请问保险公司应如何处理?

第五章

汽车商业保险

👤 学习目标

能力目标	● 能够理解商业险各险种条款的内容 ● 能够初步识别各险种的保险责任和责任免除
知识目标	● 掌握车辆损失险条款的内容 ● 掌握第三者责任险条款的内容 ● 掌握盗抢险及车上人员责任险条款的内容 ● 掌握各类附加险条款的内容

引导案例

2015年11月1日，覃某的私家车在小区停放时，被小偷盗窃未遂，虽然车子没有被盗走，但车门锁被撬坏。之前，覃某为自家的车上了全套的保险，于是，覃某向保险公司报案。而令他没有想到的是，保险公司来人查勘后告之，覃某的车辆损失不属于保险责任范围，故做了拒赔处理。

盗抢险只赔偿车辆发生地点转移后，车辆丢失的损失，如果盗抢未遂，车辆仍在原地未丢失，在这种情况下盗抢险很难赔付。根据保险条款，盗抢险的责任范围包括：保险车辆全车被盗窃、抢劫、抢夺，经县级以上公安刑侦部门立案侦破，满60天未查明下落的；保险车辆在全车被盗窃、抢劫、抢夺后受到损坏或因此造成车上零部件、附属设备丢失需修复的合理费用；保险车辆在全车被抢劫、抢夺过程中受到损坏需修复的合理费用。

至于覃某私家车出现的盗窃未遂，属于保险合同列明的非全车遭盗抢情形。如车辆盗抢未遂，并造成车上零部件、附属设备及车内物品被盗窃或损坏的，都属于盗抢险条款中的责任免除事项，保险公司不予赔偿。因此，由盗抢导致车辆锁芯损坏，属于免责范围。

在本章的学习中，我们将了解我国汽车保险的保险条款，主要包括汽车损失保险、第三者责任保险、全车盗抢险、车上人员责任险和附加险等内容。

第一节 机动车商业保险概述

一、机动车商业保险条款管理规定

2003年前，我国采用严格的机动车辆保险条款管理制度，各保险公司统一实行2000年由保监会颁布的条款。随着我国机动车辆保有量的不断增加以及我国加入WTO，为促进我国机动车辆保险业务的发展，提高保险公司经营管理水平和服务质量，保监会于2002年3月4日发布《改革机动车辆保险条款费率管理办法有关问题的通知》，规定机动车辆保险条款费率不再由保监会统一制定，而是由各保险公司自主制定、修改和调整，经保监会备案后，向社会公布使用。同年8月15日，保监会又发布《关于改革机动车辆保险条款费率管理制度的通知》，规定自2003年1月1日起在全国范围内实施新的机动车辆保险条款费率管理制度，2000年颁布的机动车辆保险条款不再在全国统一执行。经过几年的开放,保险监督管理部门发现汽车保险行业出现了一些不正常竞争,严重干扰了汽车保险市场的秩序。为了规范市场行为,促进汽车保险行业的有序竞争和良性发展,我国在2006年上半年由保险行业协会统一制定了涵盖车辆损失保险和第三者责任保险的A、B、C三套条款,各保险公司任选其一,其他条款由各保险公司自己制定,报保险监督管理部门备案即可。2015年,我国按照中国保监会印发的《深化商业车险条款费率管理制度改革试点工作方案》(下文简称《工作方案》)实行统一保险条款制度,同时实现了汽车商业保险费率精细化定价。

二、现行机动车保险险种介绍

机动车商业保险险种分主险和附加险两部分。目前,各保险公司的主险险种包括车辆损失险、第三者责任险、机动车车上人员责任保险和机动车全车盗抢保险4个独立的险种。除此之外,为满足被保险人对与汽车有关的其他风险的保障要求,保险人一般还提供许多附加险种供被保险人选择。附加险种是对主险险种保险责任的补充,它承保的一般是主险险种不予承保的自然灾害或意外事故。附加险种不能单独承保,必须投保相应的主险险种后才能承保。

目前,我国实行的统一保险条款中,附加险包括玻璃单独破碎险、自燃损失险、新增加设备损失险、车身划痕险、发动机涉水险、不计免赔险等。

三、车险条款的内容构成

(1) 总则。主要阐述车险合同的形式组成、车险的标的种类、车险合同的性质等。

(2) 保险责任。主要阐述保险公司承担保险金赔偿的车辆使用风险。

(3) 责任免除。主要阐述保险公司不承担保险金赔偿责任的范围,是对保险责任的限制。

(4) 免赔率与免赔额。主要介绍保险人在依据保险合同约定计算赔款的基础上,实行免赔的情况及具体比率和数额。

(5) 保险金额、责任限额。主要阐述保险金额和责任限额的确定方式。

(6) 赔偿处理。主要介绍发生保险事故时,被保险人或其允许的驾驶人应当履行的义务并提供有关单据以及赔款计算方法等。

(7) 通用条款。主要阐述保险期限及保险人需要履行的相关义务。

(8) 争议处理。主要阐述争议解决的方式,一般分为协商、仲裁或诉讼三种方式。

(9) 其他。主要阐述前面各项的未尽事宜。

第二节 机动车损失保险

一、保险标的

(一) 保险标的的定义

车辆损失险的保险标的是投保车辆，包括汽车、电车、电瓶车、摩托车、拖拉机、各种专用机械车、特种车等。

(二) 参加保险的机动车辆必须具备的条件

(1) 领有车辆牌照。即经公安交通管理部门审核、检验合格后，发给车辆的正式或临时牌号。牌号的式样、颜色根据车辆大小、类别有所区别。

(2) 领有行车执照。即经公安交通管理部门检验合格后，填发的机动车行驶证，证上填有车辆(包括挂车)的车长、车高、车宽、轴距、轮胎、发动机号码、车架号码等。

(3) 具有年检合格证。新车应有制造厂出具的合格证。旧车则必须有车辆年检合格证明。

二、保险责任

车辆损失险的保险责任是指被保险人或其允许的合格驾驶人员在使用保险车辆过程中，保险单承担的危险发生，造成保险车辆本身损坏或毁灭，保险人负赔偿责任。另外，为贯彻积极的防灾防损政策，减少事故损失，保险人对事故发生后必要的、合理的施救与保护费用一般也负责赔偿。

所谓"被保险人允许的合格驾驶人员"的一般规定如下：驾驶人员应同时具备两个条件，一是允许，指被保险人委派、雇佣、认可的车辆驾驶员，二是合格，指上述驾驶员必须持有效驾驶执照，并且所驾驶车辆与驾驶执照规定的准驾车类相符；驾驶出租汽车或营业性客车的驾驶员还必须具备交通运输管理部门核发的许可证书或其他必备证书，否则仍认定为不合格。只有"允许"和"合格"两个条件同时具备的驾驶员在使用保险车辆发生保险事故造成损失时，保险人才予以赔偿。保险车辆被人私自开走，或未经车主、保险车辆所属单位主管负责人同意，驾驶员私自许诺的人开车，均不能视为"被保险人允许的驾驶员"开车，在此类情况下发生肇事，保险人不予赔偿。

所谓"使用保险车辆过程中"是指保险车辆被运用的整个过程，包括行驶和停放。

一般车辆损失险的保险责任采用列明的方式，未列明的不属于保险责任范围。对保险责任列明的危险可分为两类：意外事故和自然灾害。

(一) 意外事故

意外事故一般包括碰撞、倾覆、坠落、火灾、爆炸、外界物体坠落、外界物体倒塌等。具体含义如下所述。

(1) 碰撞。它是指被保险机动车与外界物体直接接触并发生意外撞击，产生撞击痕迹的现象，包括被保险机动车按规定载运货物时，所载货物与外界物体的意外撞击。注意，碰撞应是保险车辆与外界物体直接接触，车辆的人为划痕不属于碰撞范围。

(2) 倾覆。它是指意外事故导致被保险机动车翻倒(两轮以上离地，车体触地)，处于失去正常状态和行驶能力、不经施救不能恢复行驶的状态。在雨季，保险车辆陷入泥坑，虽然不经施救不能恢复行驶，但车体并未触地，所以不构成倾覆责任。

(3) 坠落。它是指被保险机动车在行驶中发生意外事故，整车腾空后下落，造成本车受损的情况。非整车腾空，仅由颠簸造成被保险机动车受损的，不属于坠落责任。

(4) 火灾。它是指被保险机动车本身以外的火源引起的、在时间上或空间上失去控制的燃烧(即有热、有光、有火焰的剧烈的氧化反应)所造成的灾害。

(5) 爆炸。它是指车辆以外的物体在瞬间分解或燃烧时放出大量的热和气体，并以很大压力向四周扩散，形成破坏力，进而导致车辆受损的现象。出于发动机内部原因发生爆炸或爆裂、轮胎爆炸等造成的损失，一般不属于爆炸责任。

(6) 外界物体坠落。它是指车辆以外的物体掉落到车上导致车辆受损的现象。

(7) 外界物体倒塌。它是指占有一定空间的个体倒下或下陷造成车辆受损的现象。

(二) 自然灾害

自然灾害一般包括暴风、龙卷风、雷击、雹灾、暴雨、洪水、海啸、地陷、冰陷、崖崩、雪崩、泥石流、滑坡、载运车辆的渡船遭受自然灾害等危险。具体含义如下所述。

(1) 暴风。风力速度达到28.3 m/s(相当于11级大风)以上的大风导致车辆受损。

(2) 龙卷风。一种范围小且时间短的猛烈旋风，平均风速在79 m/s～103 m/s的大风导致车辆受损。

(3) 雷击。由于雷电直接击中保险车辆或通过其他物体造成车辆受损。

(4) 雹灾。由冰雹降落造成车辆受损。

(5) 暴雨。每小时降雨量达16 mm以上，或连续12小时降雨量达30 mm以上，或连续24小时降雨量达50 mm以上的大雨造成车辆受损。

(6) 洪水。江河泛滥、山洪暴发、潮水上岸及倒灌，致使车辆遭受浸泡、淹没损失。

(7) 海啸。地震或风暴造成海面出现巨大涨落现象，以致海水上岸泡损、淹没、冲失车辆。

(8) 地陷。地壳因自然变异、地层收缩而发生突然塌陷以及海潮、河流、大雨侵蚀时，地下有孔穴、矿穴，以致地面突然塌陷。

(9) 冰陷。在公安交通管理部门允许车辆行驶的冰面上，车辆通行时，冰面突然下陷造成车辆受损。

(10) 崖崩。石崖、土崖因自然风化、雨蚀而崩裂下塌，或山上岩石滚落，或雨水使山上的沙土透湿而崩塌。

(11) 雪崩。大量积雪突然崩落，致使车辆遭受损失。

(12) 泥石流。山地突然暴发饱含大量泥沙、石块的洪流造成车辆受损。

(13) 滑坡。斜坡上不稳的岩体或土体在重力作用下突然整体向下滑动造成车辆受损。

(14) 载运车辆的渡船遭受自然灾害危险。车辆在行驶途中因需跨过江河、湖泊、海峡才能恢复道路行驶，驾驶员把车辆开上渡船，并随船同行把车照料到对岸，在这期间因遭受自然灾害，致使车辆受损。

(三) 施救费用

施救费用是指发生事故时，为减少和避免车辆受损所施行的抢救行为而产生的费用。该费用必须是必要的、合理的，即施救行为支出的费用是直接的、必要的，并符合国家有关政策规定的，具体应遵循以下几点原则。

(1) 保险车辆发生火灾时，被保险人或其允许的驾驶员使用他人非专业消防单位的消防设备，施救保险车辆所消耗的合理费用及设备损失应当赔偿。

(2) 保险车辆出险后，失去正常的行驶能力，被保险人雇用吊车及其他车辆进行抢救的费用，以及将出险车辆拖运到修理厂的运输费用，保险人应按当地物价部门核准的收费标准赔付。

(3) 在抢救过程中，因抢救而损坏他人的财产，如果应由被保险人赔偿的，则可予以赔偿。但在抢救时，抢救人员个人物品的丢失，不予赔偿。

(4) 抢救车辆在拖运受损保险车辆途中发生意外事故造成保险车辆的损失扩大部分和费用支出增加部分，如果该抢救车辆是被保险人自己或他人义务派来抢救的，应予赔偿；如果该抢救车辆是受雇的，则不予赔偿。

(5) 保险车辆出险后，被保险人或其允许的驾驶员或其代表奔赴肇事现场处理所支出的费用，不予负责。

(6) 保险人只对保险车辆的施救费用负责。例如：保险车辆发生保险事故后，受损保险车辆与其所载货物同时被施救，应按保险车辆与货物的实际价值进行比例分摊赔偿。

(7) 保险车辆为进口车或特种车，发生保险事故后，当地确实不能修理，经保险人同意后去外地修理的移送费，可予适当负责。但护送保险车辆者的工资和差旅费，不予负责。

(8) 施救费用与修理费用应分别理算。一般来说，施救前，如果施救、保护费用与修理费用相加，估计已达到或超过保险金额时，则可推定全损予以赔偿。

(9) 保险车辆发生保险事故后，对其停车费、保管费、扣车费及各种罚款，保险人不予负责。

三、除外责任

(一) 不保风险

(1) 地震及其次生灾害。地震是指因地壳发生急剧的自然变异，影响地面而发生震动的现象。这是一种破坏力极大的灾害，当其发生时，大多数标的均会遭受损失，所以一般保险公司都把地震列为除外责任。在车辆损失险中规定：无论地震使车辆直接受损，还是造成外界物体倒塌所致车辆受损，保险人都不负责赔偿。

(2) 战争、军事冲突、恐怖活动、暴乱。战争是指国家与国家、民族与民族、政治集团与政治集团之间为了一定的政治、经济目的而进行的武装斗争。军事冲突是指国家或民族间在一定范围内的武装对抗。恐怖活动是指恐怖分子制造的危害社会稳定、危及人的生命和财产安全的活动。暴乱是指破坏社会秩序的武装骚动。

战争、军事冲突、恐怖活动和暴乱以政府宣布为准。它们所造成的破坏后果极其严重，损失程度也非一般灾害事故那样所能预测的，所以保险人对此危险不予承保。

(3) 扣押、罚没、政府征用。扣押是指采用强制手段扣留保险车辆。罚没是指司法或行政机关没收违法者的保险车辆，作为处罚。政府征用是指政府使用行政手段有偿或无偿占用保险车辆。

扣押、罚没、政府征用既不是自然灾害，又非意外事故，所以由此造成的车辆损失，保险公司不负责赔偿。

(4) 竞赛、测试。竞赛是指保险车辆作为赛车直接参加车辆比赛活动。测试是指对保险车辆的性能和技术参数进行测量或试验。

竞赛和测试不属于正常行驶，增加了危险性，由此造成的车辆损失，保险公司不负责赔偿。

(5) 在营业性维修场所修理、养护期间。它是指保险车辆从进入维修厂开始到保养、修理结束并验收合格提车止，包括保养、修理过程中的测试。

在此期间，维修厂对其负有看管、保护的义务，并承担经济责任，所以对于灾害或事故所造成的车辆损失，保险人不负赔偿责任。

(6) 利用保险车辆从事违法活动。它是指被保险人及其允许的驾驶员利用保险车辆从事法律、法规不允许的活动和经营。

这种从事违法活动的行为不利于社会安定，不符合保险稳定社会生产和社会生活的宗旨，保险公司不予保障。

(7) 驾驶人员饮酒。它是指驾驶员饮酒后或醉酒后开车。酒后开车会使驾驶员的判断力下降、动作失灵，极易发生车祸。各国交通法规和政府法令都严禁酒后开车，所以饮酒开车也是一种违法行为，对此造成的车辆损失，保险公司是不负赔偿责任的。

对驾驶人员饮酒开车的判定，可根据下列证据：

① 交通管理部门处理交通事故时做出的酒后驾车结论；

② 有饮酒后开车的证据，如嗅到驾驶员口中有酒气、接到驾驶员酒后开车的举报并经调查取得证实的。

(8) 吸食或注射毒品。它是指驾驶员吸食或注射鸦片、吗啡、海洛因、大麻、可卡因以及国务院规定管制的其他能够使人形成瘾癖的麻醉药品和精神药品。

吸食或注射毒品的驾驶员在驾驶车辆的过程中，一旦毒瘾发作便无法控制自己的情绪,更谈不上准确驾驶车辆,还会产生幻觉,形成精神抑制或飘然感,也无法按正常意志驾驶车辆。这类人驾驶保险车辆所发生的任何损失和费用,保险公司均不负责。

(9) 被药物麻醉。它是指驾驶员食入或注射有麻醉成分的药品后,整个身体或身体的某一部分暂时失去控制。

身体失去控制的情况下驾驶车辆的危险很大,保险公司对此造成的车辆损失不予负责。

(10) 保险车辆肇事逃逸。它是指保险车辆肇事后,为逃避法律法规制裁,逃离肇事现场的行为。

肇事逃逸首先是一种违法行为,保险公司对此造成的车辆损失不负赔偿责任。另外,被保险人的逃逸行为有可能加重保险人的合同义务,如被保险人承担事故的主要责任,由于有逃逸行为,一般被认定为负事故的全部责任,这就会加重保险公司的赔偿责任,保险公司对此不予赔偿。

(11) 驾驶人员无有效驾驶证。驾驶人员无有效驾驶证可包括以下情况。

① 无驾驶证或驾驶证失效。

② 驾驶车辆与驾驶证准驾车型不相符。

③ 持未按规定审验的驾驶证,以及在暂扣、扣留、吊销、注销驾驶证期间驾驶被保险车辆。

④ 实习期内驾驶执行任务的警车、消防车、救护车、工程救险车以及载有爆炸物品、易燃易爆化学物品、剧毒或者放射性等危险物品的被保险机动车。

⑤ 实习期内驾驶被保险机动车牵引挂车。

⑥ 使用各种专用机械车、特种车的人员无国家有关部门核发的有效操作证,或驾驶出租机动车或营业性机动车无交通运输管理部门核发的许可证书或其他必备证书。

⑦ 依照法律法规或公安交通管理部门有关规定不允许驾驶被保险机动车的其他情况下驾车。

(12) 非被保险人允许的驾驶人员使用保险车辆。非被保险人允许的驾驶人员使用保险车辆造成的车辆损失,保险公司不负赔偿责任。

(13) 保险车辆不具备有效行驶证件。保险车辆不具备有效行驶证件是指保险车辆不具备正常行驶资格,例如没有行驶证和号牌、检测合格证或特殊道路通行证等。由此造成的车辆损失,保险公司不负赔偿责任。

(二) 不保损失

(1) 自然磨损、锈蚀。自然磨损是指车辆由于使用造成的正常机件损耗。锈蚀是指机件与有害气体、液体相接触，被腐蚀损坏。

车辆的自然磨损和锈蚀，是一种正常现象，不属于意外事故，不属于保险公司的保险责任范围。但由于自然磨损、锈蚀而引起保险事故(如碰撞、倾覆等)，造成保险车辆其他部位的损失，保险人应予赔偿。

(2) 故障。故障是指由于车辆某个部件或系统性能发生问题，影响车辆正常工作。

故障是质量不佳、磨损和老化及破坏的结果，不是自然灾害或意外事故所造成的损失，所以保险人不负赔偿责任。但由于故障而引起保险事故(如碰撞、倾覆等)，造成保险车辆其他部位的损失，保险人应予赔偿。

(3) 车轮单独损坏。它是指未发生被保险机动车其他部位损坏，仅发生轮胎、轮辋、轮毂罩的损坏。

车轮单独损坏的道德风险较大，所以保险人不负赔偿责任。

(4) 玻璃单独破碎。它是指未发生被保险机动车其他部位损坏，仅发生前后风挡玻璃和左右车窗玻璃的损坏。

风挡玻璃和车窗玻璃的单独损坏多是人为因素导致，系故意行为，虽说有时对被保险人是一种意外事故，但保险承担的风险较大，所以在基本险的车辆损失险中一般将其列为除外责任，但可以通过单独的玻璃单独破碎险予以保障。

(5) 无明显碰撞痕迹的车身划痕。它是指车身表面只需用涂饰修理工艺即可修复的损伤。该损伤容易引发道德风险，所以保险人在基本险的车辆损失险中一般将其列为除外责任，但可通过单独的车身划痕险予以保障。

(6) 人工直接供油、高温烘烤造成的损失。人工直接供油是指不经过车辆正常供油系统的供油。高温烘烤是指无论是否使用明火，凡违反车辆安全操作规则的加热、烘烤升温的行为。

人工直接供油、高温烘烤极易引起火灾等，保险人对此造成的车辆损失不负赔偿责任。

(7) 自燃以及不明原因引起火灾造成的损失。自燃是指在没有外界火源的情况下，出于本车电器、线路、供油系统、供气系统等被保险机动车自身原因发生故障或所载货物自身原因起火燃烧。不明原因产生火灾是指公安消防部门提供的《火灾原因认定书》中认定的起火原因不明的火灾。

火灾是车辆损失险中的保险责任，因为火灾造成的车辆损失一般都较为严重，通常可达到全损程度，所以一些不法之徒经常利用火灾进行欺诈骗赔，致使电器失火、原因不明失火不断出现。为了有效遏制道德风险，保护投保人利益，保险条款中将自燃以及不明原因引起火灾列为除外责任。

(8) 遭受保险责任范围内的损失后，未经必要修理继续使用，致使损失扩大的部分。使用受损车或修理后未达标准的车必然加大原有的损失程度，因此保险人对扩大的损失不负赔偿责任。这主要是为了保障行车安全，避免被保险人或其允许驾驶员因投了保险而随意使用已损坏的车辆，再次造成事故。

(9) 因污染(含放射性污染)造成的损失。

(10) 因市场价格变动造成的贬值，修理后因价值降低引起的损失。

(11) 车辆标准配置以外，未投保的新增设备的损失。它是指保险车辆在原有附属设备外，被保险人另外加装或改装的设备与设施，如在保险车辆上加装制冷、加氧设备、清洁燃料设备、CD及电视录像设备、检测设备、真皮或电动座椅、电动升降器、防盗设备等的损失。这些都不是保险标的，保险人不承担赔偿责任。

(12) 发动机进水后导致的发动机损坏。

静止状态或涉水后熄火的发动机，即使发动机或车内进水，如果不再启动，通常情况下不会造成很大损害，只要对发动机进行简单的维修就能正常工作，这部分费用由保险公司负责赔偿；但如果发动机进水后强行启动，会造成发动机损坏，维修费少则几千，多则上万，这些费用由被保险人自己承担，保险公司不承担赔偿责任。

(13) 保险车辆所载货物坠落、倒塌、撞击、泄露造成的损失。此部分损失一般属于驾驶员责任心不强或装载不当引起，对此造成的车辆损失保险人不负赔偿责任。如车厢中的货物在行驶中固定不好，可能会产生前后位移，导致撞坏车辆拦板。再如车辆所载液体或气体因泄漏而对车辆造成腐蚀、污染等损失。

(14) 被盗窃、抢劫、抢夺，以及因被盗窃、抢劫、抢夺受到损坏或车上零部件、附属设备丢失。这种损失因风险较大而有单独的附加险承保，基本险不予负责。附属设备是指购买新车时，随车装备的基本设备。随车工具、新增加设备等，不属于附属设备。

(15) 被保险人或驾驶人员的故意行为造成的损失。

(16) 应由交强险赔付的损失与费用。保险事故的赔偿顺序是先由交强险赔偿，再由商业保险赔偿。因此，对交强险财产损失限额内的损失与费用，商业性的车辆损失险不予赔偿。

(17) 根据条款规定，保险人不负责免赔部分的费用。免赔部分是保险人与被保险人在保险合同中约定的不予负责赔偿的部分。双方约定免赔部分实际上是保险人与被保险人对保险标的进行的一个共同保险行为，其主要目的是提高被保险人的责任心，避免被保险人因购买了保险而产生心理风险。

(18) 其他不属于保险责任范围内的损失和费用。

四、免赔率

为了增强被保险车辆驾驶人员的责任心，保险人在保险条款中一般都约定一定的赔款免赔率。保险人在依据本保险合同约定计算赔款的基础上，按照下列方式免赔。

(1) 被保险机动车一方负次要事故责任的，实行5%的事故责任免赔率；负同等事故责任的，实行10%的事故责任免赔率；负主要事故责任的，实行15%的事故责任免赔率；负全部事故责任或单方肇事事故的，实行20%的事故责任免赔率。

(2) 被保险机动车的损失应当由第三方负责赔偿，无法找到第三方的，实行30%的绝对免赔率。

(3) 违反安全装载规定但不是事故发生的直接原因的，增加10%的绝对免赔率。

(4) 对于投保人与保险人在投保时协商确定绝对免赔额的，本保险在实行免赔率的基础上增加每次事故的绝对免赔额。

五、保险金额

车辆损失险的保险金额可以按以下方式确定。

1. 按投保时与保险车辆同种车型的新车购置价

投保时的新车购置价根据投保时保险合同签订地同类型新车的市场销售价格(含车辆购置税)确定，并在保险单中载明，无同类型新车市场销售价格的，由投保人与保险人协商确定。

2. 按投保时与保险车辆同种车型的新车购置价扣减折旧部分

投保时被保险机动车的实际价值根据投保时的新车购置价减去折旧金额后的价格确定。

以家庭自用车为例，被保险机动车的折旧按月计算，不足一个月的部分，不计折旧。9座以下客车月折旧率为0.6%，10座以上客车月折旧率为0.9%，最高折旧金额不超过投保时被保险机动车新车购置价的80%。

3. 投保人与保险人协商确定

六、赔偿处理

(一) 索赔单证

发生保险事故后,被保险人向保险人申请赔偿时,应提交以下资料。

(1) 保险单;

(2) 被保险人的有效身份证明、保险车辆行驶证、驾驶人驾驶证;

(3) 公安机关交通管理部门出具的交通事故责任认定书或法院等机构出具的有关法律文书及其他证明、通过交强险获得赔偿金额的证明材料;

(4) 被保险人根据有关法律法规的规定选择自行协商方式处理交通事故的,应当提供依照《交通事故处理程序规定》规定的记录交通事故情况的协议书;

(5) 应当由第三者负责赔偿但确实无法找到第三者的,在道路上发生的事故,应提供公安机关交通管理部门认定并出具的证明;在其他场所发生的事故,应提供当地公安机关出具的证明;

(6) 其他能够确认保险事故的性质、原因、损失程度等有关的证明和资料。

(二) 事故责任比例确定

保险车辆发生道路交通事故,保险人根据驾驶人在交通事故中所负事故责任比例相应承担赔偿责任。

被保险人或保险车辆驾驶人根据有关法律法规的规定选择自行协商或由公安机关交通管理部门处理事故未确定事故责任比例的,按照下列规定确定事故责任比例。

(1) 保险车辆方负全部事故责任的,事故责任比例不超过100%;

(2) 保险车辆方负主要事故责任的,事故责任比例不超过70%;

(3) 保险车辆方负同等事故责任的,事故责任比例不超过50%;

(4) 保险车辆方负次要事故责任的,事故责任比例不超过30%。

(三) 赔款计算

1. 全部损失

(1) 保险车辆发生全部损失后,如果保险金额高于出险当时的实际价值,按出险当时的实际价值计算赔偿。计算公式为赔款=(出险时保险车辆的实际价值-被保险人已从第三方获得的赔款金额)×事故责任比例×(1-事故责任免赔率)×(1-绝对免赔率)-绝对免赔额

(2) 保险车辆发生全部损失后，如果保险金额等于或低于出险当时的实际价值，按保险金额计算赔偿。计算公式为

赔款=(保险金额-被保险人已从第三方获得的赔款金额)×事故责任比例×(1-事故责任免赔率)×(1-绝对免赔率)-绝对免赔额

2. 部分损失

(1) 保险车辆的保险金额按投保时新车购置价确定的，无论保险金额是否低于出险当时的新车购置价，发生部分损失按照实际修复费用赔偿。计算公式为

赔款=(实际修复费用－被保险人已从第三方获得的赔款金额)×事故责任比例×(1-事故责任免赔率)×(1-绝对免赔率)-绝对免赔额

(2) 保险车辆的保险金额低于投保时的新车购置价，发生部分损失按照保险金额与投保时的新车购置价比例计算赔偿。计算公式为

赔款=(实际修复费用-被保险人已从第三方获得的赔款金额)×(保险金额/新车购置价)×事故责任比例×(1-事故责任免赔率)×(1-绝对免赔率)-绝对免赔额

3. 施救费用

施救的财产中，含有本保险合同未保险的财产，应按本保险合同保险财产的实际价值占总施救财产的实际价值比例分摊施救费用。

(四) 修复方式

因保险事故损坏的保险车辆，应尽量修复。

修理前被保险人应会同保险人检验、协商确定修理的项目、方式和费用。否则，保险人有权重新核定或拒绝赔偿。

保险事故发生后，被保险人经与保险人协商确定保险车辆的修理项目、方式和费用后，可自行选择修理厂，也可选择保险人推荐的修理厂。

投保人在投保时选择专修厂的，保险事故发生后，保险人推荐具有被保险机动车专修资格的修理厂进行修理；未选择专修厂的，保险事故发生后，保险人推荐修理资质不低于二级的修理厂进行修理。保险车辆修复后，保险人可根据被保险人的委托直接与修理厂结算修理费用，但应将由被保险人自己负担的部分除外。

第三节 机动车第三者责任保险

一、保险标的

第三者责任险的保险标的与车辆损失险不同,它以被保险人依法应对第三者承担的赔偿作为保险标的。所以,第三者责任险属于责任保险范畴。

按照保险合同关系来看,保险合同法律关系的主体是保险人和被保险人。因此,保险人是第一者,被保险人或使用保险车辆的人是第二者,除保险人与被保险人之外的人是第三者。

目前,我国机动车第三者责任险条款规定,除了保险人和被保险人的损失不赔偿外,下列人员或财产的损失也不属于第三者损失:被保险人及其家庭成员所有或代管财产的损失,本车驾驶人员及其家庭成员所有或代管财产的损失,本车其他人员的人身伤亡或财产损失,第三者停业、停驶、停电、停气、停产、通信中断的损失以及其他各种间接损失、精神损害赔偿,第三者财产因市场价格变动造成的贬值、修理后因价值降低引起的损失,污染(含放射性污染)造成的损失,等等。

二、保险责任

机动车第三者责任险的保险责任是指被保险人或其允许的合法驾驶人在使用被保险机动车过程中发生意外事故,致使第三者遭受人身伤亡或财产直接损毁,依法应由被保险人承担的损害赔偿责任,保险人依照合同约定,对超过交强险各分项赔偿限额以上的部分负责赔偿。

(1) 被保险人或其允许的合法驾驶员在使用保险车辆过程中的含义与车损险条款相同。

(2) 意外事故是指不是行为人出于故意,而是行为人不可预见的以及不可抗拒的并造成人员伤亡或财产损失的突发事件。

(3) 人身伤亡是指人的身体受伤害或人的生命终止。

(4) 财产直接损毁是指保险车辆发生意外事故,直接造成事故现场他人现有财产的实际损毁。

(5) 依法应由被保险人支付的赔偿金额是指依照有关法律(主要指《中华人民共和国道路交通安全法》《中华人民共和国民法通则》)、法规(主要指《道路交通事故处理程序规定》及最高人民法院关于损害赔偿的司法解释)应当由被保险人支付的赔偿金额。

三、除外责任

(一) 特别损失

1. 不属于第三者范畴的损失

被保险人、被保险人允许的驾驶人、机动车本车上其他人员不属于第三者范畴，因此对其人身伤亡或财产损失不予以赔付。

2. 家庭成员的损失

最新实施的《工作方案》中明确家庭成员属于第三者范畴，对于保险事故中被保险人或被保险机动车本车驾驶人的家庭成员的人身伤亡予以赔付。但对于被保险人或被保险机动车本车驾驶人家庭成员所有、承租、使用、管理、运输或代管的财产的损失，以及本车上财产的损失不予以赔付。

(二) 不保风险

(1) 地震及其次生灾害；

(2) 战争、军事冲突、恐怖活动、暴乱、扣押、收缴、没收、政府征用；

(3) 竞赛、测试、教练；

(4) 在营业性维修、养护场所修理、养护期间；

(5) 利用被保险机动车从事违法活动；

(6) 驾驶人饮酒、吸食或注射毒品、被药物麻醉后使用被保险机动车；

(7) 保险车辆肇事逃逸；

(8) 驾驶人员无有效驾驶证；

(9) 非被保险人允许的驾驶人使用被保险机动车；

(10) 被保险机动车转让给他人，被保险人、受让人未履行通知义务，且转让导致被保险机动车的危险程度显著增加而发生保险事故；

(11) 保险车辆不具备有效的行驶证件；

(12) 被保险机动车拖带未投保机动车交通事故责任强制保险的机动车(含挂车)或

被未投保机动车交通事故责任强制保险的其他机动车拖带。

(三) 不保损失

(1) 被保险机动车发生意外事故,致使第三者停业、停驶、停电、停水、停气、停产、通信或者网络中断、数据丢失、电压变化等造成的损失以及其他间接损失。

(2) 精神损害赔偿。因保险事故引起的精神损害赔偿是指保险事故造成第三者在心理上或精神上的伤害。根据《最高人民法院关于审理人身损害赔偿案件适用法律若干问题的解释》的规定:因生命、健康、身体遭受侵害,赔偿权利人起诉请求赔偿义务人赔偿财产损失和精神损害的,人民法院应予受理。因此,发生保险事故后,第三者有权要求被保险人进行精神赔偿,对此保险人在主险中是不负责赔偿的。但保险公司在附加险中开设了精神损害赔偿险种。

(3) 污染(含放射性污染)造成的损失。

(4) 第三者财产因市场价格变动造成的贬值、修理后价值降低引起的损失。

(5) 被保险机动车被盗窃、抢劫、抢夺期间造成第三者人身伤亡或财产损失。

(6) 被保险人或驾驶人的故意行为造成的损失。

(7) 应当由机动车交通事故责任强制保险赔偿的损失和费用,保险人不负责赔偿。

(8) 根据条款规定,保险人不负责免赔部分的费用。

(9) 其他不属于保险责任范围内的损失和费用。

四、免赔率

保险人在依据本保险合同约定计算赔款的基础上,在保险单载明的责任限额内,按照下列方式免赔。

(1) 被保险机动车一方负次要事故责任的,实行5%的事故责任免赔率;负同等事故责任的,实行10%的事故责任免赔率;负主要事故责任的,实行15%的事故责任免赔率;负全部事故责任的,实行20%的事故责任免赔率;

(2) 违反安全装载规定的,实行10%的绝对免赔率。

五、责任限额

目前,我国三者险采取责任限额方式。责任限额是保险人计收保险费的依据,也是承担每次三者险事故赔偿的最高额度。三者险的责任限额分为5万元、10万元、

15万元、20万元、30万元、50万元、100万元等档次。责任限额由投保人和保险人在签订保险合同时协商确定。

六、赔偿处理

保险事故发生后,保险人按照国家有关法律、法规规定的赔偿范围、项目和标准以及保险合同的约定,在保险单载明的责任限额内核定赔偿金额。

保险人按照国家基本医疗保险的标准核定医疗费用的赔偿金额。

未经保险人书面同意,被保险人自行承诺或支付的赔偿金额,保险人有权重新核定。不属于保险人赔偿范围或超出保险人应赔偿金额的,保险人不承担赔偿责任。

保险人受理报案、现场查勘、核定损失、参与诉讼、进行抗辩、要求被保险人提供证明和资料、向被保险人提供专业建议等行为,均不构成保险人对赔偿责任的承诺。

赔款计算:

(1) 当(依合同约定核定的第三者损失金额−机动车交通事故责任强制保险的分项赔偿限额)×事故责任比例等于或高于每次事故赔偿限额时:

赔款=每次事故赔偿限额×(1-事故责任免赔率)×(1-绝对免赔率之和)

(2) 当(依合同约定核定的第三者损失金额-机动车交通事故责任强制保险的分项赔偿限额)×事故责任比例低于每次事故赔偿限额时:

赔款=(依合同约定核定的第三者损失金额-机动车交通事故责任强制保险的分项赔偿限额)×事故责任比例×(1-事故责任免赔率)×(1-绝对免赔率之和)

第四节 机动车车上人员责任保险

(一) 保险责任

在保险期间,被保险人或其允许的合法驾驶人在使用被保险机动车的过程中发生意外事故,致使车上人员遭受人身伤亡,依法应当由被保险人承担的损害赔偿责任,保险人依照保险合同的约定负责赔偿。

(二) 除外责任

(1) 被保险人或驾驶人的故意行为造成的人身伤亡；
(2) 被保险人及驾驶人以外的其他车上人员的故意、重大过失行为造成的自身伤亡；
(3) 违法、违章搭乘人员的人身伤亡；
(4) 车上人员因疾病、分娩、自残、斗殴、自杀、犯罪行为造成的自身伤亡；
(5) 其他不保风险和不保损失基本与第三者责任险相同。

(三) 责任限额

驾驶人每次事故责任限额和乘客每次事故每人责任限额由投保人和保险人在投保时协商确定。投保乘客座位数按照被保险机动车的核定载客数确定。

(四) 赔偿处理

保险人依据被保险机动车驾驶人在事故中所负的事故责任比例，承担相应的赔偿责任，同时按照事故责任比例实行相应的免赔率。

每次事故车上人员的人身伤亡按照国家有关法律、法规规定的赔偿范围、项目和标准以及保险合同的约定进行赔偿。驾驶人的赔偿金额不超过保险单载明的驾驶人每次事故责任限额；每位乘客的赔偿金额不超过保险单载明的乘客每次事故每人责任限额，赔偿人数以投保乘客座位数为限。

保险人按照国家基本医疗保险的标准核定医疗费用的赔偿金额。

赔款计算：

(1) 对每座的受害人，当(依合同约定核定的每座车上人员人身伤亡损失金额-应由机动车交通事故责任强制保险赔偿的金额)×事故责任比例高于或等于每次事故每座赔偿限额时：

$$赔款 = 每次事故每座赔偿限额 \times (1 - 事故责任免赔率)$$

(2) 对每座的受害人，当(依合同约定核定的每座车上人员人身伤亡损失金额-应由机动车交通事故责任强制保险赔偿的金额)×事故责任比例低于每次事故每座赔偿限额时：

$$赔款 = (依合同约定核定的每座车上人员人身伤亡损失金额 - 应由机动车交通事故责任强制保险赔偿的金额) \times 事故责任比例 \times (1 - 事故责任免赔率)$$

第五节 机动车全车盗抢险

一、保险责任

(1) 被保险机动车被盗窃、抢劫、抢夺，经出险当地县级以上公安刑侦部门立案证明，满60天未查明下落的全车损失；

(2) 被保险机动车全车被盗窃、抢劫、抢夺后，受到损坏或车上零部件、附属设备丢失需要修复的合理费用；

(3) 被保险机动车在被抢劫、抢夺过程中，受到损坏需要修复的合理费用。

二、除外责任

(1) 非全车遭盗窃，仅车上零部件或附属设备被盗窃、抢劫、抢夺、损坏；

(2) 诈骗行为造成的损失；

(3) 承租人以及经许可使用保险车辆的驾驶人与保险车辆同时失踪；

(4) 保险车辆被有关机关罚没、扣押、查封以及期间发生的损失；

(5) 未按保险合同缴纳保险费；

(6) 保险车辆被盗窃、抢劫、抢夺期间造成的第三者人身伤亡或财产损失；

(7) 因民事、经济纠纷而导致保险车辆被盗窃、抢劫、抢夺；

(8) 被保险人及其家庭成员、被保险人允许的驾驶人的故意或违法行为造成的全车或部分损失。

三、保险金额

保险金额由投保人和保险人在投保时被保险机动车的实际价值内协商确定。

四、免赔率

保险人在依据本保险合同约定计算赔款的基础上，按照下列方式免赔。

(1) 发生全车损失的，绝对免赔率为20%；

(2) 发生全车损失，被保险人未能提供机动车登记证书、机动车来历凭证的，每缺少一项，增加1%的绝对免赔率。

五、赔偿处理

被保险机动车全车被盗窃、抢劫、抢夺后被找回的：保险人尚未支付赔款的，被保险机动车应归还被保险人；保险人已支付赔款的，被保险机动车应归还被保险人，被保险人应将赔款返还给保险人；被保险人不同意收回被保险机动车，被保险机动车的所有权归保险人，被保险人应协助保险人办理有关手续。

保险人按下列方式赔偿：

(1) 被保险机动车全车被盗抢的，按以下公式计算赔款，即

$$赔款=保险金额\times(1-绝对免赔率之和)$$

(2) 被保险机动车发生保险责任第2、3条列明的损失时，保险人按实际修复费用在保险金额内计算赔偿。

第六节 机动车保险附加险

一、玻璃单独破碎险

投保了机动车损失保险的机动车，可投保本附加险。

(一) 保险责任

被保险机动车风挡玻璃或车窗玻璃的单独破碎，保险人负责赔偿。

(二) 投保方式

投保人与保险人可协商选择按进口或国产玻璃投保。保险人根据协商选择的投保方式承担相应的赔偿责任。

(三) 责任免除

安装、维修机动车过程中造成的玻璃单独破碎。

(四) 特别说明

本附加险不适用主险中的各项免赔率、免赔额约定。

二、车身划痕损失险

投保了机动车损失保险的机动车，可投保本附加险。

(一) 保险责任

无明显碰撞痕迹的车身划痕损失，保险人负责赔偿。

(二) 责任免除

(1) 被保险人及其家庭成员、驾驶人及其家庭成员的故意行为造成的损失。
(2) 因投保人、被保险人与他人的民事、经济纠纷导致的任何损失。
(3) 车身表面自然老化、损坏、腐蚀造成的任何损失。

(三) 保险金额

保险金额为2 000元、5 000元、10 000元或20 000元，由投保人和保险人在投保时协商确定。

(四) 赔偿处理

(1) 在保险金额内按实际修理费用计算赔偿。
(2) 每次赔偿实行15%的免赔率，不适用主险中的各项免赔率、免赔额的规定。
(3) 在保险期间内，累计赔款金额达到保险金额，附加险保险责任终止。

三、不计免赔率特约条款

投保了任一主险及其他设置了免赔率的附加险后，均可投保本附加险。

经特别约定，保险事故发生后，按照对应投保的险种规定的免赔率计算的、应当由被保险人自行承担的免赔金额部分，保险人负责赔偿。在下列情况下，应当由被保险人自行承担的免赔金额，保险人不负责赔偿。

(1) 机动车损失保险中应当由第三方负责赔偿而无法找到第三方的；

(2) 被保险人根据有关法律法规的规定选择自行协商方式处理交通事故，但不能证明事故原因的；

(3) 因违反安全装载规定而增加的；

(4) 因保险期间内发生多次保险事故而增加的；

(5) 发生机动车盗抢保险规定的全车损失保险事故时，被保险人未能提供机动车行驶证、机动车登记证书、机动车来历凭证、车辆购置税完税证明(车辆购置附加费缴费证明)或免税证明而增加的。

四、自燃损失险

投保了营业用汽车损失保险的机动车，可投保本附加险。

(一) 保险责任

(1) 保险期间内，在没有外界火源的情况下，出于本车电器、线路、供油系统、供气系统等被保险机动车自身原因或所载货物自身原因起火燃烧造成本车的损失。

(2) 发生保险事故时，被保险人为防止或者减少被保险机动车的损失所支付的必要的、合理的施救费用。

(二) 责任免除

(1) 自燃仅造成电器、线路、供油系统、供气系统的损失；

(2) 所载货物自身的损失；

(3) 轮胎爆裂的损失；

(4) 人工直接供油、高温烘烤造成的损失；

(5) 擅自改装、加装电器及设备导致被保险机动车起火造成的损失。

(三) 保险金额

保险金额由投保人和保险人在投保时被保险机动车的实际价值内协商确定。

(四) 赔偿处理

(1) 全部损失，在保险金额内计算赔偿；部分损失，在保险金额内按实际修理费用计算赔偿。

(2) 每次赔偿实行20%的免赔率。

五、新增加设备损失保险

投保了机动车损失保险的机动车，可投保本附加险。

(一) 保险责任

投保了本附加险的被保险机动车因发生机动车损失保险责任范围内的事故，造成车上新增加设备的直接损毁，保险人在保险单载明的本附加险的保险金额内，按照实际损失计算赔偿。

(二) 保险金额

保险金额根据新增加设备的实际价值确定。新增加设备的实际价值是指新增加设备的购置价减去折旧金额后的金额。

新增加设备的折旧率以本条款所对应的主险条款规定为准。

(三) 赔偿处理

每次赔偿的免赔率以本条款所对应的主险条款规定为准。

(四) 其他事项

本保险所指新增加设备，是指除被保险机动车出厂时原有各项设备以外，被保险人加装的设备及设施。投保时，应当列明车上新增加设备明细表及价格。

六、发动机涉水损失险

本附加险仅适用于家庭自用汽车、党政机关及事业团体用车、企业非营业用车，且只有在投保了机动车损失保险后，方可投保本附加险。

(一) 保险责任

投保了本附加险的被保险机动车在使用过程中，出于下列原因导致发动机进水而造成发动机的直接损毁，保险人负责赔偿。

(1) 被保险机动车在积水路面涉水行驶；

(2) 被保险机动车在水中启动；

(3) 发生上述保险事故时被保险人或其允许的驾驶人对被保险机动车采取施救、保护措施所支出的合理费用。

(二) 赔偿处理

(1) 在发生保险事故时，在被保险机动车的实际价值内计算赔偿，但不超过被保险机动车的保险金额；

(2) 本保险每次赔偿均实行15%的免赔率。

七、修理期间费用补偿险

投保了机动车损失保险的机动车，可投保本附加险。机动车损失保险责任终止时，本保险责任同时终止。

(一) 保险责任

保险期间内，投保了本条款的机动车在使用过程中，发生机动车损失保险责任范围内的事故，造成车身损毁，致使被保险机动车停驶，保险人按保险合同约定，在保险金额内向被保险人补偿修理期间的费用，作为代步车费用或弥补停驶损失。

(二) 责任免除

在下列情况下，保险人不承担修理期间的费用补偿。
(1) 因机动车损失保险责任范围以外的事故而使被保险机动车损毁或修理；
(2) 非在保险人认可的修理厂修理时，因车辆修理质量不合要求造成返修；
(3) 被保险人或驾驶人拖延车辆送修期间。

(三) 保险金额

保险金额=补偿天数×日补偿金额。补偿天数及日补偿金额由投保人与保险人协商确定并在保险合同中载明，保险期间内约定的补偿天数最高不超过90天。

(四) 赔偿处理

全车损失，按保险单载明的保险金额计算赔偿；部分损失，在保险金额内按约定的日赔偿金额乘以从送修之日起至修复之日止的实际天数计算赔偿，实际天数超过双方约定修理天数的，以双方约定的修理天数为准。

本附加险每次事故的绝对免赔额为1天的赔偿金额，不适用主险中的各项免赔率、免赔额约定。

在保险期间，赔款金额累计达到保险单载明的保险金额，本附加险保险责任终止。

八、车上货物责任险

投保了机动车第三者责任保险的机动车，可投保本附加险。

(一) 保险责任

发生意外事故，致使被保险机动车所载货物遭受直接损毁，依法应由被保险人承担的损害赔偿责任，保险人负责赔偿。

(二) 责任免除

(1) 偷盗、哄抢、自然损耗、本身缺陷、短少、死亡、腐烂、变质造成的货物损失；

(2) 违法、违章载运或因包装不善造成的损失；

(3) 车上人员携带的私人物品；

(4) 保险事故导致的货物减值、运输延迟、营业损失及其他各种间接损失；

(5) 法律、行政法规禁止运输的货物的损失。

(三) 责任限额

责任限额由投保人和保险人在投保时协商确定。

(四) 赔偿处理

被保险人索赔时，应提供运单、起运地货物价格证明等相关单据。保险人在责任限额内按起运地价格计算赔偿。本附加险每次赔偿实行20%的绝对免赔率，不适用主险中的各项免赔率、免赔额约定。

九、精神损害抚慰金责任险

只有在投保了机动车第三者责任保险或机动车车上人员责任保险的基础上，方可投保本附加险。在投保人仅投保机动车第三者责任保险的基础上附加本附加险时,保险人只负责赔偿第三者的精神损害抚慰金;在投保人仅投保机动车车上人员责任保险的基础上附加本附加险时,保险人只负责赔偿车上人员的精神损害抚慰金。

投保人在同时投保了机动车损失保险和机动车第三者责任保险的基础上,可投保本附加险。

(一) 保险责任

在保险期间,被保险机动车在使用过程中发生意外事故,致使第三者人员或本车上人员的残疾、烧伤、死亡或怀孕妇女流产,受害方据此提出的精神损害赔偿请求,依照法院生效判决或者经事故双方当事人协商一致并经保险人书面同意的,应由被保险人承担的精神损害赔偿责任,保险人在本保险合同约定的责任限额内负责赔偿。

(二) 责任免除

发生以下情形或损失之一者,保险人不承担精神损害赔偿责任。
(1) 被保险机动车驾驶人在事故中无过错;
(2) 被保险机动车未发生直接碰撞事故,仅因第三者人员或本车上人员的惊恐而引起的损害;
(3) 怀孕妇女的流产发生在交通事故发生之日起30天以外的;
(4) 应当由机动车交通事故责任强制保险赔偿的损失和费用。

(三) 责任限额

每次事故责任限额和每次事故每人责任限额由投保人和保险人在签订保险合同时协商确定。

(四) 赔偿处理

(1) 按人民法院对被保险人应承担精神损害赔偿责任的生效判决以及保险合同的约定进行赔偿;协商、调解结果中所确定的被保险人的精神损害赔偿责任,经保险人书面同意后,保险人负责赔偿。
(2) 每次事故赔偿实行20%的免赔率。

十、机动车损失保险无法找到第三方特约险

投保了机动车损失保险后，可投保本附加险。投保了本附加险后，对于机动车损失保险免赔率规定中的第2条列明的，被保险机动车损失应当由第三方负责赔偿，但因无法找到第三方而增加的由被保险人自行承担的免赔金额，保险人负责赔偿。

十一、指定专修厂特约条款

投保了机动车损失保险的机动车，可附加本特约条款。

投保人在投保时未选择本特约条款的，机动车损失保险事故发生后，因保险事故损坏的机动车辆，在修理前应当按照主险条款的规定，由被保险人与保险人协商确定修理方式和费用。

投保人在投保时选择本特约条款，并增加支付本特约条款的保险费的，机动车损失保险事故发生后，被保险人可自主选择具有被保险机动车辆专修资格的修理厂进行修理。

复习思考题

一、简述题

1. 简述车险条款的内容构成。
2. 车辆损失险的保险责任和除外责任有哪些？
3. 车辆损失险发生保险事故时应如何赔偿？
4. 机动车第三者责任险的除外责任有哪些？
5. 全车盗抢险的保险责任和除外责任有哪些？

二、案例分析

2015年10月26日，辽阳某货物运输有限公司向某保险公司投保解放半挂牵引车，分别投保了车辆损失险，保险金额为14万元；第三者责任险，保险限额为50万元；车上人员责任险3人，每人保险金额为10万元，并同时投保挂车车损险和三者险。

2015年12月8日，司机张某驾驶解放半挂牵引车、牵引挂车，由东向西行至唐

津高速公路186公里匝道处，因未按操作规范安全驾驶，在弯道减速时，紧急制动刹车，致使车厢内钢筋向前窜出，砸在驾驶室上，造成车辆损坏，司机张某和乘车人魏某当场死亡。经交警处理，张某负事故的全部责任。事后，该运输公司向保险公司提出索赔。

  请问保险公司应如何处理？

第六章

汽车保险承保

学习目标

能力目标	● 能够指导投保人正确填写投保单 ● 能够科学运用核保方式履行核保流程 ● 能够正确出具单证，并对单证进行清分和归档 ● 能够按照程序运用具体方式对保险合同进行批改
知识目标	● 掌握投保和承保的业务流程 ● 掌握核保的原则和意义 ● 掌握承保单证的缮制和种类 ● 掌握批改的内容和程序

> **引导案例**
>
> 　　汽车承保是保险人与投保人签订合同的过程,包括投保、核保、签发单证、批改与续保等。首先,投保人根据自身需要提出保险要求,填写投保单,协商确定保险费交付办法。然后,保险人审查投保单,向投保人询问有关保险标的和被保险人的情况,以决定是否接受投保。如果保险人接受投保,则在投保单上签章并收取保险费,出具保险单或保险凭证,保险合同即告成立。在保险合同生效期间,如果保险标的的所有权发生改变,或者投保人出于某种原因要求更改或取消保险合同,则都需要进行批改。最后,保险合同期满后,投保人可以办理续保。

第一节 投保实务

　　投保是投保人向保险人表达缔结保险合同意愿的行为,即要约行为。

一、投保条件

　　参加保险的机动车辆必须具备一定的条件。首先,投保人(被保险人)对投保车辆有保险利益,即合法拥有或使用该车辆。其次,按照国家有关规定,必须强制淘汰的车辆和套牌车一律不予承保。另外,经罚没、拍卖的走私车在办理合法牌照之前不能投保。

　　参加保险的机动车辆必须具备以下条件。

　　(1) 领有车辆牌照。即经公安交通管理部门审核、检验合格后,发给车辆的正式或临时牌号,挂在车前车后。牌号的式样、颜色根据车辆大小、类别有所区别。

　　(2) 领有行车执照。即经公安交通管理部门检验合格后,填发的机动车行驶证,证上填有车辆号牌号码、车辆类型、车主及其地址、发动机号、车架号、厂牌型号、初次登记日期等。

　　(3) 具有年检合格证。新车应有制造厂出具的合格证,旧车则必须有车辆年检合格证明。

　　未办理车辆牌照的新车,可以携带购车发票、车主证明到保险公司投保并出具临时保单,等办好车辆牌照和行车执照后必须回原来的保险公司办理保险单的批改手续。

二、投保选择

机动车辆保险的选择是指机动车辆所有人基于自己的风险保障需要,利用已掌握的保险知识及信息资料,进行对比分析,选择保险公司、投保险种以及投保方式的行为过程。机动车辆保险的选择权也是法律赋予投保人的一项重要权利。《保险法》第十一条规定:"订立保险合同,应当协商一致,遵循公平原则确定各方的权利和义务。除法律、行政法规规定必须保险的外,保险合同自愿订立。"因此,除了法律、行政法规规定必须保险的以外,投保人可以自由选择保险公司进行投保,并选择自己满意的机动车辆保险产品以及投保方式。目前,就机动车辆保险而言,《道路交通安全法》第十七条规定:国家实行机动车第三者责任强制保险制度,设立道路交通事故社会救助基金。投保人可以自由选择具有从事"交强险"业务资格的保险公司投保该险种。

机动车辆保险的科学选择是购买和消费保险的前提和基础。选择的过程就是调查了解、搜集信息资料、进行投保决策的过程。能否挑选到信誉度最好的保险公司、适合自身需要的优质险种以及最佳投保方式将直接关系保户的切身经济利益。因此,投保前进行科学选择,对投保人具有极为重要的意义。

(一) 选择保险的基本原则

1. 我国投保的原则

《保险法》第七条规定:"在中华人民共和国境内的法人和其他组织需要办理境内保险的,应当向中华人民共和国境内的保险公司投保。"因此,我国境内的法人和其他组织需要办理境内机动车辆保险业务的,应当向我国境内开办机动车辆保险业务的保险公司投保。当然,国外的保险公司以独资或合资方式进入中国保险市场,并经保监会批准"有权经营车险业务的"也可以承接车险业务。

2. 信誉第一、服务便捷的原则

保险公司作为经营风险转嫁业务、提供损失补偿的信誉企业,其自身的诚信和服务质量,对投保人或被保险人来说是至关重要的。这是因为投保人交付保险费后,得到的只是损失补偿的承诺,而由于风险的客观性和不确定性,一旦不幸的事情降临到投保人身上,这种承诺能否兑现则取决于保险公司的偿付能力和信誉度。因此,要想得到可靠的经济补偿和完善的保险服务,投保人就要坚持信誉第一、服务便捷的原则,到资产雄厚、经营稳健、信誉好、服务体系完善的保险公司去投保。

3. 性价比最佳的原则

目前，各保险公司已经开办的车险险种较多，投保人选择的空间也很大，投保时要精心选择，挑选具有最佳性价比的产品。所谓性价比最佳，是指所选的保险产品交费较少而保障范围较大，既能充分满足风险保障的需要，又不造成经济上的浪费。也就是说，根据自身对风险保障的需要，以及同类保险产品在价格上的差异，合理挑选产品，进行投保。

(二) 选择保险的内容

投保人和保险公司订立机动车辆保险合同的目的在于保险事故发生导致保险标的受到损失时可以获得一定的经济补偿，追求的是以最小的代价换取最大的保障。科学的选择是实现这一目的的前提。机动车辆保险的选择主要包括三个方面的内容：一是选择保险公司；二是选择投保险种；三是选择投保方式。

1. 选择保险公司

一般来说，只有优秀的保险公司才能提供优质的保险产品和服务。在目前竞争激烈的机动车辆保险市场上，如何选择一家合适的保险公司，对投保人来说是获得良好保险保障的关键。根据选择保险的基本原则，投保人对保险公司的选择，主要是对保险公司的资质、经营状况、信誉、机构网点设置及技术力量、服务质量以及国别等情况的调查了解和决定过程。选择的保险公司应满足以下要求。

(1) 投保的公司应该是在中国境内依法成立、守法经营、有车险业务经营权的保险公司。

(2) 投保的公司经营稳健、财务状况良好、偿付能力充足、信誉良好。

(3) 投保的公司应具有健全的组织机构、完善的服务体系，尤以机构网点遍布全国的大公司为佳，以便将来一旦在异地出险时，能够得到保险公司在现场查勘及理赔等方面的及时处理。

(4) 投保的公司专业技术力量强大、服务内容丰富、质量好。

2. 选择投保险种

对投保险种的选择是在广泛搜集各保险公司营销的机动车辆保险条款费率及宣传资料的基础上，按照选择保险的基本原则及自身风险转嫁的需要，通过分析对比而挑选优质险种的过程。投保人选择机动车辆保险险种时，应了解自身的风险特征，根据实际情况选择个人所需的风险保障。对于机动车辆保险市场中的现有产品要进行充分了解，重点是要了解保险产品的保险责任和责任免除范围以及赔偿方式，以达到满足自身风险保障需要的基本目的。同时，还要注意不同保险公司在同类保险产品上价格的差异，坚持性价比最佳的原则。

投保人一般可以按照以下步骤来选择投保险种。

(1) 投保人首先应该搞清楚自己可能面临哪些风险，可能导致什么不良后果，最终自己会承担多少风险等问题。例如，新车被盗抢的风险较大；老旧车型发生自燃火灾损失的几率较高；营运车辆一旦发生事故，赔偿的数额较大。

(2) 向保险公司或其代理人(机构)索要有关保险条款和费率表，仔细阅读保险条款。投保人应当特别关注保险产品的保险责任、责任免除和特别约定，被保险人权利和义务，免赔额或免赔率的计算，申请赔款手续，退保和折旧等规定。如对保险条款和费率表有疑问，投保人可以要求保险公司或代理人对条款和费率表进行解释说明或与保险公司的咨询部门直接联系，以切实保障自己的利益。

(3) 进一步了解、比较各保险公司的具体的机动车辆保险产品，看看哪一种能满足自己的特殊需求。注意所选择的机动车辆保险产品的保障范围，一定要把容易发生的、相对可能性较大的风险包括进去。否则，未得到保障的风险事故发生导致的损失将得不到保险赔偿。

这样就可以挑选到满足自身需要的保险产品。如果投保人计划购买机动车辆保险，但又感到自己对购买什么机动车辆保险等问题拿不定主意时，可以向保险咨询机构以及专业人士进行咨询。

3. 选择投保方式

目前，在我国，保险人向投保人提供的可供投保人选择的机动车辆保险的投保方式主要有上门投保、柜台投保、电话投保、网上投保、通过保险代理人投保以及通过保险经纪人投保。每一种投保方式都有各自不同的特点，而且对于上门投保、柜台投保、电话投保和网上投保，保险公司还会有不同程度的费率优惠，投保人可以根据自身需要加以选择。

三、投保人投保时应注意的事项

(一) 投保时应如实告知

《保险法》第十六条规定："……投保人故意不履行如实告知义务的，保险人对于合同解除前发生的保险事故，不承担赔偿或者给付保险金的责任，并不退还保险费。投保人因重大过失未履行如实告知义务，对保险事故的发生有严重影响的，保险人对于合同解除前发生的保险事故，不承担赔偿或者给付保险金的责任，但应当退还保险费。保险人在合同订立时已经知道投保人未如实告知情况的，保险人不得解除合同；发生保险事故的，保险人应当承担赔偿或者给付保险金的责任。保险事故是指保险合同约定的保险责任范围内的事故。"因此，投保人在与保险公司签订保险合同，以及回答保险公司就保险标的或被保险人的有关情况提出询问时，应履行如实告知义务，投保人在投保时，务必如实填写投保单，并如实回答保险公司关于保险标的等有关情况的询问。如果投保人隐瞒事实，即使保险公司签发了保险单，一旦保险机动车辆发生保险事故，则保险公司可以以投保人或被保险人未履行如实告知义务而拒绝赔偿。

(二) 投保后应及时缴纳保险费

《保险法》第十四条规定："保险合同成立后，投保人按照约定交付保险费，保险人按照约定的时间开始承担保险责任。"根据规定，保险费交付前发生的保险事故，保险人不承担赔偿责任。因此，投保人在保险合同成立后，应按照约定及时交付保险费并向保险公司索取发票，以保障自己的权益。

(三) 不重复投保

个别投保人由于对保险知识不甚了解，误以为将同一机动车辆在多家保险公司进行投保后，就可以有更多的保险保障或出险后获得更多的赔偿，而构成重复保险。《保险法》第五十六条规定："重复保险的各保险人赔偿保险金的总和不得超过保险价值。除合同另有约定外，各保险人按照其保险金额与保险金额总和的比例承担赔偿保险金的责任。"因此，被保险人不会因重复保险而获得大于实际损失的赔偿，只能是多付保险费。

(四) 不超额投保

少数投保人由于对保险知识了解不多或听信不良代理人员的劝说，将投保的机动车辆的车辆损失保险的保险金额定得很高，不仅高于保险车辆的实际价值，而且高于投保时的同类型新车市场购置价，以为一旦保险车辆发生保险事故而造成全损，保险公司就会按照保险金额进行赔偿。我国《保险法》第五十五条规定："……保险金额不得超过保险价值；超过保险价值的，超过部分无效，保险人应当退还相应的保险费。"另外,各保险公司的机动车辆保险合同均明确规定为不定值合同,而不定值合同是按照保险事故发生时保险标的的实际价值确定保险价值的保险合同。因此,保险公司只会按保险事故发生时保险标的的实际价值进行赔付,投保人不会按照保险金额得到赔偿,反而会因此多付保险费。

(五) 了解保险责任的开始时间

《保险法》第十四条规定:"保险合同成立后,投保人按照约定交付保险费,保险人按照约定的时间开始承担保险责任。"我国保险实务中以约定起保日的零点为保险责任开始时间,以合同期满日的24点为保险责任的终止时间。因此,要弄清楚投保的时间概念,例如,某投保人于2008年7月2日11点到保险公司为其货车投保车辆损失险和第三者责任险,如实填写投保单后保险公司签发了保险单,约定保险期限为2008年7月3日0时至2009年7月2日24时,投保人在无异议的情况下按保险单上的保险费合计数缴纳了保险费。该投保人(被保险人)于当日下午3时发生属于保险责任范围内的交通事故,被保险人向保险公司提出索赔请求,保险公司予以拒赔。其原因在于保险合同在约定的时间生效,而不是在投保时立即生效。发生保险事故时,保险合同尚未生效,因此保险公司不承担赔偿责任。

(六) 认真核对保险单与投保单

投保人取得保险单后应认真核对其内容与投保单的有关内容是否完全一致,如发现有不符或遗漏,应在规定时间内到保险公司办理变更或补充手续,以免在将来引起不必要的麻烦。

四、投保单的内容

投保单又称"投保书""要保书",是投保人向保险人申请订立保险合同的书面要约。投保书是由保险人事先准备、具有统一格式的书据。投保人必须依其所列项目一一如实填写,以供保险人决定是否承保或以何种条件、何种费率承保。投保单本身并非正式合同的文本,但一经保险人接受后,即成为保险合同的一部分。投保人提出保险要约时,均需填具投保单。如果投保单填写的内容不实或故意隐瞒、欺诈,则将影响保险合同的效力。

机动车商业保险投保单一般包括投保人和被保险人情况、驾驶员情况、投保车辆情况、投保险种和期限、特别约定以及投保人签章、标的初审情况等。机动车交通事故责任强制保险投保单一般包括投保人和被保险人信息、投保车辆及相关信息、交强险信息及缴税金额、投保人和保险人申明等。表6-1为某财产保险股份有限公司机动车保险投保单，表6-2为某财产保险股份有限公司机动车交通事故责任强制保险投保单。

表6-1 ××××财产保险股份有限公司机动车商业保险投保单

欢迎您选择××××财产保险股份有限公司投保！在您填写本投保单前，请仔细阅读《机动车商业保险行业基本条款(×条款)》及其附加条款。阅读条款时请您特别注意各保险条款中的保险责任、责任免除、投保人和被保险人义务等内容，并听取保险人就条款(包括责任免除条款)所做的说明。您在充分理解条款后，为保障您的合法权益，须如实、完整、准确地填写本投保单各项内容(请在需要选择的项目前的"□"内划√确定)，并签字确认。谢谢您的合作！

投 保 人				与机动车关系	□所有 □管理
被保险人				与机动车关系	□所有 □管理
证件类型		□居民身份证 □护照 □军人证 □组织机构代码证 □其他		证件号码	
住 址					
邮政编码			联系电话		
是否涉农		□不涉农 □政策性涉农 □商业性涉农			
投保车辆情况	号牌号码		车辆类型		
	所 有 人		住 址		
	品牌型号		使用性质		
	发动机号		注册登记日期		
	车辆识别代码/ 车架号			车辆种类	□国产 □进口
	核定载质量	千克	准牵引总质量	排 量	升
	核定载客	人	驾驶室共乘 人	功 率	千瓦
车辆属性	车辆大类	□家庭自用汽车 □企业非营业客车 □党政机关、事业团体非营业客车 □非营业货车 □摩托车 □拖拉机 □出租、租赁营业客车 □城市公交营业客车 □公路客运营业客车 □营业货车 □特种车 □挂车			
	车辆明细分类	客车类：□6座以下 □6~10座 □10~20座 □20~36座 □36座以上 货车类：□2吨以下 □2~5吨 □5~10吨 □10吨以上 □低速载货汽车 特种车：□特种车型一 □特种车型二 □特种车型三 □特种车型四 摩托车类：□50CC及以下 □50CC~250CC(含) □250CC以上及侧三轮 拖拉机类：□兼用14.7kW及以下 □兼用14.7kW以上 □运输型14.7kW及以下 □运输型14.7kW以上			

(续表)

投保其他情况	上年有责任交通事故		次	上年道路交通安全违法行为		轻微___次,严重___次	
	上年商业险承保公司	□本公司 □其他公司		上年商业车险赔款次数		___次,赔款金额___元	
	驾驶人	指定驾驶人	姓名	性别		年龄	驾龄
		驾驶人1					
		驾驶人2					
		驾驶人3					
	约定行驶区域	□省内 □固定路线 □场内	平均年行驶里程		公里	车身颜色	□黑 □白 □灰 □红 □其他

机动车商业保险投保内容

投保基本条款	□机动车第三者责任保险条款 □家庭自用汽车损失保险条款 □非营业用汽车损失保险条款 □营业用汽车损失保险条款 □特种车保险条款 □摩托车、拖拉机保险条款 □机动车车上人员责任保险条款 □机动车盗抢保险条款

投保险别		保险金额/赔偿限额确定	不计免赔特约条款	保险费/元
基本险	□机动车损失保险(新车购置价/元)	___元	□是 □否	
	□第三者责任保险	___元	□是 □否	
	□机动车盗抢保险	___元	□是 □否	
	机动车车上人员责任险	□驾驶人 ___元/座×__座	□是 □否	
		□乘客 ___元/座×__座	□是 □否	

(续表)

附加险	自燃损失险		□是	□否
	火灾、爆炸、自燃损失险		□是	□否
	新增加设备损失险		□是	□否
	玻璃单独破碎险	□国产　□进口		
	车辆停驶损失险	日赔偿限额__元×__天		
	车身划痕损失险	□2 000　□5 000 □10 000　□20 000	□是	□否
	车上货物责任险		□是	□否
	车轮单独损坏保险		□是	□否
	……			

保险期间：自　　年　月　日零时起至　　年　月　日二十四时止，共　　个月

保险费合计(大写)：　　万　仟　佰　拾　元　角　分(¥　　元)

特别约定	新增设备项目：
保险合同争议解决方式	□提交仲裁委员会仲裁　　□诉讼

投保人声明：上述各项内容填写属实。本人已详细阅读了所投保险种相应的保险条款及特别约定内容，保险人已就保险条款中有关责任免除条款及特别约定内容向本人做了明确说明。本人同意订立本保险合同。

　　　　　　　　　　　　　　　　　　　投保人签章：　　　年　月　日

业务来源确认	□直销业务　□代理业务　□经纪业务　□公估业务员　□网上业务　□其他业务 代理(经纪、公估)人：　　年　月　日　业务员：　　年　月　日
验车验证情况	□已验车(附照片)　□已验证及票据(附相关证件复印件) 　　　　　　　　　　　　　　　　　　初核人：　年　月　日　时　分

经(副)理：　　　　　　　核保员：　　　　　　　录单员：

表6-2　　××××财产保险股份有限公司机动车交通事故责任强制保险投保单

一、投保人、被保险人信息

投保人信息	全称/姓名		联系人		联系电话	
	证件类型	个人：□身份证　□护照　□军官证　□其他			证件号：	
		团体：□组织机构代码　□企业代码 □法人证书　□营业执照　□其他				
	通信地址		邮编		E-mail	

□被保险人信息同上(您无须填写被保险人信息栏)　　□被保险人与投保人信息不同(请您填写不同项)

(续表)

被保险人信息	全称/姓名		联系人		联系电话	
	证件类型	个人：□身份证 □护照 □军官证 □其他			证件号：	
		团体：□组织机构代码 □企业代码 □法人证书 □营业执照 □其他				
	通信地址		邮编		E-mail	

二、车辆及相关信息

行驶证车主		号牌号码及底色	□蓝 □黄 □( )	是否两地牌照	□粤港 □粤澳
牌照类型	□大型汽车 □小型汽车 □挂车 □两、三轮摩托车 □其他(请填写)				
厂牌型号		发动机号		初次登记日期	年 月 日
识别代码(车架号)		排量/功率		核定载客/载质量	人/ 千克
机动车种类	□家庭自用汽车 □企业非营业汽车 □机关非营业汽车 □营业出租租赁汽车 □营业城市公交车 □营业公路客运车 □非营业货车 □营业货车 □特种车车型一 □特种车车型二 □特种车车型三 □特种车车型四 □非营业挂车 □营业挂车 □50CC及以下摩托车 □50CC～250CC(含)摩托车 □250CC以上摩托车及侧三轮 □兼用型14.7kW及以下拖拉机 □兼用型14.7kW以上拖拉机 □运输型14.7kW及以下拖拉机 □运输型14.7kW以上拖拉机				
上年投保交强险信息	承保公司： 保单号： 保险期间： 年 月 日至 年 月 日				
在本司投保情况	□首年投保 □在我司续保 次 □转保( )				
代收车船税	纳税人识别号：				
	□已完税 □免税 □减税 □拒缴，完税凭证号(减免税证明号) ，减免金额 元				
	□保险人代缴，整备质量 千克或总质量 千克		开具税务机关：		

三、交强险信息及缴税金额

交强险赔偿限额	死亡伤残赔偿限额	医疗费用赔偿限额	财产损失赔偿限额	无责任死亡伤残赔偿限额	无责任医疗费用赔偿限额	无责任财产损失赔偿限额
	110 000元	10 000元	2 000元	11 000元	1 000元	100元
保险期间	自 年 月 日0时起至 年 月 日24时止					
保费浮动	与道路交通安全违法行为和道路交通事故相联系的浮动比例：					
保险费	¥： 元			其中救助基金(%)¥： 元		
代收车船税	当年应缴车船税金额¥： 元			当年缴纳车船税期间 年 月至 年 月		
	往年补缴车船税金额¥： 元， 滞纳金¥： 元			补缴车船税期间： 年 月至 年 月		
保险费及车船税合计金额¥： 元						

(续表)

四、投保人申明

本人兹申明在本投保单上填写的内容均属事实,如有隐瞒或与事实不符,贵司可按《保险法》及合同约定进行处理。贵司已对保险条款中各项内容尤其是保险责任、责任免除和投保人、被保险人义务等做了明确说明,本人同意投保并按保险合同约定缴纳保险费。
投保人签章:　　　　　日期:　　年　月　日
若被保险人与本公司发生争议不能达成协议,被保险人自愿采取的解决方式:□诉讼 □仲裁
(约定仲裁机构为:　　　　　)

五、本栏为××××财产保险股份有限公司的内部作业栏,客户无须填写

销售渠道	□柜面业务 □业务员展业 □电话 □网上 □招标 □专业代理 □兼业代理 □营销 □代办所 □寿险代理 □经纪
业务人员	经办人员签名:　　　　经办人员代码:　　　　日期:　年 月 日
验车情况	□免验车 □已验车,验车说明: 检验人员签名:　　　　　　　　　　　　　日期:　年 月 日
核保意见	□同意核保 □不同意核保,原因: 核保人员签名:　　　　核保人员代码:　　　　日期:　年 月 日

六、保险人申明

尊敬的客户,感谢您在本公司投保机动车交通事故责任强制保险,为维护您的合法权益,请确认以下内容。

● 请如实填写投保单:本投保单为保险合同的组成部分,请确认您用蓝、黑色墨水笔如实填写投保单所列的各项内容并亲笔签名,本公司将根据本投保单上各项内容计算保险费。投保单上所列各项内容均为重要事项,如果您未完全履行如实告知义务,本公司有权按《交强险条例》《保险法》及保险合同相关规定处理。

● 请索要保险标识:请注意向保险人索要交强险保险标志,并将保险标志放置在被保险机动车上。

● 请索要正式发票:您按《交强险条例》规定向本公司支付交强险保险费后,请立即向本公司索要正式保险费发票。

第二节 核保实务

　　保险公司在大量承揽业务时,还要保证每笔业务的质量,否则大量不符合要求的风险出现,将使公司赔付率上升,影响公司的正常经营。在我国保险市场逐步形成和完善的过程中,保险公司认识到控制承保业务质量对于保险公司经营的重要性,于是从20世纪90年代开始逐渐强化和完善了核保制度。

一、核保原理

(一) 核保的概念

保险人在承保的过程中必须进行核保。保险核保是指保险人对投保风险进行辨认、评估、定价，并确认保单条件，以选择优质业务进行承保的过程。核保是保险经营过程中最重要的环节之一，对于控制经营风险，确保保险业务的健康发展有十分重要的作用。通过核保，对不同风险程度的风险单位进行分类，按不同标准进行承保、制定费率，从而保证承保业务的质量，保证保险经营的稳定性。

核保原为海上保险用语，在最初的保险经营时期，其含义为保险业务的经营与承保，随着保险业的发展，后来仅指风险选择，其范围由参与整个经营活动，演变为部分的活动，范围逐渐缩小，其技术手段不断提高。风险选择属于保险技术的应用，对于业务经营效益的好坏有直接关系，是保险经营中的重要环节。

在核保工作中，原则上采取内外两重管理机制。首先由保险展业人员(包括业务员和经纪人、代理人)进行初步核保，然后将初步接受的业务交给内部的专业人员审核决定承保与否、承保条件以及费率等。展业部门与核保部门，在立场上是相对的。展业部门力求扩大承保数量，以满足大数法则，同时提高承保增长率和市场占有率，因此业务中难免良莠不齐。保险是一项专业性和技术性较强的工作，鉴于保险公司的业务员与投保人的立场，如要保证每笔业务都符合公司的经营方向及原则，同时扩大业务来源以分散风险，就必须对标的信息及保险合同的内容做进一步的控制，这就要由核保部门来完成这项工作。但在实际的核保工作中，对于具体业务应掌握分寸，把握尺度，防止核保过松、过严。核保过严，虽然对风险控制有利，但是会增加业务费用，抵消展业部门的工作，且过多的拒保将使公司形象受到损害；而核保过松，将会影响公司经营目标及经济效益，不利于公司的发展。因此，在核保工作中，应该全面考虑，统一按照行业规章和公司规定严格执行。

(二) 核保的原则

1. 保证长期的承保利润

(1) 全面、细致、严格地对标的进行核保，争取对优质的业务进行承保，保证公司的经营效益。

(2) 避免片面追求承保数量、忽略业务质量的短期行为，这将影响公司的经营目的和方向，不利于公司的长远发展。

2. 提供优质的保险服务

(1) 提供全方位和多层次的保险服务,保持客户的数量及长期的客户关系。

(2) 为客户设计优化的保险方案,充分满足客户的需要,并不断完善以适应客户对保险的新要求。

(3) 公正对待每一位客户,承保条件和费率对所有的客户一视同仁。

3. 争取市场的领先地位

(1) 根据市场的变化,及时调整公司业务规章,保持在市场上的竞争力。

(2) 通过不断提高承保技术,拓展新的业务领域,努力保持市场的领先优势或争取市场的领先地位。

4. 谨慎运用公司的承保能力

(1) 在条件不成熟或能力不足的情况下,不要盲目承保高风险项目或巨额风险。

(2) 做好巨灾风险的研究工作,积累这类风险的经验,为以后的承保和理赔工作打下基础。

5. 实施规范的管理

(1) 遵守国家法律、地方法规。

(2) 遵守行业规章及公司的制度和市场准则。

6. 有效利用再保险支持

(1) 以确保公司利润为原则,最大限度地利用再保险,而不是片面地依赖再保险支持。

(2) 严格核保,确定自留额以便合理分散风险,争取实现最大的利润及最小的风险代价。

(三) 核保的意义

1. 防止逆选择,排除经营中的道德风险

在保险公司的经营过程中始终存在信息的不完整、不精确和不对称。这种信息的不对称是指投保人或被保险人比较了解或能较精确评估其自身风险,而保险人却较难做到。尽管最大诚信原则要求投保人在投保时应履行充分告知的义务,但是,事实上一直存在信息的不完美和不精确的问题。保险市场信息问题的存在,可能导致投保人或被保险人的道德风险和逆选择,而道德风险与逆选择将给保险公司的经营带来巨大的潜在风险。

保险公司通过建立核保制度，由资深人员运用专业技术和经验对投保标的进行风险评估，通过风险评估可以最大限度地解决信息不对称的问题，排除道德风险，防止逆选择。许多保险欺诈案件中都有一个共同的特点就是投保人在投保时虚构保险利益，在汽车保险业务中反映为高估车辆的实际价值，而这种现象是可以通过认真和专业的核保予以排除的。

2. 确保业务质量，实现经营的稳定

保险公司是经营风险的特殊行业，它经营的是社会的风险，所以，保险公司的经营情况是否良好不仅是保险公司自身的问题，同时也是整个社会的稳定问题。

保险公司要实现经营的稳定，关键的一个环节是控制承保业务的质量。但是，在实际工作中发展与管理始终是相互矛盾的。随着我国保险市场的发展，保险市场竞争日趋激烈，保险公司在扩大业务的同时，经营风险也在不断增大。主要表现为：①为了拓展业务而急剧扩充业务人员，这些新人员的素质有限，无法认识和控制承保业务的质量。②保险公司为了扩大保险市场的占有份额，稳定与保户的业务关系，放松了对拓展业务方面的管理。③保险公司为了拓展新的业务领域，开发一些不成熟的新险种，签署了一些未经详细论证的保险协议，增加了风险因素。而核保制度是保险公司防范、避免和解决上述现象，强化经营风险控制的重要手段。通过建立核保制度，将展业和承保相分离，实行专业化管理，严格把好承保关，可以防止"病从口入"，确保保险公司实现经营的稳定。

3. 扩大保险市场规模，与国际惯例接轨

我国传统的市场运作模式大都是由保险公司的业务人员通过市场营销工作进行的，这种模式在一个特定的历史时期曾经发挥了重要的作用。但是，随着我国市场经济体制改革的深入和加入国际经济一体化的进程，保险市场主体的增加和完善，社会专业分工将成为一个必然的发展趋势，在保险领域表现为保险中介市场的发育和完善。一方面外国的保险中介组织对于中国的市场表现出极大的兴趣，纷纷要求进入中国市场，加入WTO以来，我国逐步向国外的保险中介机构开放。另一方面我国的保险中介力量也在不断壮大，我国的保险中介组织已经初具规模并将成为推动保险业务发展的重要力量。我们在看到保险中介组织对于扩大业务的积极作用的同时，也应当注意到其可能带来的负面影响。由于保险中介组织经营的目的和价值取向的差异以及人员的良莠不齐，保险公司在充分利用保险中介机构进行业务发展的同时，更需要加强保险中介组织的业务，核保制度是对中介业务质量控制的重要手段。因此，保险公司核保制度的建立和完善是配合保险中介市场建立和完善的必要的前提条件。

4. 实现经营目标，确保持续发展

在市场经济条件下，企业发展的重要条件是对市场进行分析，并在此基础上确定企业的经营方针和策略，包括对于企业的市场定位和选择特定的业务和客户群。同样，在我国保险市场的发展过程中，保险公司要在市场上争取和赢得主动，就必须确定自己的市场营销方针和政策，包括选择特定的业务和客户作为自己发展的主要对象，确定对于各类风险承保的态度，制定承保业务的原则、条款、费率等条件。而这些市场营销方针和政策实现的主要手段是核保制度，通过核保制度实现对风险选择和控制的功能，保险公司能够有效地实现其既定的经营目标，并保持业务的持续发展。

二、核保运作

(一) 核保流程

核保工作原则上采取两级核保体制。先由保险展业人员(包括业务员、代理人、经纪人)在展业的过程中进行初步审核，然后将初步接受的业务交由专业核保人员根据各级核保权限进行审核，超过本级核保权限的，报上级公司核保，进而决定是否承保、承保条件以及保险费率等。车险业务核保工作流程，如图6-1所示。

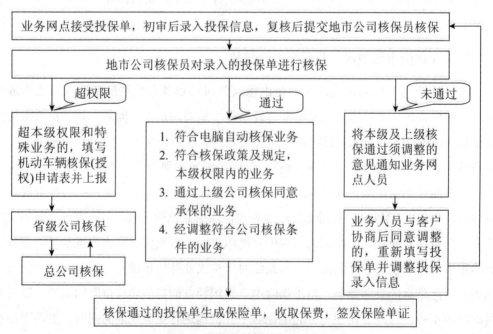

图6-1 车险业务核保工作流程

(二) 核保依据

核保工作的主要依据是核保手册，核保手册包含机动车辆保险业务处理过程中可能涉及的所有文件、条款、费率、规定、程序、权限等。但是，在具体的核保过程中还可能遇到一些核保手册中没有明确规定、涉及的特殊问题，在这种情况下，保险业务人员应当运用保险的基本原理、机动车辆保险的特性、相关的法律法规和公司的经营策略以及自己的经验，通过研究分析来加以解决，必要时可以请示上级核保部门。

(三) 核保方式

核保的具体方式应当根据公司的组织结构和经营情况进行选择和确定，通常将核保的方式分为标准业务核保和非标准业务核保、集中核保和远程核保、事先核保和事后核保等。

1. 标准业务核保和非标准业务核保

标准业务是指常规风险的机动车辆保险业务，按照核保手册就能够进行核保。非标准业务是指具有比较特殊的风险的业务，比如投保车辆具有某种特殊的风险，或者出险概率很大，或者保险金额巨大等，需要进行核保控制，核保手册通常对于这类业务没有明确规定。

机动车辆保险非标准业务主要有保险价值浮动超过核保手册规定范围的业务、特殊车型、军车、外地车和车队业务以及高档车辆投保盗抢险、保额(投保限额)较高的业务等。

计算机技术的发展和应用给核保工作带来很大变化，尤其是智能化计算机的发展和应用，使得计算机已经完全可以胜任对标准业务的核保，应用计算机技术可以大大缓解人工核保的工作压力，提高效率和准确性，加强流程化和标准化控制，减少在核保过程中可能出现的人为负面因素。但是，计算机不可能解决所有的核保问题，尤其是非标准业务的核保必须采用人工核保方式。

2. 集中核保和远程核保

从核保制度发展的过程可以看出，集中核保代表了核保技术发展的趋势。集中核保可以有效地实现标准统一化和业务规范化，最大限度地利用成熟的核保技术和经验。然而，在很长一段时间，集中核保方式面临经营网点分散，缺乏便捷和高效的沟通渠道的困难。

计算机技术的出现和广泛应用，尤其是因特网技术的出现促进了核保领域的革命性进步，使远程核保应运而生。远程核保就是建立区域性的核保中心，利用因特网等现代通信技术，对辖区内的所有业务进行集中核保。这种核保的方式较以往任何一种核保方式均具有不可比拟的优势，它不仅可以利用核保中心核保人的技术优势，还可以利用中心庞大的数据库实现资源共享。同时，远程核保的方式还有利于防范经营过程中的管理疏忽和道德风险。

3. 事先核保与事后核保

事先核保是在核保工作中广泛应用的方式。它是指投保人提出投保申请后，核保人员在接受承保之前对保险标的风险进行评估和分析，决定是否接受承保，在决定接受承保的基础上，根据投保人的具体要求确定保险方案。

事后核保方式主要用于投保标的金额较小、风险较小、承保技术比较简单的业务，或用于直接通过代理点手工出单的业务，如摩托车定额保险、提车险等。保险公司从人力和资金的角度难以做到事先核保，因此采用先承保后核保的方式。一般来说，可以把事后核保看作核保管理工作的一种弥补措施。

(四) 核保内容

核保的主要内容可以分为事前风险选择和事后风险选择，下面主要介绍事前风险选择的内容。

1. 投保人资格

对于投保人资格进行审核的核心是认定投保人对保险标的拥有保险利益，机动车辆保险业务中主要是审核行驶证。目前，我国对于车辆的管理采用"二合一"的方式，即将行驶证作为机动车辆的行驶资格认定凭证，同时作为机动车辆所有权的证明。

机动车辆保险实务中经常会遇到机动车辆名义所有人与实际所有人不符的情况。名义所有人是指购买车辆，或者是进口车辆的当事人，是行驶证上注明的车主。出于种种原因名义所有人并不占有车辆，而将车辆实际所有权(永久性使用权)转移给实际所有人，由实际所有人占有和使用，而这种转移没有或者无法得到车辆管理部门的认可。

对于这种情况应当具体分析。如果机动车辆的实际所有人是合法取得使用权的，并且名义所有人和实际所有人双方已经明确转让权益，即明确在车辆保险项下由车辆的实际所有人负责履行被保险人的义务，同时享有相应的权利，那么认可实际所有人具有投保人的资格。

2. 投保人或者被保险人的基本情况

对于车队业务还要审核投保人或者被保险人的基本情况，目的是了解投保人或者被保险人对车辆管理的技术和经验，具体如下所述。

(1) 是否有专门的安全管理部门。

(2) 是专业运输公司还是企事业机关单位。

(3) 运输公司的业务性质，是以客运为主还是以货运为主。

(4) 车辆主要的行驶区域，当地、省内还是全国或跨境。

(5) 车辆日常行驶距离，是短距离、中长距离还是长距离。

(6) 运输公司的管理模式，是集中经营管理还是承包经营等。

我国保险公司曾发现一些出租汽车保险业务出险频繁、赔付率居高不下的现象，究其原因，发现这些出租汽车公司采用的是"大承包"经营模式，公司基本上没有安全管理措施，驾驶员出于利益驱动，置安全驾驶于不顾，于是频繁发生交通事故。

通过对投保人或者被保险人基本情况的了解，可以对其经营风险进行评估，及时发现其可能存在的经营管理风险，以便采取相应的措施或承保方案来降低和控制风险，做到稳健经营。

3. 投保人或者被保险人的信誉

投保人或者被保险人的信誉是核保工作的重点之一。近几年，机动车辆保险领域中出现了大量的保险欺诈现象，一些不法分子利用虚构保险利益、制造保险事故、伪造事故现场、扩大事故损失等手段，进行诈骗活动，造成保险人的额外损失。此外，目前我国还缺少完善的诚信信息体系，保险人无法获得投保人、被保险人的基本信息，如果保险人疏于管理和有效控制，则会由于投保人、被保险人的不良信誉而无法收回应收账款，增加保险人的经营成本。

因此，对于投保人或者被保险人的信誉调查和评估逐步成为机动车辆保险核保工作的重要内容。评估投保人或者被保险人信誉的一个有效手段是对其以往损失和赔付情况以及投保情况进行了解。那些没有合理原因，却经常更换保险公司的投保人，或经常拖欠缴付保险费的投保人，往往存在较大的风险。

4. 保险标的

车辆损失险及其附加险的保险标的是车辆本身。车辆本身的风险一般体现在以下几个方面。首先是车辆本身的安全性能。有的车辆出于设计或者工艺、销售方面的原因，安全性能较差，使这类车辆的事故率较高。其次是车辆零配件的价格水准。有的车型在当地市场较为罕见，零配件供应较为困难且价格较高。还有一些车辆本身的价格并不高，但是，其"配件与车价比"(指车辆碰撞易损坏件价格与该车型车辆的销售价格比)高于其他同类车型。最后是一些高档车辆和跑车。一方面，高档车辆的维修费用通常较高，而跑车一般由年轻人或喜欢开快车的人驾驶，因此风险较大；另一方面高档车辆的盗窃风险相对较高。

对于上述这些风险，保险公司通常是限制或拒绝承保，或者采取一些特殊的核保方法。如对投保盗抢险的二手高档车辆，一般会采取"验车承保"的方式，即在承保前对投保车辆进行检验，了解车辆使用和管理的情况，复印行驶证、购置税证，验证、拓印发动机和车架号码，并拍照建立车辆档案等。

5. 保险金额

保险金额的确定是机动车辆保险核保中的一个重要内容。保险金额的确定不仅涉及保险公司的利益，即保险费的收取，同时还涉及被保险人的利益，即保险事故的赔偿。一方面，机动车辆保险确定为"不定值保险"，并没有完全解决保险金额的问题，因为在实际工作中，尤其是在理赔的过程中要完全按照保险价值与保险金额的关系进行理算，从技术和实务上均存在一定的难度。另一方面，由于目前我国的保险市场不是十分规范，不正当竞争的现象仍然存在，如果没有一个相对统一的保险金额标准，很容易在实际工作中产生认识上的混乱。以前解决这个问题较为有效的办法是由当地的保险行业公会牵头制定一个当地车辆的市场指导价，各保险公司按照这个公布的指导价，或者在这个指导价的基础上确定保险金额，这样可以在一定程度上规范和统一市场。目前，随着机动车辆保险管理制度的改革，保险行业公会已经不再负责制定当地车辆的市场指导价，而是根据各家保险公司自行制定的机动车辆市场指导价确定保险金额，或者与投保人协商确定机动车辆保险金额。对投保人要求按照低于市场指导价投保的，保险公司应当向投保人明确告知后果，并要求投保人对于自己的要求进行确认，然后在保险的批注栏上注明保险金额投保比例不足。

这种办法解决了长期以来机动车辆保险经营中存在的确定和统一保险金额的问题。但这种方式并不完美，在保险事故构成全部损失和推定全损的情况下，理赔中仍然存在不公平的因素。由于我国"二手车"市场还不发达和完善，所以这个问题暂时还没有更好的解决办法。

目前，随着我国汽车工业的快速发展，竞争日益激烈，厂商不断推出新车型，同时对原有车型大幅降价，致使保险公司通过自身能力无法及时、准确地更新、维护车辆市场指导价。在这种情况下，保险公司迫切需要专业的提供汽车车型、价格信息服务的公司来解决上述问题。目前我国已有专业的提供汽车车型、价格信息服务的公司，如睿尔博汽车信息服务(北京)有限公司、精友时代信息技术发展有限公司等都向保险公司提供专业化的汽车车型、价格信息库、基础数据及更新数据，逐步解决了保险公司在车型、价格信息等方面的更新问题。

6. 保险费

核保人员对于保险费的审核主要分为费率、适用调整因子的审核和计算结果审核。核保人员主要是根据投保人、被保险人的不同风险程度，来选择恰当的费率及调整因子。计算结果审核目前一般由计算机的智能化功能来完成。

7. 附加险或特约条款

基本险格式条款提供的是机动车辆风险共性的保障。但是，不同的风险个体无不具有其特殊性。特殊性往往意味着高风险性。因此，一个完善的保险方案不仅要解决风险共性的问题，更重要的是要解决风险特殊性问题。保险公司对这些特殊风险提供附加险或特约条款。在投保附加险、特约条款时，保险公司应当注意对风险的特别评估和分析，谨慎接受和制定附加险、特约条款。

第三节 缮制和签发单证

一、出具单证

(一) 缮制保险单

(1) 业务内勤接到投保单及其附表后，根据核保人员签署的意见，即可缮制保险单。

计算机制单的，可将投保单的有关内容输入保险单的对应栏目中，同时在保险单"被保险人"和"厂牌型号"栏内登录统一规定的代码，并打印保险单一式三联，计算机出单后不得在保单上涂改，否则无效。若有差误则应重新出单。

保险单原则上由计算机出具，支公司所辖的保险办事处或保险代办机构暂无计算机设备而只能由手工出具的营业单位，必须得到上级公司的书面批准。手工填制保险单必须是保监会统一监制的保单，并按规定填制相应份数。保险单上的印制流水号为保险单号码，手工出单要求字迹清楚，单面整洁，涂改处加盖制单人名章。涂改三处以上的保单，应作废重新出单。所有手工单出单后必须在支公司电脑上补录。

制单完毕后，制单人应在"制单"处签章，并将保单号码转录在投保单及其附表上的"保险单号码"栏内。

无论是手工还是计算机出单，保险单上的所有项目都必须正确填写，不得缺项。手工出具的保单应按规定的统一代码规则及时登录计算机内，保险单填写要素是否完整是保险监管的一项内容。

(2) 特约条款和附加条款，应在保险单正本背面印上或加贴，加贴的条款应加盖骑缝章。

(3) 保险单缮制完毕后，制单人将其连同投保单一起送复核人员复核。

(二) 复核保险单

复核人员接到投保单、保险单及其附表后应认真对照复核。经复核无误后，在保险单上签章。

(三) 开具保费收据

保险单经审核无误后，转财务人员据以打印或用复写纸套写"保险费收据"一式三联。保费收据上的收款金额应与保单上的总保费一致。如果分期交费按实际收费数填写，同时必须在保险单上载明分期交费的日期与金额。

分期交付保费应从严掌握。各分公司应制定分期交付保费的条件与管理权限；首期交付保费的比例不得低于应交保费的20%，分期交付的次数应控制在四次以内。分期交费应在"特别约定"栏内注明违约处理办法；应建立专项登记簿，以便及时催收，应交保险费到期前应通知被保险人按时交付，过期限仍未交付的，则以书面形式通知被保险人，并从实际交付保险费责任期满的次日零时起中止保险合同。对于应收保险费的管理，应符合保险会计原则和监管规定。

分期交付保险费不适用车辆第三者责任险。

(四) 收取保险费

投保人凭保险费收据办理交费手续。收费人员复核保险单无误后，向投保人核收保险费，并在保险单"会计"处和保费收据的"收款人"处签章，同时在保费收据上加盖财务专用章。

如果被保险人没有按约定交费或没有按约定期限履行付费义务，则该保险单不产生效力。

(五) 签发保险单、保险证(担保卡)

机动车辆保险单统一实行一车一单，投保人交费后，业务人员必须在保险单上注明公司名称、详细地址、邮政编码及电话，并加盖保险公司业务专用章。然后，根据保险单填具机动车辆保险证。无论是主、挂车一起投保还是挂车单独投保，挂车都须单独出具有独立保险单号码的保险单。主、挂车一起投保可按多车承保方式处理，给予一个合同号，以方便调阅。挂车填制保险单时，"发动机号码"栏统一填写"无"。

机动车辆保险证应与保险单同时签发，要做到一车一证，及时发送，不得委托保户自填。保险证的填写应与保险单有关项目的内容一致，"险种"一栏填写投保险种的代码，"电话"一栏必须填写公司报案电话，项目须填写清楚、齐全，不得涂改。空白保险证应妥善保管，不得预盖业务专用章。目前，对于保险证智能化问题正在进行专题研究，保险证功能的拓展对提高保险服务质量有积极的意义。

对已经同时投保车损险、第三者责任险、车上人员责任险、不计免赔特约保险的投保人签发保险事故伤员抢救费用担保卡，并做好登记。

(六) 保险单证补录

(1) 手工出单的机动车辆保险单、批单、提车暂保单、定额保单(含代理人用自己电脑出具的暂保单)，必须逐笔补录到公司计算机车险业务数据库中，补录应在出单后10个工作日内完成。

(2) 单证补录前应经专人审核、检查，并由专人输入，业务外勤或经办人不得自行补录。补录内容必须完整、正确。

二、单证的清分与归档

(一) 单证的清分

1. 清分时的操作

对已填具的投保单、保险单、保费收据、保险证，业务人员应进行清理归类，投保单的附表要粘贴在投保单背面，并加盖骑缝章。

2. 清分时的要求

(1) 清分给被保险人的单证有：保险单正本、保费收据(保户留存联)、保险证。

(2) 送计财部门留存的单证有：保费收据(会计留存联)。

(3) 业务部门留存的单证有：保险单副本、投保单及其附表、保费收据(业务留存联)。

(二) 归档统计

1. 登记

业务部门应建立承保登记簿，将承保情况逐笔登记，并编制承保日报表。

2. 归档

留存业务部门的单证，应按下述要求整理、装订、归档。

(1) 每一套承保单证的整理排列顺序为保费收据、保险单副本、投保单及其附表。

(2) 按保险单号码顺序排列(包括作废的保险单)，装订成册，封面及装订要按档案规定办理，并标明档案保存期限。保单装订排列顺序有两种常用方法：一是按照保监会对有关监制单证管理的规定，按统一印刷流水号顺序装订。作废的保险单应盖作废章，并同其他有效单证联号装订。二是按保险单使用打印号(又称保险单号)顺序装订。这两种装订方式各有优势。近年来，因对承保单证实行保监会监制后，在单证管理上的要求就更高了，按出单日期或保险单生效日期的顺序装订是不合格的。

(3) 各种有效单证应指定专人妥善保管，不得遗失，并按规定时间移交档案室管理。

(4) 保险监制单证的使用与管理应符合中国保监会颁发的《机动车辆保险监制单证管理规定》和总公司的有关文件要求。

三、单证管理与统计

(一) 单证管理

机动车辆保险业务的特点是保险合同的数量较大，且应用的单证种类较多，所以单证管理工作显得十分重要。

1. 机动车辆保险单证的类型

机动车辆保险的单证分为两大类：一类是正式的单证，包括投保单、保险单和批单；另一类是相关的单证，包括保险证和急救担保卡以及其他保险抢救卡。

2. 保险单证的管理

保险单证的管理贯穿印制、领用和销毁三个环节。

(1) 单证的印制。单证的印制是单证管理的出发点和基础，应当注意加强对单证印制的管理。首先，应选择一家具有资格以及一定技术和管理水平的印刷厂，要求印刷厂应按照有价单证印刷的管理方式对承印的保险单证进行印刷管理，防止单证从印刷厂流失。其次，对于付印的清样应认真核对，防止出现错误，同时，应对单证统一编制流水号，以便对单证进行集中管理。最后，在印制之后应进行严格的验收和交接，已经验收合格的单证，应立即移交单证仓库。

(2) 单证的领用。应建立保险单证的领用制度。单证的领用制度包括领用单证的审批、领用单证的登记、单证的核销和单证的回收。业务部门在需要领用单证时，按照一定的程序进行申请和审批，单证仓库的管理人员按照审批发放单证。单证仓库应建立严格的进出库制度，建立登记簿以便对单证的发放进行管理，使用登记簿对每一次领用的单证的名称、数量、号码、经办人进行记录。对验收进入仓库单证的编号进行统一的管理，对领用的单证进行核销，跟踪相应编号的保单的去向，并配合业务管理部门对单证的使用进行管理。必须回收作废单证。单证作废的情况有两种：一种是在使用单证过程中发生缮制错误，造成单证作废；另一种是由单证的改版或停止使用造成现有单证的无效、作废。

目前，保险公司普遍建立单证管理系统，对机动车辆保险单证进行管理。单证一经安排印制，即将单证的印制编号登录单证管理系统，其后当单证处于入库、领用、分发、回收等不同状态时，均由单证管理系统进行确认。业务部门签发保险单后，单证管理系统将自动确认单证的签发、作废、核销等状态。单证管理系统对机动车辆保险单证进行管理，可以有效地减少保险公司的人工管理工作，简化单证管理工作的繁杂度，提高管理效率，并能实现保险公司对机动车辆保险单证进行动态管理，及时、有效地掌握机动车辆保险单证在使用中所处的各种状态。

(3) 单证的销毁。为加强对回收的作废单证的管理，防止这些空白的单证流入非法的渠道，保险公司对于作废的单证一般采取集中销毁办法，并对销毁的单证进行登记和记录。

(4) 单证的保存、注销或责任期满的单证应交档案管理部门保存。

(二) 统计报告

保险人应根据有关规定和业务需要对机动车辆保险的情况及各项数据，分类进行日统计、月统计和年统计，亦可根据本地区的实际情况，进行各种专项统计。编制后形成的统计资料，应认真分析研究，妥善保存，以利于今后改进工作时对照考查。必要的统计资料应上报或下发。

第四节 续保与批改

一、续保

保险期满以后，投保人在同一保险人处重新办理机动车辆保险事宜的称为续保。机动车辆保险业务中有相当大的比例是续保业务，做好续保工作对于巩固保险业务来源十分重要。保险公司应指定专人负责续保业务的管理工作。

(一) 通知续保

业务人员应在机动车辆保险合同临近期满前，一般为一个月以前，视情况通过上门、电话、信件等方式向投保人或被保险人及时发出续保通知，督促投保人或被保险人按时办理续保手续。

(二) 核定无赔款优待

为了鼓励被保险人及其驾驶人严格遵守交通法律、法规，安全行车，认真履行防灾减损义务，避免和减少保险事故，我国在机动车辆保险条款中还规定了无赔款优待条款。

无赔款优待条款是指保险车辆在上一保险期限内未发生赔款，在下一年续保时可以享受减收保险费的优惠待遇。但是，为了适应保险市场的激烈竞争，一些保险公司对无赔款优待的适用范围有所扩大。

保险车辆续保时可以享受无赔款优待的条件包括如下内容。

(1) 在上一保险期内未发生过赔款。针对这一点，各保险公司有所不同。有的保险公司把在上一保险期内未发生过任何一个险别的赔款作为续保时核定无赔款优待的必要条件；有的保险公司对于使用相关主险条款及其对应附加险条款保险的，把是否发生该主险及其对应附加险赔款作为核定该主险及其对应附加险续保时是否可以享受无赔款优待的必要条件。

(2) 上一保险期限满一年，本次续保期限满一年。

(3) 在上一保险期内保险车辆未发生所有权转移。

(4) 按期续保。

需要注意：

(1) 被保险人只能享受所续险种的无赔款优待，即上一年度投保而本年度未续保的险种和本年度新投保的险种，均不享受无赔款优待。

(2) 无赔款优待应按辆计算，在同一保险单内未出险的车辆续保时均可享受。

(3) 无赔款优待金额以续保险种本年度应交保险费为计算基数，计算公式为

无赔款优待金额=续保险种本年度应交保险费×无赔款优待比例

投保人或被保险人在办理续保手续时，业务人员应认真查阅原保险单副本、批单副本、立案登记簿，逐车核实有无出险和赔款记录，对符合享受无赔款优待的车辆，计算无赔款优待金额，在保险单特约栏中注明并相应核减应收保险费。如果被保险人在续保时享受了无赔款优待，但事后发现在上一保险期内发生过赔案或期满后补报赔案，应予以追回给予的无赔款优待金额或在支付赔款时扣除已享受的无赔款优待金额。

二、批改

(一) 批改的内容

根据我国《保险法》和各保险公司机动车辆保险条款的规定，在保险合同有效期内，合同主体、客体与内容变更时，被保险人应事先以书面形式通知保险人申请办理批改手续，具体内容包括：

(1) 被保险人变更；

(2) 保险车辆危险程度增减；

(3) 保险车辆变更使用性质；

(4) 所有险种提前退保；

(5) 保险金额增减；

(6) 加保或退保部分险种；

(7) 增加、减少或变更约定驾驶员；

(8) 保险费变更；

(9) 保险期间变更；

(10) 其他事项变更。

上述情况发生变化时，被保险人需申请办理批改手续。

(二) 批改的程序

(1) 投保人或被保险人填具保险事项变更申请表，明确提出要求变更的项目和原因。

(2) 保险人审核变更申请，做出相应决定。

(3) 保险人同意后出具批单，粘贴于保险单正本背面，同时批改变动保险证上的有关内容，并在变动处加盖保险人业务专用章，新的保险合同生效。

(三) 批改的方式

保险单的批改有两种方式：

(1) 在原保险合同上进行批改；

(2) 另外出具批单附贴在原保险单正本、副本上并加盖骑缝章，使其成为保险合同的一部分。

在实际工作中大都采用出具批单的方式，批单应采用统一和标准的格式。

(四) 批改的效力

批改的效力一般规定为：批改的效力优于原文。如存在多次批改，最近一次批改的效力优于之前的批改，手写批改的效力优于打印的批改。

复习思考题

一、简述题

1. 车辆投保应具备哪些条件？

2. 投保人投保时应注意的事项有哪些？

3. 简述承保业务流程和核保业务流程。

4. 核保中的事前风险选择有哪些内容？

5. 核保有什么意义？

6. 简述无赔款优待及其意义。

7. 简述批改的内容与方式。

二、案例分析题

1. 李先生夫妇新购买了一辆现代轿车，购置价(包括各种费用)为人民币18万元。该车由李先生及其夫人驾驶，平时在省内行驶，停放在居住小区内的固定泊位。李先生今年28岁，李夫人27岁，两人均刚拿到驾驶证。

该现代轿车第一年的行驶里程为8 000公里，没有出过任何保险事故，第二年李先生直接在某财产保险公司的营业网点续保机动车辆保险，购买的险种未变，保险金额以车辆实际价值计算(假定现代轿车的市场价格没有变动)。

在第二年的最后一天，李先生倒车时不慎将保险杠刮坏，修理费用为150元。李先生考虑到第三年的保险费，吃不准是否应该向保险公司索赔。

问题：

(1) 请为李先生设计第一年的投保方案，并计算第一年和第二年的保险费。

(2) 请问李先生是否应该索赔？为什么？

2. 赵先生买了一部二手小货车搞运输，小货车的新车价是8万元，赵先生用4万元就买下了。赵先生心想，要是小货车全损的话，保险公司最多只能赔付4万元，要再买部同样的小货车还要付4万元，于是决定同时在甲、乙两家保险公司投保车辆损失险各4万元，万一受损的话，可以从两家公司索赔回来，这样就可以重新买一部新车了。

后来，赵先生到郊外运货不慎撞上了大树并起火燃烧，导致车辆全损。赵先生随后分别向两家保险公司索赔。

问题：

(1) 请问赵先生的投保方式是否正确？为什么？

(2) 请问两家保险公司应该如何赔偿？为什么？

第七章
汽车保险理赔

学习目标

能力目标	● 能够确定事故损失和理算赔款 ● 能够掌握现场摄影技术和绘制现场草图 ● 能够正确填写现场查勘记录
知识目标	● 理解汽车保险理赔的原则和要求 ● 熟练掌握汽车保险理赔的程序 ● 掌握现场查勘的主要内容

引导案例

随着我国汽车保有量的迅猛增长,利用谎报汽车被盗抢、伪造交通事故等各种手段骗取保险赔偿的案件层出不穷,不仅使各家保险公司深受其害,也对汽车保险市场健康发展构成巨大挑战。

2012年5月,北京市海淀公安分局经侦大队历经100多天的调查,确定一个以汽修厂为掩护,与部分车主及个别保险公司业务员相互勾结,通过故意制造事故或扩大损失的手段,利诱保险业务员,利用投诉保险公司、司法诉讼等方式,从保险公司骗取保险金的特大骗保团伙,一举抓获20余名犯罪嫌疑人,查实涉及被害保险公司20余家,涉及骗保案件2 000余宗,涉案金额近700万元。

汽车保险诈骗主要有三类情况:一是伪造交通事故,恶意骗保;二是夸大事故受损事实,把小损失伪造成大损失;三是无证驾驶、酒后驾驶造成交通事故的,本不在理赔之列,当事人却采用延迟报案或冒名顶替等方式骗取保险金。

车险欺诈必然躲不过承保和理赔审核两大环节,这两大环节的规范性操作能有效防止欺诈行为的发生和得逞,至少能减少这类事件。在核保前应对保险标的进行科学评估;加强核赔,坚持双人查勘定损,提高第一现场查勘率;建立岗位轮换制度,防止内外勾结骗取赔款;加强核保核赔人员反欺诈的特别培训,并借鉴国外反保险欺诈的经验,在公司内部设立专职反保险欺诈的部门。

通过本章的学习,我们将了解汽车保险理赔的原则、要求和程序,现场查勘的内容、方法和实施等实务知识。

第一节 车险理赔要求

汽车保险理赔工作是指保险车辆在发生保险责任范围内的损失后,保险人依据保险合同对被保险人提出的索赔请求进行处理的行为。汽车保险理赔涉及保险合同双方的权利与义务的实现,是保险经营中的一项重要内容。近年来,由于汽车设计技术和制造技术的发展完善,加之以电子技术为主的高新技术在汽车上的普及应用,使得现代汽车的结构性能日趋合理,车辆本身原因导致的交通事故比例呈现下降的趋势,而由人为因素引起的交通事故则迅速增加。据统计,各种因素造成交通事故的比率中人的因素是最主要的,约占总事故的95.30%,其中机动车驾驶员的过失造成交通事故的占87.50%,非机动车驾驶员占4.70%,行人、乘客占5.19%,其他人员占2.63%。由于人为因素复杂难辨,这种变化无疑增加了汽车保险理赔工作的难度。

一、汽车保险理赔的原则

汽车作为保险标的，具有被保险人广泛、标的物流动和出险率高等诸多制约理赔工作顺利开展的因素，而汽车保险理赔工作的根本目的是使受损单位和个人在尽可能短的时间内恢复标的使用。因此，为确保理赔工作的快捷与高效，应遵循如下原则。

1. 主动、迅速、准确、合理原则

"主动"是要求保险理赔人员积极主动地深入出险案件现场，在现场查勘和调查了解的基础上对事故的成因、出险的情况有一个比较清晰的认识，并根据合同约定，综合分析事故是否属于保险责任。

"迅速"是要求理赔人员对责任范围内的案件抓紧各个环节处理赔案，按照法律规定的时间及时给予赔付。

"准确"是指理赔人员从查勘情况的真实性、责任审定的正确性、损失确认的客观性和赔款计算方面都应力求准确。

"合理"是要尊重客观事实，使得保险赔偿金的赔付符合保险条款和保险的基本职能与功用。

"主动、迅速、准确、合理"组合起来成为保险理赔工作的"八字"原则。"八字"原则是我国保险公司在长期理赔工作实践中总结出来用以衡量和检查保险理赔工作的标准，其根本的宗旨是提高保险服务水平，创造保险诚信经营氛围，促进保险业健康有序地发展。《保险法》第二十三条规定："保险人收到被保险人或者受益人的赔偿或者给付保险金的请求后，应当及时做出核定；情形复杂的，应当在三十日内作出核定，但合同另有约定的除外。保险人应当将核定结果通知被保险人或者受益人；对属于保险责任的，在与被保险人或者受益人达成赔偿或者给付保险金的协议后十日内，履行赔偿或者给付保险金义务。保险合同对赔偿或者给付保险金的期限有约定的，保险人应当按照约定履行赔偿或者给付保险金义务。保险人未及时履行前款规定义务的，除支付保险金外，应当赔偿被保险人或者受益人因此受到的损失。任何单位和个人不得非法干预保险人履行赔偿或者给付保险金的义务，也不得限制被保险人或者受益人取得保险金的权利。"《保险法》第二十五条规定："保险人自收到赔偿或者给付保险金的请求和有关证明、资料之日起六十日内，对其赔偿或者给付保险金的数额不能确定的，应当根据已有证明和资料可以确定的数额先予支付；保险人最终确定赔偿或者给付保险金的数额后，应当支付相应的差额。"《保险法》的上述内容对保险人履行合同约定、给付保险金的时效做了规定，在实际工作中，理赔人员处理保险赔偿时不仅要做到主动、迅速，还要做到准确、合理。由于该原则是辩证统一的，我们要注意避免因片面追求速度而不做必要的调查了解，造成工作疏忽而出现错赔，或为了准确、合理忽视速度和效率，影响到被保险人的合法权益，不利于社会的稳定。

2. 恪守信用原则

重合同、守信用是理赔过程中应遵循的原则。在保险合同中，对保险关系人之间有关权利和义务的约定都具有法律上的意义，因而在处理赔案时，一定要按照条款约定，坚持重合同、守信用的原则，树立保险的信誉，扩大保险的积极影响。

3. 实事求是原则

不惜赔、不滥赔是实事求是原则在实际工作中的最好体现。保险人在制定保险条款时，无法预料实际生活中可能出现的一些情况。因此，对于一些损失原因复杂的索赔案件，保险人除了按照条款约定处理案件外，更应该实事求是，合情合理地去处理问题，确保保险的保障功能得以充分发挥。另外，实事求是原则的应用还体现在通融赔付上，所谓"通融赔付"，是指按照合同约定，保险人可赔或不可赔的损失，由于一些其他因素的影响，保险人予以全部或部分补偿。通融赔付必须遵循：第一，有利于保险业的稳定与发展；第二，有利于维护保险企业的信誉及市场地位；第三，有利于社会的安定团结。

4. 保险利益原则

保险利益原则是保险合同的重要原则之一，其关系投保人的资格确定，并且直接关系哪些人享有请求赔偿权。如果投保人或者被保险人在保险合同订立和履行的过程中没有保险利益，那么，所订立的合同就成为无效合同，换句话说，标的的完好和损失不会影响投保人或者被保险人的任何利益，因此在发生风险事故时造成标的损失，投保人或者被保险人都不可能获得赔偿。

5. 实际现金价值原则

国际保险业中，保险赔偿的责任一般仅以保险标的损失时的实际现金价值为限。在我国，履行保险赔偿责任的方式有重置、修复、现金等，但是无论从哪种方式上看，归根到底还是用现金来支付赔偿。在实际工作中，往往会遇到一些因时空变化而根本无法重置和修复的标的，保险关系人只能通过协商的现金价值去解决赔偿问题，所以在保险赔偿中，要尽量用"实际现金价值"原则去解决保险赔偿责任问题，以保证保险业长期、稳定经营。

二、汽车保险理赔的意义和作用

保险的基本职能是补偿，而补偿是通过理赔工作来实现的。根据我国保险业的经营方针，理赔工作的意义和作用主要体现在以下几个方面。

1. 保障社会再生产的顺利运行

在社会再生产过程中，各生产部门之间保持合理的比例关系，是社会再生产过程连续进行的必要条件。理赔工作不仅能使受损单位和个人获得经济补偿，更重要的是通过保险理赔能促进社会经济的稳步发展，为社会创造更多的财富。

2. 保障被保险人的合法权益

保险理赔是保险人履行保险合同、进行经济补偿的具体体现。投保人和保险人签订保险合同，缴付保险费，其出发点就是为了规避被保险人所面临的或潜在的风险，以期在风险降临时获得经济补偿。因此，当风险事故发生时，被保险人就应该享有获得经济补偿的权利，而这种权利的获得是保险人通过理赔工作实现的。

3. 提高防灾防损工作质量

防灾防损工作是在损失来临之前，对标的自身和周围环境进行全方位的分析后，为规避风险、降低风险发生系数而采取的一系列措施。而理赔工作属于事后的一种补救工作，可以通过事后的补救工作，总结事故原因，掌握事故发生的规律，改善防灾防损工作的不足，从而提高防灾防损工作的质量。

4. 提高承保质量

保险公司在保险事故发生前，对承保手续是否齐全、保险金额是否恰当、费率是否合理、各标的的风险状况高低与否，都缺乏一定的判断依据，这样则会影响承保费率的确定。但通过理赔，就可以发现各标的的风险状况，根据其风险状况决定是否承保和承保费率，改善承保品质，提高承保质量，保证保险公司的经济效益。

三、汽车保险理赔人员的条件要求

汽车保险理赔工作的技术性、业务性都很强，因此要求从事汽车保险理赔的工作人员必须具备以下条件。

1. 良好的职业道德与礼仪沟通

职业道德是同人们的职业活动紧密联系的符合职业特点所要求的道德准则、道德情操与道德品质的总和。随着汽车保险业务的快速发展，汽车保险理赔人员的职业道德越来越重要，要求理赔人员热爱工作，为人正派，遵纪守法，这直接决定了汽车保险理赔工作的质量和效率以及能否主动、迅速、准确、合理地提供理赔服务。

汽车保险理赔工作中，需要理赔人员同相关各方人员打交道，如客户、修理厂、服务站、医院、同行、交通事故处理部门和司法部门等，这就要求汽车保险理赔人员必须具备社交礼仪和谈判沟通的技巧，以顺利地进行人际交往，顺畅地交流和表达自己的思想，也可促进保险公司同其他部门的交流、开展业务及宣传公司形象。

2. 具备深厚的保险知识

从事汽车保险理赔工作，保险知识是基础。保险知识包括保险原则、保险合同、保险条款、汽车保险特征、理赔流程、相关单证、核赔、赔付指标及风险控制等内容，这些知识是汽车保险理赔人员顺利开展工作的有力保证。

3. 熟悉有关专业知识

汽车保险理赔工作的重要环节是确定事故原因和事故损失。由于车辆设计和制造技术的发展完善，加之电子技术在汽车上的普遍应用，现代车辆的结构性能日趋合理，车辆本身原因导致的交通事故逐渐减少，而由人为因素引起的交通事故则在迅速增加。掌握事故分析的知识有利于汽车保险理赔人员确定事故原因是否属于保险责任，进而准确识别故意事故和意外事故，以有效遏制保险诈骗、降低赔付率。事故损失主要包括车辆损失、人员伤亡损失和财产损失等。车辆知识是确定车辆损失的基础，主要包括车辆构造、电器、维修、诊断检测等知识。确定人员伤亡损失和财产损失时，要求理赔人员了解和掌握相关知识和赔偿标准。

汽车保险理赔人员根据实际工作的需要，还应掌握法律、摄影、绘图、驾驶及计算机等相关知识。

一般来讲，汽车保险理赔的工作质量往往取决于理赔人员对上述专业知识掌握和熟悉的程度。保险公司应全力打造一支素质高、能力强、知识构成合理的汽车保险理赔队伍，提高汽车保险理赔的工作质量，促进汽车保险业务的持续、健康、快速、协调、发展。

第二节 车险理赔的程序与监督

一、汽车保险理赔的程序

(一) 受理案件

受理案件是保险公司接受报案、做好记录并安排人员查勘的过程,是汽车保险理赔工作的第一步。

机动车辆发生保险事故后,被保险人要保护事故现场和施救,并及时向保险公司报案,除不可抗力外,被保险人应在保险事故发生后48小时内通知保险公司。对于在外地出险的,如果保险人在出险当地有分支机构,被保险人可以直接向当地的分支机构报案。目前,全国性的保险公司均建立了"代查勘、代定损"的"双代"制度,能够迅速提供案件受理服务。如果保险人在当地没有分支机构,被保险人就应直接向承保公司报案,并要求承保公司对事故的处理提出具体的意见。报案方式通常有上门报案、电话报案、传真报案等。

首先,保险公司接到被保险人的报案时,应对相关内容进行记录,一般保险公司都事先制定出险报案表,由被保险人或接报案人员填写。然后,向被保险人提供出险通知书和索赔须知,并指导被保险人据实详细填写出险通知书(如为电话报案,应事后补填)。其次,根据保单号码查询保单信息,核对承保情况,对明显不属于保险责任的情况,应向被保险人明确说明和解释,对属于保险责任和不能明确的情况,应及时通知查勘人员进行现场查勘。最后,对符合保险赔偿的案件,应立案登记,并对其统一编号和管理。

(二) 现场查勘

现场查勘是指运用科学的方法和现代技术手段,对保险事故现场进行实地勘察和查询,将事故现场、事故原因等内容完整准确记录的工作过程。现场查勘是理赔工作的重要环节,是保险案件赔付的基础。通过现场查勘采集与事故有关的物证,为保险责任认定准备证据。查明出险原因,掌握第一手资料,取得处理赔案的依据。现场查勘工作一般由两名查勘定损人员共同完成,并视情况通知有关部门参与。在现场查勘工作中,要求查勘定损人员坚持实事求是、秉公办事的原则,按照保险条款确认保险责任范围,熟练掌握现场查勘方法,妥善解决和处理现场查勘过程中的实际问题。

查勘人员接到查勘任务后,应迅速做好查勘准备,尽快赶赴事故现场,会同被保险人及有关部门进行事故现场查勘工作。出发前应做好如下准备工作。

(1) 查阅抄单。确认出险时间是否在保险期限内,对接近保险起止时间的案件,要做出标记,重点核实。明确承保险种、保险金额、责任限额和交费情况。

(2) 阅读报案记录。确认被保险人的名称和保险车辆车牌号,了解出险时间、地点、原因、损失概要,以及被保险人、驾驶员及当事人的联系电话。对事故有一个基本的了解,做到心中有数,以便在查勘过程中有针对性地调查取证,争取主动。

(3) 携带查勘资料及工具。资料主要包括出险报案表、保单抄件、索赔申请书、报案记录、现场查勘记录、索赔须知、询问笔录、事故车辆损失确认书等。工具主要包括笔记本电脑、数码相机、手电筒、笔、记录本等。

(三) 损失确定

损失确定是根据保险合同的规定和现场查勘的实际损失记录,在尊重客观事实的基础上,确定保险责任,然后开展事故定损和赔款计算工作。理赔人员要取得被保险人、公安交通管理部门和消防部门的配合,确认保险事故所造成的损失,包括车辆损失、人员伤亡费用、其他财产损失等。

车辆损失主要是确定维修项目的工时费和换件项目的价格,理赔人员应逐项核实损失项,到事故处理部门进行责任认定和事故调解,制定修复方案,明确修理范围及项目,确定修复费用,并根据招标定修原则,确定维修厂家。当车辆进厂修理经拆解后,又发现其他损坏项目的,理赔人员要进行复勘。

人身伤亡费用要根据事故处理部门认定的责任和调解结果,按道路交通事故的相关规定进行计算,确定被保险人应承担的相应经济责任。

其他财产损失一般按实际损失通过与被害人协商确定。

(四) 赔款理算

赔款理算是保险公司按照法律和保险合同的有关规定,根据保险事故的实际情况,核定和计算应向被保险人赔付金额的过程。理算工作决定保险人向被保险人赔偿数额的多少与准确性,因此,保险公司理赔人员应本着认真负责的态度做好理算工作,确保既维护被保险人的利益,又维护保险公司的利益。理算工作的开展需以被保险人提供的单证为基础,首先核对单证的真实性、合法性和合理性,然后计算赔偿金额。计算完赔款后,缮制赔款计算书,业务负责人审核无误后签署意见和日期,然后送交核赔人员。

被保险人应尽快收集必要的索赔单证,10日内向保险公司申请索赔。若被保险人在两年内不提供单证申请索赔,即作为自愿放弃索赔权益。在索赔时,根据事故的性质要求被保险人提交单证,具体单证见表7-1、表7-2。

表7-1 交强险索赔单证

事故类型	单证代码	单证名称	
仅第三方财产损失	1.2.3.4.5.6.7	1. 出险通知书(签字或公章)	8. 伤残诊断证明、病历、处方、医疗费收据(原件)
		2. 驾驶证(正、副)留存复印件	9. 交通事故评残证明
		3. 行驶证(正、副)留存复印件	10. 交通事故死亡证明及户口注销复印件
第三方财产损失及人员伤亡	1.2.3.4.5.6.7.8.9.10.11.12.13.14	4. 交通事故责任认定书(或证明)	11. 被抚养人户籍证明
		5. 交通事故损害赔偿调解书	12. 伤者及护理人员工资证明及医院护理证明
		6. 修车发票(税检发票)及清单	13. 保单正本
		7. 施救费票据(税检发票)	14. 其他

表7-2 商业险索赔单证

事故类型	单证代码	单证名称	
单方肇事无人员伤亡	1.2.3.4.6.7	1. 出险通知书(签字或公章)	15. 盗抢车辆报告表
		2. 驾驶证(正、副)留存复印件	16. 行驶证原件
单方肇事涉及人员伤亡	1.2.3.4.5.6.7.8.9.10.11.12	3. 行驶证(正、副)留存复印件	17. 附加费(税)证原件
		4. 交通事故责任认定书(或证明)	18. 购车发票原件
双方肇事车损案	1.2.3.4.5.6.7.14.24	5. 交通事故损害赔偿调解书	19. 车钥匙
		6. 修车发票(税检发票)及清单	20. 县级以上公安机关未破获证明
		7. 施救费票据(税检发票)	21. 养路费注销证明
双方肇事车损涉及伤人案	1.2.3.4.5.6.7.8.9.10.11.12.14.24.25	8. 伤残诊断证明、病历、处方、医疗费收据(原件)	22. 权益转让书
		9. 交通事故评残证明	23. 被保险人营业执照或身份证复印件
		10. 交通事故死亡证明及户口注销复印件	24. 第三方交强险赔付资料
盗抢险案件	1.13.14.15.16.17.18.19.20.21.22.23.24.25	11. 被抚养人户籍证明	25. 其他
		12. 伤者及护理人员工资证明及医院护理证明	备注:火灾需提供公安消防部门出具的火灾鉴定报告或证明;水灾需提供气象部门出具的气象证明
		13. 保单正本	
		14. 交强险赔付项目资料(加盖承保公司强制保险赔款专用章)	

(五) 核赔

核赔是在保险公司授权范围内独立负责理赔质量的人员，按照保险条款及公司内部有关规章制度对赔案进行审核的工作。核赔工作的主要内容包括：审核单证；核定保险责任；核定车辆、人身伤亡、其他财产的损失与赔款及施救费用；核定赔款计算。

(六) 赔付结案

赔付结案是指根据核赔的审批金额，向被保险人支付赔款、清分理赔单据、整理案卷的工作，是理赔案件处理的最后一个环节。

二、汽车保险理赔工作的监督

(一) 监督目的

理赔工作是保险人履行车险合同的过程，对保险人的信誉将产生直接和重要的影响。同时，理赔工作也是保险人控制经营风险的一个重要环节，严格地按照保险合同进行理赔是防止滥赔和骗赔、确保公平的前提条件。同时，通过理赔还可以发现承保中可能存在的问题，有针对性地采取改进措施，提升保险人的经营业绩。因此，为了保证理赔工作的顺利开展，强化保险公司内部的经营管理，提高车险产品的质量和服务水平，对车险理赔业务要实行必要的监督管理。

(二) 监督方式

汽车保险理赔工作监督包括外部监督和内部监督两种模式。监督的外部模式即通过中国保险监督管理委员会、各省保监局、全国或者地方保险行业协会的监督，也包括委托外部的审计机构对自身的业务进行专项审计，有的保险公司还聘请社会人士对公司的经营情况进行监督。外部监督的优点是能够确保监督的透明度，真正形成压力，同时，能够在消费者心目中塑造良好的企业形象，增强消费者对企业的信心和信任。监督的内部模式则是通过建立内部监控和管理体系，通过业务、财务和审计，定期和不定期地检查和监督，建立保险公司内部的监督和管理机制。业务部门是开展汽车保险业务的经营和管理部门，同时也是制定规则的部门，有时甚至是承受经营成果的部门。因此，业务部门对业务进行监督和管理的专业性较强，具有责任和利益的双重压力。财务和审计部门对汽车保险业务进行监督和管理也是十分必要的。通过财务数据的采集和分析，可以从经营成果、成本结构等宏观方面了解和控制经营情况，审计部门可以结合年终、专项和离任审计等形式，对汽车保险经营的局部进行深入的审计，从而了解经营中可能存在的问题，主要包括个性和共性两个方面的问题。

(三) 赔案周期

赔案周期是指保险事故案件处理的周期，原则上是指从保险事故发生到保险公司向被保险人支付赔款的期间。整个案件的处理过程可以分为事故的外部处理期间和保险公司内部处理期间。外部处理期间是指有关部门对于一个属于保险事故的交通事故进行处理的周期。内部处理期间是指保险公司在接到被保险人提供的索赔资料之后，进行理算和处理的周期，主要取决于保险公司理赔部门的管理水平和理赔人员的工作效率。

我国《保险法》第二十三条规定："保险人收到被保险人或者受益人的赔偿或者给付保险金的请求后，应当及时做出核定；情形复杂的，应当在三十日内做出核定，但合同另有约定的除外。保险人应当将核定结果通知被保险人或者受益人；对属于保险责任的，在与被保险人或者受益人达成赔偿或者给付保险金的协议后十日内，履行赔偿或者给付保险金义务。"可以看出，理赔中时限起点的确定很重要，不是以出险时刻为起点，也不得以"达成协议"为由拖延时间。从汽车保险业务的客观实际出发，应当是理赔人员收到全套索赔单证后，就向被保险人签发接收单证的凭证，并以此作为计算时限的起点。

(四) 影响赔案周期的因素

1. 外部因素

外部因素通常是指非保险公司的因素，主要是交通事故处理部门的处理周期。在交通事故的处理过程中包括对责任和损失的认定。责任认定较为简单，只要对事故现场进行认真的调查，参照有关的法律法规就可以进行。而对损失的认定往往就复杂得多，交通事故的损失一般分为两部分：车辆损失和人身伤亡。事故车辆的修理本身需要一定的时间，而且有的车辆在修理过程中需要采购大量零配件。目前，制约修理工期的主要因素是一些进口车辆等待从外地购买甚至从国外进口配件需要较长时间。人身伤亡损失的认定则需要待伤员痊愈出院后才能最后确定，有的重伤员痊愈需要数月，甚至一年以上的治疗和康复期，而只有待伤员痊愈出院之后才能确定医疗费用和伤残程度。这些外部因素常常在相当大的程度上制约着保险事故处理的周期。

2. 内部因素

内部因素是指保险公司在接到被保险人提供的索赔资料之后进行内部理赔、核赔和支付赔款的过程。保险公司内部应建立有效的管理机制，包括内部各个环节的工作时限制度、监督和责任追究制度。同时，应当注意提高理赔人员的业务水平，避免由于技术因素使效率降低，还要对理赔人员加强职业道德教育，增强服务意识。

(五) 未决赔案的管理

未决赔案是指已经发生的属于保险责任范围内而出于各种原因尚未赔付结案的案件。保险公司在经营过程中出现和存在一定数量的未决赔案是正常的，但有些则是不正常的。

1. 未决赔案的管理程序

未决赔案的管理包括立案、撤案和结案三个环节。首先，应当加强对立案的管理。有的公司将报案等同于立案，这是造成未决赔案管理混乱的一个原因。有许多报案由于各种原因最终没有立案，如错报、不属于责任范围、因免赔额或者续保优待因素放弃索赔等。其次，应加强对撤案的管理。立案后也可能由于各种原因没有进行索赔或者处理，在这种情况下应说明原因，及时将已经立案的案件撤销。最后，还应加强对结案的管理。在案件处理结束之后，应对有关资料进行统计并核销立案。

未决赔案管理的关键是确保上述三个环节的资料统一、准确和及时，应采用专人负责的方式，及时地对有关资料进行统计并录入计算机。通常每个月进行一次统计分析，并上报有关部门。

2. 未决赔案产生的原因

未决赔案通常分为两类，一类是正常原因造成的未决赔案，另一类是非正常原因造成的未决赔案。应注意加强对非正常原因未决赔案的分析，非正常原因有外部因素和内部因素，但主要是内部因素，这些因素包括管理方面的问题、技术方面的问题以及服务质量方面的问题。分析的目的是要了解造成案件非正常解决的原因，以便解决问题，降低非正常未决赔案的比例。

(六) 内部控制制度

保险公司可以通过内部控制制度实现对理赔工作的监督，确保理赔工作的质量。

这些内部控制制度包括以下几个方面。

1. 定期检查制度

定期检查制度即由公司内部的职能部门定期对经营单位进行全面的业务综合检查。检查的内容包括理赔工作的各个方面，如查勘定损工作、案件理算工作、案件管理工作和赔款支付工作等，目的是定期了解经营单位的经营情况，及时发现和解决问题。

2. 专项检查制度

专项检查制度是指针对经营过程中发现的问题进行专门检查，以了解问题存在的范围和影响程度，并提出解决问题的办法。

3. 案件回访制度

案件回访制度是针对某些特定的客户群或者特殊类型的案件，在理赔工作结束之后进行回访，如出租车索赔案件、重大案件、被保险人投诉案件结案之后，对被保险人进行专门回访，目的是了解这些特定群体和个体的被保险人对保险公司理赔工作的意见和建议，以便有针对性地改进理赔服务。

4. 客户满意度调查制度

客户满意度调查通过定期或者不定期对被保险人进行问卷调查，以全面了解被保险人对保险公司各方面工作的满意程度。被保险人对保险公司理赔服务的满意程度应作为问卷调查的一个主要方面。通过发放和回收问卷，并对回收的问卷进行统计和分析，可以发现问题，提出改进措施，改善服务水平。

第三节 现场查勘的内容与方法

一、现场查勘的意义、要求及目的

承保车辆出险后，需要及时进行现场查勘，查勘定损人员所采用的现场查勘技术是否科学、合理，是现场查勘工作成功与否的关键，直接关系事故原因的分析与事故责任的认定。现场查勘是证据收集的重要手段，是准确立案、查明原因、认定责任、保险赔付、案件诉讼的重要依据。因此，现场查勘在保险事故处理过程中具有非常重要的地位。

(一) 交通事故现场

交通事故现场(以下简称现场)是指发生交通事故的车辆及与事故有关的车、人、物遗留下的同交通事故有关的痕迹证物所占有的空间。现场必须同时具备一定的时间、地点、人、车、物五个要素,它们的相互关系与事故的发生有因果关系。

根据实际情况,现场一般可分为原始现场、变动现场和恢复现场。

(1) 原始现场是指发生事故后至现场查勘前,没有发生人为或自然破坏,仍然保持发生事故后的原始状态的现场,也称第一现场。这类现场的取证价值最大,能较真实地反映事故发生的全过程,是最理想的出险现场。

(2) 变动现场是指发生事故后至现场查勘前,由于受到人为或自然原因的破坏,使原始状态发生了部分或全部变动的现场,也称移动现场。由于现场证物遭到破坏,不能反映事故的全过程,给事故分析带来困难。导致现场变动的原因如下所述。

① 为抢救伤者或排除险情而移动车辆,变动了现场的原始位置。

② 执行任务的消防、救护、警备、工程救险车辆肇事后,因任务需要驶离现场。

③ 过往车辆和行人及现场围观群众破坏。

④ 自然原因(刮风、下雨、下雪、日晒等)。

⑤ 主要交通干道或繁华地段发生的事故,需及时疏导交通而移动肇事车辆及相关证物。

⑥ 当事人为了逃避责任或进行保险诈骗,对现场进行破坏和伪造。

⑦ 当事人为逃避责任驾车逃逸。

(3) 恢复现场是指事故现场撤离后,为分析事故或复查案件,根据现场调查的记录资料重新布置恢复的现场。恢复现场有两种情况,一是对上述变动现场,根据现场分析、证人指认,将变动现场恢复到原始现场状态;二是原始现场撤除后,因案情需要,根据原现场记录图、照片和查勘记录等材料重新布置恢复现场。

(二) 现场查勘的意义

1. 现场查勘是重大交通事故案件刑事及民事诉讼程序的重要环节

交通事故立案、调查、提起公诉和审判是刑事诉讼活动的四项程序。现场查勘是刑事诉讼第一、二道程序中的重要环节。因此,事故发生后,必须对现场、肇事车辆、物品、人员损伤、道路痕迹等进行现场调查。

2. 现场查勘是保险赔付的基础工作

保险车辆一旦发生交通事故，就涉及赔付问题。只有通过现场查勘，才能确定事故的真伪、事故原因及事故态势，确定赔付的基本依据和是否为骗保案件。

3. 现场查勘是事故处理的起点和基础工作

只有通过严格细致的现场查勘，才能准确揭示事故的产生、发展过程，通过对现场留下的痕迹物证等物理现象的分析研究，发现与事故有关联的逐项内在因素。也只有通过周密的现场查勘、询问当事人、证明人等调查活动，才能掌握第一手材料，对案情做出正确的判断。

4. 现场查勘是搜集证据的基本措施

车辆交通事故是一种纯物理现象，交通事故的发生必然引起现场内客观事物的变化，在现场留下痕迹物证。因此，对现场进行细致、反复地查勘，对现场遗留下的各种痕迹物证加以认定和提取，经过检验与核实就成为事故分析的直接证据。

5. 现场查勘是侦破交通肇事逃逸案件的重要环节

交通肇事逃逸的行为不可避免地引起现场交通要素的变化，留下痕迹和物品。通过现场查勘取得的各种痕迹物品等证据，是分析案情、揭露逃逸人的特征、侦破逃逸案件的重要依据。

(三) 现场查勘的要求

(1) 及时迅速。现场查勘具有很高的时间要求，要抓住案发不久、痕迹比较清晰、证据未遭破坏、证明人记忆犹新的时机，取得证据。如果到案不及时，就可能使现场出于人为和自然的原因遭到破坏，给查勘工作带来困难。因此，事故发生后查勘人员要尽快到达现场。

(2) 细致完备。现场查勘一定要做到细致完备、有序，在查勘过程中，不仅要注意发现明显的痕迹物证，还要特别注意发现与案件有关的不明显的痕迹物证。切忌走马观花、粗枝大叶的工作作风，以免由于过失使事故复杂化，进而使事故处理陷入困境。

(3) 客观全面。要遵守职业道德，坚持客观、科学的态度进行现场查勘，尽量防止和避免出现错误的查勘结果。

(4) 遵守法定程序。严格遵守《道路交通事故处理程序》和《道路交通事故痕迹物证勘验》的规定，爱护公私财物，尊重被询问人、访问人的权利，尊重当地的风俗习惯，注意社会影响。

(四) 现场查勘的目的

(1) 查明事故原因和经过，获取第一手材料。通过对现场道路和周围环境的查勘、拍摄和对当事人的讯问和调查访问，可以查明导致事故的主观、客观原因，取得理赔工作的第一手材料。

(2) 确定保险责任范围。通过现场查勘、调查、拍摄、记录等工作，用大量事实证明交通事故的性质、类型以及结果，有利于保险责任和责任范围的确定。

(3) 认定损失。现场的各种痕迹、物证和现场人员的询问证词，都是反映事故真实情况的证据，为认定各种物证之间的联系和确定损失提供依据，排除非本次事故造成的损失，避免扩大赔付范围。

二、现场查勘的主要内容

现场查勘的主要内容包括查明出险时间、出险地点、出险车辆、驾驶员、事故原因、施救受损财产以及核实损失情况等。

(一) 查明出险时间

查明出险时间是否在保险有效期限内，对接近保险起止时间出险的案件，应特别慎重，认真查实，排除道德风险。要详细了解车辆启程或返回的时间、行驶路线、委托运输单位的装卸货物时间、伤者住院治疗时间等。同时，对出险时间和报案时间进行比对，看是否超过48小时，并查明是否存在因未及时报案而造成损失扩大的情况。

(二) 查明出险地点

出险地点分为高速公路、普通公路、城市道路、乡村便道和机耕道、场院及其他。查勘时应认真地详细写明出险地的地址(如：××公路××km+××m、××路××街××号、××省××市××县区××乡××村××道路段，或参照交警部门认定的事故地点表述方法)，并记录出险地邮政编码。要查验出险地点与保险单约定的行驶区域范围是否相符。对擅自移动现场或谎报出险地点的，要核对车损与出险现场痕迹，并查明现场移动原因，排除道德风险。

(三) 查明出险车辆情况

查实出险保险车辆及第三方车辆的车型、号牌号码、发动机号码、VIN码/车架号码、行驶证，详细记录事故车辆已行驶公里数、车身颜色，并与保险单或批单核对是否相符。查实保险车辆出险时使用性质与保单载明的是否相符，以及是否运载危险品，车辆结构有无改装或加装。对保险车辆出险时运输货物的所有人情况及运输的吨位、件数等货物情况(包括运单或发票)进行拍照或复印备查，并请驾驶人员现场予以核对、确认签字。

对在保险期限内，保险车辆改装、加装或非营业用车辆从事营业运输等导致保险车辆危险程度增加的，且未及时书面通知保险人的，对因保险车辆危险程度增加发生的保险事故，保险人不承担赔偿责任。

(四) 查明驾驶员情况

要查清驾驶员的姓名、驾驶证号码、准驾车型、初次领证日期、职业类型等。注意按条款规定检验驾驶证：检验驾驶员是否为被保险人或其允许的驾驶员或保险合同中约定的驾驶员；特种车出险要查验驾驶员是否具备国家有关部门核发的有效操作证书；对驾驶营业性客车的驾驶人员要查验是否具有国家有关行政管理部门核发的有效资格证书。对在保险合同中约定驾驶员的，出险时要进行核对，若系非约定的驾驶员驾驶保险车辆发生事故，应在《现场查勘记录》中注明。

(五) 查明事故原因

要深入调查，采取多听、多问、多看、多想、多分析的办法，索取证明，搜集证据。有驾驶人员饮酒、吸食或注射毒品、被药物麻醉后使用保险车辆或无照驾驶、驾驶车辆与驾驶证准驾车型不符、超载等嫌疑时，应立即协同公安交警部门获取相应的证人证言和检验证明，并立即启动"疑难案件"处理办法。事故原因应说明是客观因素，还是人为因素；是车辆自身因素，还是受外界影响；是违章行为，还是故意行为或违法行为。凡是与案情有关的重要情节，都要尽量收集、记载，以反映事故全貌，在定损过程中作为重要依据。

(六) 确定损失情况

查清受损车辆、货物及其他财产的损失程度，对无法进行施救的货物及其他财产等，必要时在现场进行定损，并注意查清投保车辆出厂时的标准配置，估计损失金额。对涉及人员伤亡的案件，还必须确认人员抢救及治疗的医院及其伤害程度，有条件的公司应启动"人伤案件"处理办法，及时掌握和估算人伤损失情况。

要查清事故各方所承担的责任比例，同时还应注意了解保险车辆有无在其他公司重复保险的情况，以便理赔计算时按比例与其他公司分摊赔款。

对重大复杂的或有疑问的案件，要走访现场见证人或知情人，弄清真相，同时在《现场查勘记录》中做出询问记录，并由被询问人过目签字。

三、现场查勘的方法

现场查勘所采用的主要方法有沿车辆行驶路线查勘法、由内向外查勘法、由外向内查勘法、分段查勘法。

沿车辆行驶路线查勘法要求事故发生地点的痕迹必须清楚，以便能顺利取证、摄影、丈量与绘制现场草图，进而能准确地确定事故原因。由内向外查勘法适用于范围不大、痕迹与物件集中且事故中心地点明确的现场，可由事故中心点开始，按由内向外的顺序取证、摄影、丈量与绘制现场草图，进而确定事故原因。由外向内查勘法适用于范围较大、痕迹较为分散的出险现场，可按由外围向中心的顺序取证、摄影、丈量与绘制现场草图，进而确定事故原因。分段查勘法适用于范围大的事故现场，此时，先将事故现场按照现场痕迹、散落物等特征分成若干的片或段，分别取证、摄影、丈量与绘制现场草图，进而确定事故原因。

四、现场查勘工作的实施

现场查勘的实施途径包括现场勘验和现场访问。现场勘验包括现场道路环境勘测、事故车辆检验、事故痕迹调查、人身伤害调查等。现场访问主要通过事故当事人、见证人、目击者了解与事故有关的情况。现场查勘的同时，要制取能够反映事故现场查勘结果的现场记录资料，主要形式有现场照片、现场草图、现场询问笔录，有时还有现场录音和录像资料。现场查勘工作主要包括收取物证、现场摄影、现场丈量、现场草图绘制和填写现场查勘记录等。

(一) 收取物证

物证是分析事故原因最客观的依据，收取物证是现场查勘的核心工作。事故现场物证的类型有散落物、附着物和痕迹。

(1) 散落物。可分为车体散落物、人体散落物及他体散落物三类。车体散落物主要包括零件、部件、钢片、木片、漆片、玻璃、胶条等；人体散落物主要包括事故受伤人员的穿戴品、携带品、器官或组织的分离品；他体散落物主要包括事故现场人、车之外的物证，如树皮、断枝、水泥、石块等。

(2) 附着物。可分为喷洒或粘附物、创痕物与搁置物三类。喷洒或粘附物主要包括血液、毛发、纤维、油脂等；创痕物主要包括油漆微粒、橡胶颗粒、热熔塑料涂膜、反光膜等；搁置物主要包括织物或粗糙面上的玻璃颗粒等。

(3) 痕迹。可分为车辆行走痕迹、车辆碰撞痕迹及涂污与喷溅痕迹三类。车辆行走痕迹主要包括轮胎拖印、压印和擦印等；车辆碰撞痕迹主要包括车与车之间的碰撞痕迹、车与地面之间的碰撞与擦刮痕迹、车与其他物体间碰撞与擦刮痕迹；涂污与喷溅痕迹主要包括涂抹与喷溅的油污、泥浆、血液、汗液、组织液等。

(二) 现场摄影

现场摄影是真实记录现场和受损标的客观情况的重要手段之一，可以直观反映现场的情况，是处理事故的重要证据。因此，现场摄影成为现场查勘的重要工作。

1. 摄影内容

(1) 现场方位、概览、重点、细目摄影；
(2) 现场环境、痕迹勘验、人体(受伤部位)摄影；
(3) 道路及交通设施、地形、地物摄影；
(4) 分离痕迹、表面痕迹、路面痕迹、衣着痕迹、遗留物、受损物规格/编码摄影；
(5) 车辆检验(车架号、发动机号)、两证(行驶证、驾驶证)检验摄影。

2. 摄影步骤

按照现场方位、现场概貌、重点部位以及损失细目的顺序摄影，要注意彼此联系、相互印证。

3. 摄影原则

(1) 先拍摄原始状况，后拍摄变动状况；
(2) 先拍摄现场路面痕迹，后拍摄车辆上的痕迹；
(3) 先拍摄易破坏、易消失的痕迹，后拍摄不易破坏和消失的痕迹。

总之，要根据实际情况，既能说明事故的保险责任，又能详细反映事故损失，灵活运用各种摄影方法，坚持节省原则，以最少的照片数量反映现场最佳的效果。

4. 摄影要求

(1) 数码相机、胶片相机的日期顺序调整为年、月、日、时、分、秒,照片日期必须与拍摄日期一致,严禁调整相机日期;

(2) 相机的焦距调整准确,光线适用得当,全面反映受损范围和程度;

(3) 照片能够反映事故现场全貌,有明显的参照标志物,如路标、建筑物等,以便确定大致方位,顺车辆运动方向(包括刹车痕迹)进行拍摄;

(4) 按先远后近、先外后内、先左后右、先上后下、先全貌后配件的顺序拍摄存档;

(5) 拍摄好两个45度照片,前45度的照片反映侧面和前牌照,后45度照片反映另一侧面和后牌照;

(6) 需要更换或修理的零部件、部位均须进行局部特写拍照,总成或高价值的零部件必须有能反映损伤、型号规格或配件编码的单独照片;

(7) 解体后发现内部损失的,必须对事故部位补拍照片,并能反映事故损伤原因;

(8) 对照片不能反映出的裂纹、变形,要用手指向损坏部位拍照或对比拍照或标识拍照,并能反映损伤原因,尤其对事故造成轴、孔损伤拍摄的,要有实测尺寸照片;

(9) 拍摄VIN码或玻璃照片时注意光线反光;

(10) 受损货物、路产照片应反映出财产损失的全貌及损失部位,多处受损应分别拍摄;带包装的物品受损应将包装拆下后拍摄,并注意拍摄包装物上的数量、类型、型号、重量等;价值较高的货物在分类后单独编号拍摄。

(三) 现场丈量

1. 确定现场方位

现场丈量的首要工作是确定事故现场方位,方位应以道路中心线与指北方向的夹角来表示,如果事故路段为弯道,以进入弯道的直线与指北方向夹角和转弯半径来表示。

2. 定位事故现场

事故现场的定位方法有三点定位法、垂直定位法、极坐标法等。三种定位方法首先都需要选定一个固定现场的基准点,基准点必须具有永久的固定性,比如可选择有标号的里程碑或电线杆。三点定位法是用基准点、事故车辆某一点以及基准点向道路中心线作垂线的三个交点所形成的三角形来固定现场位置,所以只需要量取三角形各边的距离即可;垂直定位法是用经过基准点且平行于道路边线的直线与经过事故车辆某一点且垂直于道路边线的直线相交所形成的两个线段来固定事故现场,所以只需要量取基准点与交点、交点与事故车辆某一点两条线段的距离即可;极坐标法是用基准点与事故车辆某一点连接形成线段的距离以及线段与道路边线垂直方向的夹角来固定事故现场,所以该方法只需要量取线段长度和夹角度数即可。

3. 丈量现场

事故现场丈量主要包括道路丈量、车辆位置丈量、制动印痕丈量、事故接触部位丈量和其他丈量。

(1) 道路丈量。一般需要丈量道路的路面宽度、路肩宽度以及边沟的深度等参数。

(2) 车辆位置丈量。事故车辆位置用车辆的四个轮胎外缘与地面接触中心点到道路边缘的垂直距离来确定,所以只需量取四个距离即可,车辆行驶方向可根据现场遗留的痕迹判断,如从车上滴落油点、水点,一般其尖端的方向为车辆的行驶方向。

(3) 制动印迹丈量。直线形制动印痕的拖印距离直接测量即可;弧形制动印痕的拖印距离量取,一般是先四等分弧形印痕,分别丈量等分点至道路一边的垂直距离,再量出制动印痕的长度。

(4) 事故接触部位丈量。事故接触部位是形成事故的作用点,是事故车辆的变形损坏点,因此,可根据物体的运动、受力、损坏形状以及散落距离等因素科学地判断事故接触部位。对事故接触部位丈量时,一般应测量车与车、车与人或车与其他物体接触部位距地面的高度、接触部位的形状大小等。

(5) 其他丈量。如果事故现场还有毛发、血皮、纤维、车身漆皮、玻璃碎片、脱落的车辆零部件、泥土、物资等遗留物,并且遗留物对事故认定起着重要的作用,则一并需要丈量遗留物散落的距离或粘附的高度等。

(四) 现场草图绘制

对重大赔案的查勘应绘制事故现场草图。现场草图一般为简单的平面图,辅以适当的文字说明,能够反映事故车的方位、道路情况以及外界影响因素,实质上是明确保险车辆事故发生地点和环境的小范围地形图。因此,现场草图是研究分析事故原因、判断事故责任、准确定损、合理理赔的重要依据,现场草图不仅要使绘图者能看懂,更重要的是能使别人看懂,使没有到过出险现场的人,能从现场草图中了解出险现场的概貌。

1. 现场草图的种类

现场草图根据制作过程可分为现场记录图和现场比例图。

(1) 现场记录图。现场记录图是根据现场查勘程序,在出险现场绘制、标注,当场出图的出险现场示意图。它是现场查勘的主要记录资料。在一般情况下,通过平面图和适当的文字说明,即可反映出险事故现场的概貌。有时,为了表达出险事故现场的空间位置和道路纵、横断面几何线形的变化,也常采用立面图和纵横剖面图。

(2) 现场比例图。现场比例图是根据现场记录图所标明的尺寸、位置,选用一定比例,按照绘图要求,工整、准确地绘制而成的正式现场比例图。它是理赔或诉讼的依据。

2. 现场草图的绘制要求

现场草图应在出险现场当场绘制,不要求十分工整,但要求内容完整,尺寸数据准确,物体位置、形状、尺寸、距离的大小基本成比例。具体要求包括:
(1) 使用道路交通元素符号;
(2) 标明事故地点、道路名称及公里数;
(3) 标明路面宽度和事故车辆与路面的相对位置;
(4) 事故车辆倾覆时,必须标明翻转方向;
(5) 事故涉及的弯道、坡路、桥梁、涵洞、路口,应准确、清晰地标明。

(五) 填写现场查勘记录

现场查勘工作非常重要,而现场查勘的内容繁杂,为规范查勘工作,同时防止查勘人员疏忽某些细节,保险公司一般都制定《机动车辆保险事故现场查勘记录》(简称《现场查勘记录》),如表7-3所示,查勘人员根据现场查勘情况如实填写。

表7-3 机动车辆保险事故现场查勘记录

保单号码:

保险车辆	厂牌型号:	发动机号:	车辆登记日期: 年 月 日
	车牌号码:	车架号(VIN):	已使用年限:
驾驶员姓名:		驾驶证号:	
初次领证日期: 年 月 日	性别:□男□女	年龄:	准驾车型:□A□B□C□其他
出险时间: 年 月 日 时	出险地点: 省 市(县)		
查勘时间: 年 月 日 时	查勘地点:		是否为第一现场:□是□否
赔案类别:□一般□特殊□简易□双代(□委托外地查勘□外地委托查勘)□其他( )			
出险原因:□碰撞□倾覆□火灾□爆炸□空中运行物体坠落□雷击□雹灾□暴雨□洪水□其他( )			
涉及险种:□车损险□三者险□盗抢险□玻璃单独破碎险□自燃损失险□车上人员责任险□其他( )			
标的检验:□是□否	保险责任:□是 □否	预计责任划分:□全部□主要□同等□次要 □无责□单方	

(续表)

三者车辆	厂牌型号：		车牌号码：		车辆初次登记日期：	年 月 日
伤亡人数	车上人员：伤人；亡人		三者人员：伤人；亡人		三者物损：□有□无	
查勘人意见(事故经过、保险责任认定)：						
					查勘定损员(签字、盖章)：	
事故估损金额	总金额：	其中：车损金额：		三者金额：	其他损失金额：	
	保险损失金额	车辆损失险	标的损失：	第三者责任险	车辆：	附加险
			施救费：		人员：	
			吊车：拖车：其他：		财产：	

事故现场草图

制图人：

询问笔录中的被询问人：	联系地址：	联系电话：

被询问人签字：   时间：

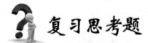

复习思考题

一、简述题

1. 汽车保险理赔工作应遵循哪些原则？
2. 从事汽车保险理赔工作的人员应具备哪些条件？
3. 汽车保险理赔的工作程序有哪些？
4. 简述汽车保险理赔工作的监督目的和监督方式。
5. 交通事故现场有哪几类？
6. 现场查勘工作的意义有哪些？
7. 简述现场查勘的主要内容。如何实施？

二、案例分析题

1. 李某将其家庭自用轿车向保险公司投保，保险期限内发生保险事故，造成第三者赵某腿部受伤，住院治疗费用达4万多元。出险时李某仅向交警队报案，但未告知保险公司。赵某半年后痊愈出院，李某凭交警队的事故责任认定书、损害赔偿调解书和伤者住院治疗费发票、住院证明等有关索赔单证到保险公司索赔。

请问保险公司是否应赔偿？

2. 运输户张某将其购买的一辆厢式货车向保险公司投保，保险期限一年。该货车在保险期限内出险，造成车辆损失和第三者人员受伤。保险公司查勘人员认定属于保险责任范围，核定车辆损失5 000元，张某提供的第三者住院治疗费发票金额为23 000元，在理算过程中，保险公司发现张某多开医疗费发票金额9 000元，属于骗赔行为，保险公司据此向张某签发了全案拒赔通知书。张某承认自己确实提供了虚假发票，保险公司可对9 000元拒赔，但其余部分仍应赔付。由于双方协商不成，张某将纠纷诉至法院。

请问保险公司应如何赔偿？

第八章
汽车保险事故损失确定

学习目标

能力目标	• 能够掌握保险事故中车辆损失确定的程序及方法 • 能够掌握保险事故中人身伤亡的赔付标准 • 能够掌握保险事故中其他损失的确定方法
知识目标	• 掌握车辆损失确定的原则及程序 • 掌握车辆定损应注意的问题 • 掌握人员伤亡费用的范围及赔偿方式 • 了解施救费用的赔偿方式

> **引导案例**
>
> 对于发生保险事故的车辆，在维修之前，首先要对车辆进行损伤评定。损伤评定是汽车理赔工作中关键的环节，它的评定质量直接影响保险合同双方的利益，这就要求定损人员在损伤评定的工作中必须具有专业性、真实性和准确性。
>
> 本章将介绍车辆损失、人身伤亡、附加险及施救费用的损失确定方式。

第一节 确定车辆损失

保险人应会同被保险人一起确定车辆损失，对于涉及第三方车辆的，还应有第三方及其保险人参与定损工作。同时，在确定车辆损失的过程中，在保证被保险人的权益不受侵害且不影响车辆性能的前提下，应坚持以修复为主的原则。因此，车辆定损工作是一项对定损人员要求较高的工作，既要求定损人员掌握基本的汽车结构、故障诊断和维修知识，能准确认定车辆、总成和零部件损伤的程度，准确实施修复原则，还要求定损人员掌握最新的零配件价格，并在可能的条件下，对受损车辆进行必要的拆解，以保证定损工作能够客观、全面地反映事故车辆的损失情况。

一、定损人员应具备的素质

为了准确、客观、无争议地完成车辆定损工作，各保险公司均设置机动车辆验损中心，并由专业人员进行定损和核价工作。定损核价人员应具备以下综合素质。

1. 具有良好的职业道德

良好的职业道德是定损核价工作人员应具备的首要条件。因为定损工作与保险双方当事人的经济利益均直接相关，而定损工作又具有独立性和技术性，所以定损人员一般都具有较大的自由掌握空间。一些修理厂和被保险人往往由于受到利益的驱使，会对定损人员实施各种利诱，希望谎报损失或高报损失，以获取不正当的利益。这就要求定损人员具有较高的职业道德水平，以维护定损核价工作的信誉。

2. 具有娴熟的专业技术

机动车辆检验工作的专业性和技术性较强，定损人员开展工作的必要条件是具有娴熟的专业技术，主要包括机动车辆构造和修理工艺的相关知识，机动车辆保险的相关知识,与交通事故有关的法律法规及处理办法的相关知识等,这些知识为定损人员准确地分析事故成因、分清事故的责任提供了理论基础。

3. 具有丰富的实践经验

在分析和处理交通事故的过程中,除了要具有娴熟的专业技术以外,丰富的实践经验也是很重要的。丰富的实践经验不仅有助于定损人员准确地认定损失原因,并确定合理的修复方案,而且对于施救方案的确定和残值的处理也起到十分重要的作用,同时,丰富的实践经验也有助于识别和防止日益增多的保险欺诈行为。

4. 具有灵活的处理能力

对交通事故受损车辆定损的过程是一个处理各种关系的过程。这就要求定损人员应善于处理这种多方的关系,尽管定损人员本着公正的态度来开展工作,但由于各方的利益和角度不同,往往会产生矛盾和意见分歧,更严重的还会发生冲突,而这种分歧的焦点大多集中在定损人员的工作上,所以这就要求定损人员应当在公平公正的前提下,运用灵活的处理能力使各方对事故的赔偿处理方案均能形成统一的认识,以便顺利处理案件。

二、车辆损失确定的程序

(1) 保险公司一般实行双人查勘。即保险公司一般指派两名定损人员一同参与车辆定损工作。

(2) 结合现场查勘记录,详细核定事故造成的车辆损失部位、损失项目和损失程度,并对损坏的零部件由表及里进行登记,对于估损价格超过本级处理权限的,应及时上报上级公司协助定损。

(3) 本着实事求是、合情合理的原则,与客户协商确定修理方案,涉及第三方的,要求协同第三方共同确定修理方案,确定需要更换的零部件及维修所需工时费,并对须更换的零部件进行询价、报价。

(4) 确定修理费用后,签订"汽车保险车辆损失情况确认书",一式两份,保险人和被保险人各执一份。

(5) 受损车辆在原则上应一次定损,对于需拆解定损的,保险公司均有规定的拆解中心。定损完毕后,被保险人可自行选择修理厂修理或由保险人推荐修理厂修理,保险人推荐的修理厂一般不低于二级资质。

(6) 对于损失金额较大、双方协商难以定损，或对受损车辆定损的技术要求较高，定损人员不熟悉该车型导致难以确定损失的，可聘请专家或委托公估机构定损。

(7) 保险车辆修复后，在明确双方各自负担费用的前提下，保险人可根据被保险人的委托，直接与修理厂结算修理费用，并在"汽车保险车辆损失情况确认书"上注明，由保险人、被保险人及修理厂三方签字认可。

三、车辆定损时应注意的问题

(1) 对确定的车辆损失部位应尽量坚持以修复为主的原则，如被保险人或第三者提出扩大修理范围或应修理而要求更换零部件，超出部分由其自行承担。

(2) 注意区分本次事故和非本次事故造成的损失。对于非本次事故的损失和被保险人提出的扩大修理范围的要求，其超出的部分由被保险人自行承担，并在"汽车保险车辆损失情况确认书"中签字注明。进行区分的目的是避免重复赔偿。

(3) 受损车辆未经保险公司和被保险人共同定损而自行送修的，保险人有权重新核定修理费用或拒绝赔偿。在重新核定时，应逐项核对修理项目和费用，剔除扩大及不合理的修理项目和修理费用。

(4) 注意区分事故损失是由事故造成的损失，还是因机械故障造成的损失。保险人只对条款规定的事故损失负责，出于机械故障、轮胎爆裂、锈蚀、老化、变形等原因造成的车辆损失，保险人不负赔偿责任。

(5) 受损车辆拆解后，如发现仍有因本次事故造成损失的部位未定损的，经定损人员核定，可追加修理项目和费用。但对于被保险人定损后提出的追加修理项目，应注意区分此修理项目是保险事故造成的损失，还是在拆解过程、保管过程、施救过程中发生的损失，如果是在拆解、保管、施救过程中发生的损失，对于损失扩大的部分，保险人不负赔偿责任。

(6) 注意区分故意行为引发的事故损失与过失行为引发的事故损失。过失行为引发的事故属保险责任，而故意行为引发的事故不属于保险责任。

(7) 经保险人同意，对事故车辆的损失原因进行鉴定的费用由保险人负责赔偿。

(8) 换件的残值应合理作价，如果被保险人同意接受，则在定损的金额中扣除；如果被保险人不同意或不愿接受，保险人应将残件收回，并按照损余物资做好残件处理工作。

四、车辆损失费用的组成

车辆损失费用由各维修项目所必须更换的零部件价格、修理材料费、维修工时费和其他费用构成。

(1) 零部件价格的确定。在保险事故车辆修理过程中,零部件的价格所占比例较大,在维修过程中,零部件的生产厂家众多,市场中不仅有原厂件,还有很多其他小厂家生产的零配件,这就导致零配件市场混乱、复杂,价格差异较大,特别是进口汽车的零部件没有统一的标准,价格浮动较大,因此掌握零配件的价格信息是能够合理确定车辆损失的关键因素。

(2) 修理材料费。它包括外购配件费、漆料费、油料费,其价格按照实际进价和实际消耗量结算。

(3) 工时费。它以《机动车辆维修行业工时定额和收费标准》为定价依据。计算公式为

$$工时费=额定工时×工时单价$$

(4) 其他费用。其他费用是指在维修过程中实际发生的非因修理产生的费用,一般是指在厂外发生的加工费,以及在采购过程中发生的采购、运输、保管、损耗等费用。

第二节 确定人身伤亡的费用

保险车辆在发生保险事故时,通常会造成人员伤亡,由此产生的抢救、治疗等费用,应由被保险人承担的部分,保险人负责赔偿。但保险人并不是无条件地承担保险事故造成的人员伤亡的所有赔偿费用,而是要依据《最高人民法院关于审理人身损害赔偿案件若干问题的解释》规定的赔偿范围、项目、目标和标准计算赔偿。

一、人身伤亡费用的赔偿范围

《最高人民法院关于审理人身损害赔偿案件若干问题的解释》第十七条规定:"受害人遭受人身损害,因就医治疗支出的各项费用以及因误工减少的收入,包括医疗费、误工费、护理费、交通费、住宿费、住院伙食补助费、必要的营养费,赔偿义务人应当予以赔偿。受害人因伤致残的,其因增加生活上需要所支出的必要费

用以及因丧失劳动能力导致的收入损失,包括残疾赔偿金、残疾辅助器具费、被抚养人生活费,以及因康复护理、继续治疗实际发生的必要的康复费、护理费、后续治疗费,赔偿义务人也应当予以赔偿。受害人死亡的,赔偿义务人除应当根据抢救治疗情况赔偿本条第一款规定的相关费用外,还应当赔偿丧葬费、被抚养人生活费、死亡补偿费以及受害人亲属办理丧葬事宜支出的交通费、住宿费和误工损失等其他合理费用。"因此,人身伤亡费用赔偿的项目包括以下几个方面。

(1) 医疗费。医疗费是指因发生保险事故而受伤的人员在治疗期间发生的治疗费用,包括挂号费、诊疗费、住院费、救护车费、整容费、聘请院外专家费、医疗机构的护理费以及合理的后续治疗费。

① 医疗费审核依据:保险合同条款的约定;《道路交通事故受伤人员临床诊疗指南》;国家基本医疗保险。

② 医疗费审核办法:医疗费依据医疗机构出具的医药费、住院费等收款凭证,结合病例等相关证据确定,对在住院期间未经医院允许擅自购买的药物和国家规定的自费药品不予以计算赔偿,如无凭证或发票不予以赔付。

(2) 误工费。误工费是指事故的受害人因伤治疗期间的误工损失,以及死亡受害人的家属办理丧葬事宜导致的合理误工损失。

① 误工费的范围。一是受害人因保险事故受伤治疗至恢复工作能力期间的误工损失;二是受害人因保险事故受伤达到伤残等级而无法劳动至定残之日期间的误工损失;三是受害人因保险事故死亡的,其亲属因办理丧葬事宜而误工的损失。

② 误工费的确定。根据受害人的误工时间和收入状况确定误工损失。误工时间根据受害人接受治疗的医疗机构出具的证明确定。误工者无固定收入的,按照其最近三年的平均收入计算,不能证明最近三年平均收入状况的,可参照事故发生地相同或相近行业上一年度职工的平均工资计算。

(3) 护理费。护理费是指伤者、残者或死者生前抢救治疗期间,因伤情严重,必须有陪护人员护理而产生的费用。

① 护理费确定。护理费根据护理人员的收入状况、护理人数和护理期限确定。护理人员有收入的,参照误工费标准计算,护理人员没有收入的,参照当地护理人员从事同等级别护理的劳务报酬标准计算。

② 护理人数。原则上是一人,但可根据医疗机构或者鉴定机构的意见增加护理人数。

③ 护理期限。计算至受害人恢复生活能力止。如受害人因残疾不能恢复自理生

活的,根据其年龄、健康状况等因素确定合理的护理期限,但最长不超过20年。受害人定残后的护理应根据其护理依赖程度并结合配置残疾辅助器具的情况确定护理级别,超过确定的护理期限,赔偿权利人有权向法院请求继续给付护理费,赔偿权利人确实需要护理的,人民法院应当判令赔偿义务人继续给付相关费用5~10年。

(4) 住宿费。住宿费是指出于客观原因致使受害人本人及其陪护人员发生的必要、合理的住宿费用。住宿费按事故发生地国家一般工作人员出差的住宿费标准计算,凭住宿发票计算赔款。

(5) 住院伙食补助费。它是指受害人住院治疗期间在伙食费用上的补助,如受害人不必住院,则没有这项赔偿。住院伙食补助费参照发生地国家一般工作人员出差的伙食补助标准计算。

(6) 必要的营养费。根据受害人伤残情况参照医疗机构的意见确定。

(7) 交通费。它是指受害人本人及其家属在治疗、处理事故、办理丧葬事宜期间实际发生的交通费用。

(8) 残疾赔偿金。根据受害人因保险事故丧失劳动能力的程度或伤残的等级,按照事故发生地上一年度城镇居民人均可支配收入或农村居民人均纯收入标准计算。自定残之日起按20年计算,但60周岁以上的,年龄每增加1岁减少1年;75周岁以上的,按照5年计算。超过确定的残疾赔偿金给付年限的,赔偿权利人可向人民法院起诉请求继续给付残疾赔偿金,人民法院应予以受理。赔偿权利人确实没有劳动能力和生活来源的,人民法院应判令赔偿义务人继续给付相关费用5~10年。伤残等级按照《道路交通事故受伤人员伤残评定》标准定级,受害人的残疾等级共分为10级,如表8-1所示。

表8-1 伤残等级与赔偿比例表

伤残等级	1	2	3	4	5	6	7	8	9	10
赔偿比例/%	100	90	80	70	60	50	40	30	20	10

(9) 残疾辅助器具费。它是指为补偿受害人因保险事故而遭受创伤的肢体器官功能、辅助其实现生活自理或从事生产劳动能力而购买的生活自助器具所支付的费用。其标准按照国产普通适用器具的合理费用标准计算赔偿,辅助器具的使用周期和赔偿期限按照辅助器具配制机构的意见确定,但超过确定的辅助器具费用给付年限,赔偿权利人可向人民法院起诉请求继续给付残疾赔偿金,人民法院应予以受理。赔偿权利人确实没有劳动能力和生活来源的,人民法院应判令赔偿义务人继续给付相关费用5~10年。

(10) 后续治疗费。它是指受害人发生保险事故经治疗后的因体征固定而遗留功能障碍或伤情未完全恢复需再次进行治疗的费用。后续治疗费用可待实际发生后赔偿，也可由医疗机构出具证明，确定必然发生的费用，可与已发生的医疗费一并赔偿。

(11) 被抚养人生活费。它是指为死者生前或者丧失劳动能力前实际抚养的未成年子女或没有生活来源的配偶、父母等近亲属在物质和生活上提供扶助与供养的补偿。

被抚养人生活费的标准，按照事故发生地上一年度城镇居民人均消费性支出或农村居民人均年生活费支出标准计算。被抚养人为未成年人的，计算至18周岁；被抚养人无劳动能力又无其他生活来源的，计算至20年，但被抚养人超过60周岁，年龄每增加1岁减少1年，75周岁以上的，按5年计算。被抚养人有数人的，年赔偿总额不超过上一年度城镇居民人均消费性支出额或者农村居民人均年生活费支出额。

(12) 死亡赔偿金。死亡赔偿金是对因交通事故死亡人员的一次性补偿。其赔偿标准是事故发生地上一年度城镇居民人均可支配收入或农村居民人均纯收入，按20年计算。但超过60周岁，每增加1岁减少1年；75周岁以上的，按5年计算。

(13) 丧葬费。按照事故发生地上一年度职工月平均工资标准，以6个月的总额计算。

(14) 精神损害抚慰金。根据最高人民法院公布的《关于确定民事侵权精神损害赔偿责任若干问题的解释》予以确定。

二、人身损害赔偿费用计算标准

交通事故导致人身损害赔偿，各地均有不同标准，且标准每年修订一次。2013—2016年辽宁省交通事故人身损害赔偿费用计算标准，如表8-2所示。

表8-2　2013—2016年辽宁省交通事故人身损害赔偿费用计算标准

项目	2013年	2014年	2015年	2016年
城镇常住居民人均可支配收入/元	23 223	25 578	29 082	31 126
城镇常住居民人均生活消费支出/元	16 594	18 030	20 520	21 557
农村常住居民人均可支配收入/元	9 384	10 523	11 191	12 057
农村常住居民人均生活消费支出/元	5 998	7 159	7 801	8 873
城镇单位在岗职工平均工资/元	42 503	46 310	49 110	53 458
丧葬费/元	21 251.50	23 155	24 555	26 729

案例8-1　　计算车祸死亡人员赔偿金

家住辽宁省沈阳市的刘某于2015年5月7日晚22时20分从单位驾车回家的途中，由于躲避对面快速驶来的摩托车，不慎将行人岳某轧死。受害人家属状告刘某，要求赔偿人身损害的相关费用。受害人死亡时39周岁，系城镇居民户口，共有兄弟3人；受害人妻子1977年3月4日出生，城镇居民户口；受害人儿子2000年8月26日出生，城镇居民户口；受害人父亲1951年9月19日出生，城镇居民户口；受害人母亲1953年10月13日出生，城镇居民户口。

计算：不考虑保险赔偿，刘某应赔偿多少人身损害赔偿金？

解：① 死亡赔偿金=2015年城镇常住居民人均可支配收入×20年

＝29 082×20=581 640元

② 丧葬费=24 555元

③ 被抚养人生活费=受害人父亲生活费+受害人母亲生活费+受害人儿子生活费

分析：被抚养人父亲应被抚养17年；被抚养人母亲应被抚养19年，且应由兄弟3人共同抚养；被抚养人儿子应被抚养4年，由夫妻2人共同抚养。根据条款，被抚养人有数人的，年赔偿总额累计不超过上一年度城镇居民人均消费性支出额。

受害人儿子应获得赔偿=20 520元×4年÷3被抚养人÷2抚养义务人=13 680元

受害人父亲应获得赔偿=20 520×3÷3÷3+20 520×(17-3)÷2÷3=54 720元

受害人母亲应获得赔偿=20 520×3÷3÷3+20 520×(17-3)÷2÷3+20 520×(19-17)÷3

＝68 400元

因此，刘某应赔偿金额=581 640+24 555+13 680+54 720+68 400=742 995元

三、确定人身伤亡费用时应注意的问题

(1) 事故发生后，应及时通知医疗跟踪人员全程介入伤者的治疗过程，全面了解伤者的病情和各类检查及用药情况。

(2) 事故发生后，需要转院治疗的，应由医院出具证明，并经事故处理部门同意。

(3) 定损人员应及时审核被保险人的相关单证，核定相关费用的真实性、合理性、合法性，对于不符合要求的部分加以剔除。

(4) 在赔偿被抚养人生活费时，仔细核对被抚养人和抚养义务人的数量及户口情况，避免出现增加被抚养人、减少抚养义务人的情况。

第三节 其他保险事故的损失确定

一、汽车火灾损失确定

1. 汽车火灾损失查勘

汽车发生火灾事故，起火原因可分为自燃、引燃、碰撞起火、爆炸、雷击等。根据《机动车辆损失保险条款》保险责任部分的规定，车辆发生火灾、爆炸事故属于保险赔偿范围，不包括因违反车辆安全操作规程造成的和出于车辆本身漏油、漏电或所载货物原因引起的火灾损失。

在查勘汽车火灾事故现场时，查勘定损人员在分析起火原因时，需要掌握以下三个要素。

(1) 事故车辆周围是否存在易燃易爆物品；

(2) 导致汽车燃烧的火源位置；

(3) 火源与易燃易爆物品接触过程中是否有足够的空气可供其燃烧。

因此，在对火灾事故车辆进行损失鉴定时，除应掌握以上三点外，还要依据公安消防部门出具的火灾原因证明，确认火灾是否属于赔偿责任，保险公司应根据保险合同相关条款的规定进行赔偿。

2. 汽车火灾损失鉴定

(1) 整体燃烧。整体燃烧是指机舱内部线路、电器、发动机、仪表台、内饰、座椅烧损，机械件壳烧损，车体金属件脱碳，表面漆层大面积烧损的现象。此种情况认定为整车损毁。

(2) 部分燃烧。车辆发生火灾导致机舱内部线路、发动机附件、电器线路、塑料件等部分烧损，可通过修理恢复其用途和功能，此种情况认定为部分燃烧。

3. 确定汽车火灾损失应注意的问题

汽车起火燃烧后，其损失评估的难度较大。

如果汽车的起火被及时扑灭，可能只导致局部损失，损失的程度和范围也较小，只要参照相关部件的市场价格，并考虑相应的工时费，即可确定损失金额。

如果汽车起火燃烧持续一段时间后被扑灭，即使没有造成全车损毁，也可能造成比较严重的损失，可能导致车身外壳、导线线束、汽车内饰、相关附件等烧损，甚至烧毁，此时在确定损失时就要充分考虑到相关须更换部件的市场价格和工时费用等。

如果起火燃烧程度严重，车身外壳、汽车轮胎、相关附件、汽车内饰、仪器仪表、机舱等被完全烧毁，一些零部件被烧化，失去其使用价值，发动机、变速器、离合器、车架、前桥、后桥等在长时间的烘烤下，就会失去应有的精度而无法继续使用，此时汽车距完全报废已经不远了。

二、汽车水灾损失确定

1. 汽车水灾损失查勘

在大量的水灾案例分析中，做好机动车水灾理赔查勘工作要注意以下几个方面。

(1) 迅速到达出险现场，仔细对现场进行查勘；

(2) 详细了解出险车辆在水中浸泡的时间长短；

(3) 对于同一地区、同一车型、受损相近的保险车辆，制定相对一致的定损标准。

2. 汽车水灾损失鉴定

被水淹过的车辆在定损时，水所淹过的高度和时间是确定汽车因水导致损失程度的一个重要参数。以轿车为例，一般水淹高度和时间通常分为6级，每一级的损失程度各不相同，相互之间的差异也较大。

(1) 水淹高度

1级，水淹至制动盘和制动毂下沿以上，车身地板以下；

2级，水淹至车身地板以上，乘员舱进水，且水高度在座椅以下；

3级，乘员舱进水，水至座椅垫面以上，仪表工作台以下；

4级，乘员舱进水，水淹至仪表工作台中部；

5级，乘员舱进水，水淹至仪表工作台以上，顶棚以下；

6级，水面超过车顶，整车被淹没。

(2) 水淹时间

1级，$T \leqslant 1$小时；

2级，1小时＜T≤4小时；

3级，4小时＜T≤12小时；

4级，12小时＜T≤24小时；

5级，24小时＜T≤48小时；

6级，T＞48小时。

3. 确定汽车水灾损失应注意的问题

汽车因水导致损失时，车辆是处于行驶状态还是停驶状态，这是区别是否属于保险责任的重要前提。

如果汽车处于停驶状态，此时发动机不工作，因水受损不会导致发动机内部损伤。拆解后发现发动机内部机件产生机械性损伤，可认定为操作不慎所造成的损失。

如果汽车处于行驶状态，水位低于发动机进气口时，通常不会造成发动机损伤。但车辆行驶时会造成水面高低变化，甚至造成水浪，也有可能被正在行驶的机动车发动机吸入气缸，造成发动机机件严重受损。

根据目前车辆损失保险条款的规定，凡属于发动机进水造成的发动机机体损失，属于责任免除。

三、车辆盗抢损失确定

发生全车盗抢险是指在保险车辆使用过程中，被他人偷走，或在车辆停驶或行驶中被抢劫、抢夺，经县级及县级以上公安机关立案证实，满60天未查明下落时，形成全车盗抢险赔偿责任。赔偿的范围包括：被盗抢车辆的实际价值，被盗抢后受到的损坏或车上零部件、附属设备丢失所需的合理修复费用。

第四节 确定施救费用和其他财产损失

保险事故除了可能导致车辆本身损失外，还可能导致其他财产损失，如施救费用、公共设施损失、第三者财产损失、车上所载货物损失等。这些损失的确定，应会同被保险人和有关评估人员逐项计算赔偿，同时要求提供所赔偿物品的相关证明或货物实际价值的证据。

一、施救费用的确定

施救费用是指保险标的在遭遇承保的灾害事故时，被保险人或其代理人、雇佣人为避免、减少损失采取各种抢救、防护措施时所支付的必要的、合理的费用。

1. 确定施救费用的原则

(1) 保险车辆在发生火灾时，使用他人非专业消防单位的消防设备施救保险车辆，所消耗的合理费用及设备损失应予以赔偿。

(2) 发生保险事故后，因保险车辆不能正常行驶，被保险人雇佣吊车、拖车进行抢救的费用及运输费用应予以赔偿。

(3) 施救车辆在拖运事故车辆途中发生意外事故，造成损失扩大及增加的费用。如施救车辆是有偿的，则不予以赔偿；如施救车辆是被保险人或他人义务派来的，则应予以赔偿。

(4) 在施救过程中，因抢救而损坏他人的财产，如果应由被保险人赔偿的，可予以赔偿。但在施救时，施救人员个人物品的丢失，不予赔偿。

(5) 保险车辆发生保险事故后，被保险人赶赴现场处理事故所支出的费用，不予赔偿。

(6) 保险车辆施救费用应与修理费用分别理算，如果在施救前，估计施救、保护费用与修理费相加已达到或超过保险金额，则可推定全损予以赔偿。

(7) 保险公司只对保险车辆的施救保护费用负责。

2. 不合理的施救费用

在施救过程中，对于不合理的施救费用，保险人不负责赔偿。常见的不合理的施救费用包括：

(1) 对发生倾覆事故的车辆，在吊装时未合理固定，造成二次倾覆或导致车身受损面积扩大的损失；

(2) 在拖移车辆时未进行检查，造成车辆机械损坏或硬拖硬磨造成的损失扩大；

(3) 在拆解时，由于拆卸不当，使保险车辆零部件丢失及损坏所产生的费用。

二、其他财产损失的赔偿

关于其他财产损失的赔偿，应对其损失项目、数量及维修方案的合理性和造价进行审核，属于施救费用的，保险公司负责赔偿。

1. 赔偿原则

(1) 第三者的财产及车上货物的损失应坚持以修复为主的原则。

(2) 根据损失的情况确定维修方案，对于损失较大或技术要求较高的事故，应聘请专业人员确定损失。

(3) 对于无法修复或无修复价值的财产可采取更换的方法处理。

(4) 简单的财产损失应会同被保险人一起确定损失金额，必要时请厂家进行鉴定。

(5) 对于出险时已经下线的产品，需提供原始发票，如不能提供发票的，则根据产品的主要功能，参照当前市场上同类产品的价值推定。

(6) 定损金额以出险时财产的实际价值为限。

2. 第三者财产损失定损的常见处理办法

(1) 市政设施。保险事故造成市政设施损坏需要赔偿的，定损员要准确掌握和搜集当地损坏物的制造、维修费用及赔偿标准，对于属于处罚性质及间接损失，保险人不负责赔偿。

(2) 道路及道路设施。保险事故造成的道路及道路设施的损坏，应由被保险人赔偿的费用，由保险人负责。路基里面的损失一般由被保险人和保险人与路政管理人员共同协商确定损失，因道路及设施的维修是由路政管理部门负责，很难以招标的形式定损，所以定损人员要掌握道路维修及设施修复的费用标准。但对于道路的路基路面的塌陷损失，保险公司一般不负责赔偿。车辆在允许的吨位行驶时，造成路基路面塌陷属于路基路面的质量问题，不属于赔偿范围；但若由于超过荷载的吨位，则由被保险人自行赔偿，不属于保险责任。

(3) 房屋建筑物。保险事故可能会造成路旁房屋及建筑物的损失，对于房屋建筑物的损失，要求定损人员具有较宽的知识面，了解房屋建筑的相关知识，然后确定维修方案。如不能确定，则可以采用招标定损的方式。

(4) 路旁农田作物。保险事故造成的路旁农作物损坏，赔偿按照此种作物亩产量进行定损。

(5) 宠物、牲畜。保险事故造成宠物或牲畜死亡的，了解宠物品种，调查宠物的市场价格，协商赔偿；牲畜死亡的，了解该类型动物肉、毛皮等在市场上的价格，依据牲畜的重量计算赔偿金额，如受伤的可协商赔偿。对于受害人提出的精神损害赔偿，不应通过保险公司进行赔偿。

(6) 第三者车上货物损失。保险人根据保险责任对事故造成货物的直接损失负责赔偿，但赔偿的费用往往与第三者向被保险人索要的赔偿有一定的差距，超出部分应由被保险人与第三者协商处理。

3. 车上货物损失定损的常见处理办法

(1) 查勘人员应迅速前往事故现场，避免货物损失扩大。

(2) 对于货物因盗窃、抢劫、走失、哄抢、丢失造成的损失，保险人在条款中列为责任免除范围。

(3) 对于易变质、腐烂的物品(如海鲜、肉类、水果等)，应先征得有关领导同意后，在现场折价处理。

(4) 对一些机电设备、精密仪器、家电等物品，直接损毁的应核实具体数量、规格、生产厂，并了解该物品的价格；对于损坏的，应确定损坏程度，坚持以修复为主的原则，如无修复价值的物品，可作报废处理，残值折价归被保险人。

(5) 车上货物损失，应提供货物发票、装箱单等证明货物的凭证，核对货物情况，防止虚报损失。

复习思考题

一、简述题

1. 车辆损失确定过程中应注意哪些问题？
2. 人身伤亡费用由哪些项目组成？
3. 确定人身伤亡费用时应注意哪些问题？
4. 常见的不合理的施救费用有哪些？

二、案例分析题

1. 2015年5月7日凌晨3时10分，陈某驾车行驶至辽宁省某市时，由于对面车辆的灯光晃眼，来不及躲闪，不慎将同向行驶的摩托车驾驶员张某撞死。受害人家属状告陈某，要求赔偿人身损害的相关费用。此案中，受害人死亡时41周岁，系城镇居民户口，共有兄弟2人；受害人妻子1977年6月9日出生，城镇居民户口；受害人女儿1999年12月26日出生，城镇居民户口；受害人父亲1951年6月26日出生，城镇居民户口；受害人母亲1953年7月10日出生，城镇居民户口。

问题：陈某应赔偿多少被抚养人生活费？(相关数据参考表8-2)

2. 郭某为自己的营运货车投保了车损险10万元，第三者责任险20万元，车上货物责任险5万元，保险期限为2015年4月9日至2016年4月8日。2015年9月8日，郭某在为某家电商场运输一批价值3万元的电风扇时，因所行路面塌陷使货车车体倾覆，造成货车及车上货物损失，郭某向保险公司报案，并提出索赔申请。经过保险公司现场勘察，本次事故共造成如下损失：货车维修费8 000元，电风扇完全损毁和贬值部分5 000元，事故发生时路边行人哄抢造成的损失3 000元，合计16 000元。

问题：保险公司的查勘定损员应如何确定此次事故的损失？

第九章
汽车保险赔款理算

👤 学习目标

能力目标	● 能够掌握不同承保方式下车损险赔款的计算方法 ● 能够综合运用交强险与第三者责任险完成对第三方的赔偿处理
知识目标	● 掌握交强险的赔偿处理方式 ● 掌握车辆损失险的赔偿处理方式 ● 掌握第三者责任险的赔偿处理方式 ● 了解附加险的赔偿处理方式

> **引导案例**
>
> 王先生自有一辆奥迪轿车,并为自己的爱车投保了交强险、车辆损失险和20万元的第三者责任险。某日,王先生驾驶车辆不小心撞到正在过马路的张先生,经交警裁决,王先生负有此次事故的全部责任,王先生的车辆损失5 000元,张先生因伤花费的医疗费用40 000元,死亡伤残赔偿100 000元。经保险公司查勘定损,最终赔偿王先生139 750元,其中赔偿受害人135 500元,赔偿王先生车损4 250元。最终获得的赔偿是怎么计算出来的?本章将介绍保险公司计算保险赔偿的方法。

第一节 交强险赔款理算

一、交强险的赔偿方式和赔款理算的注意事项

赔款理算是保险公司按照法律和保险合同的相关条款,根据保险事故的实际情况,核定并计算应向被保险人赔付金额的过程。

在赔偿顺序上,首先是交强险,其次是商业机动车保险。因此,交强险的赔款理算,将直接影响商业机动车保险的赔款理算。

1. 交强险赔偿责任的承担方式

在汽车保险赔款理算时,商业车辆保险是按照事故责任比例来计算赔款,而交强险则不然。

《机动车交通事故责任强制保险条例》第二十三条规定:机动车交通事故责任强制保险在全国范围实行统一的责任限额。责任限额分死亡伤残赔偿限额、医疗费用赔偿限额、财产损失赔偿限额以及被保险人在道路交通事故中无责任的赔偿限额。

《道路交通安全法》第七十六条规定:机动车发生交通事故造成人身伤亡、财产损失的,由保险公司在机动车第三者责任强制保险责任限额范围内予以赔偿。

由此可见,交强险的赔偿方式采用的是二分法,将责任区分为有责和无责,如果有责任则按照有责任赔偿限额来赔偿,如果无责任则按照无责任赔偿限额来赔偿。这种赔偿方式与商业车险的赔偿计算是不同的。

2. 交强险赔款理算的注意事项

被保险机动车发生道路交通事故造成本车人员、被保险人以外的受害人人身伤亡、财产损失的，由保险公司依法在机动车交通事故责任强制保险责任限额范围内予以赔偿。因此，在交强险赔偿过程中，要注意以下事项。

(1) 被保险机动车发生保险事故。保险公司对投保了交强险的机动车所造成的道路交通事故责任负责赔偿，对于非保险机动车肇事的，保险公司不负责赔偿。根据《道路交通安全法》的规定，道路交通事故是指车辆在道路上因过错或者意外造成的人身伤亡或者财产损失的事件。

(2) 本车以外的受害人遭受人身伤亡或财产损失。本车以外的受害人是指除被保险机动车本车人员、被保险人以外的道路交通事故受害人。本车人员，包括本车驾驶人和车上乘客。财产损失是指被保险机动车发生道路交通事故，直接造成事故现场受害人现有财产的实际损毁。财产损失不包括被保险机动车本车和车内财产的损失，也不包括因市场价格变动造成的贬值、修理后因价值降低而造成的损失和其他间接财产损失。

(3) 交强险实行的是限额责任赔偿。因此，发生保险事故后，交警部门划定的责任比例在交强险理赔中是没有意义的。

(4) 只投保商业车险的车辆，将视为已投保交强险，在此种情况下，商业车险仅负责对应在交强险项下获得赔偿以外的部分进行赔偿。

(5) 无责一方的车辆对有责方车辆损失承担财产损失的赔偿金额，由有责方在本方交强险无责任财产损失赔偿限额内代为赔偿。

(6) 赔款理算应参照我国法律法规确定的标准。如有人伤案件，则医疗费用应依据国务院卫生主管部门制定的《道路交通事故受伤人员临床诊疗指南》和国家基本医疗保险标准进行，对于人身伤残则依据道路交通事故人身伤残评定准则的标准进行评定。

(7) 经过初次计算，如致害方交强险限额未赔足，且受害方的损失没有得到充分补偿，则受害方的损失在交强险剩余限额内可再次进行分配，并在交强险限额内补足。

(8) 保险事故涉及多辆肇事机动车时，各被保险机动车的保险人在各自交强险分项限额内进行赔偿，并按其使用的交强险分项赔偿限额占总分项赔偿金额的比例进行赔偿。

(9) 机动车辆保险的赔款理算，要按照保险事故所造成的损失以及所保险种的情况，在对应险种范围内，将交强险和商业险所对应的财产损失、人身伤亡费用、医疗费用等分别对应理算，避免重复交叉。

二、交强险理算实例

案例9-1　　　　　两车均有责任的交强险赔款理算

A车与B车相撞，B车一乘客受伤，A、B两车均受损，A车车损3 000元，B车车损5 000元，B车乘客医疗费用项目损失6 000元，死亡伤残项目损失30 000元，交警认定A车负主要责任，承担损失的70%，B车负次要责任，承担损失的30%。请计算A、B两车的交强险赔款。

解：A、B两车在此事故中均有责任，所以双方互为三者，根据交强险的规定，计算公式为

应由A车承担的财产损失=B车的车损=5 000元>财产损失赔偿限额=2 000元

应由A车承担的医疗费用=B车乘客医疗费用=6 000元<医疗费用赔偿限额=6 000元

应由A车承担的死亡伤残费用=B车死亡伤残费用=30 000元<死亡伤残赔偿限额=30 000元

应由B车承担的财产损失=A车车损=3 000元>财产损失赔偿限额=2 000元

A车交强险赔偿金额=2 000+6 000+30 000=38 000元

B车交强险赔偿金额=2 000元

分析：由上述案例可以看出，交强险的赔款理算比较简单，不必考虑事故责任比例，只是简单的二分法，按照限额赔偿的方式进行赔偿。

案例9-2　　　　　包含互为三者以外损失的交强险赔款理算

相向行驶的A、B两车发生碰撞事故(A车为载货汽车，B车为小型家庭用车)，不仅导致两车受损，行人C受伤，还将路灯撞倒。事故双方的损失为：A车车辆损失5 000元，车上货物损失3 000元，无人员受伤；B车车辆损失6 000元，车上人员受重伤一人，花费医药费12 000元，伤残赔偿金40 000元，行人C经抢救无效死亡，医疗费用20 000元，死亡赔偿金230 000元；路灯损失2 000元。经交警部门裁定，A车负有主要责任，承担损失的70%；B车负有次要责任，承担损失的30%。

假定A、B两车均投保了交强险，计算A、B两车交强险的赔偿金额。

解：1. A车交强险赔偿

(1) 应由A车承担的财产损失金额=B车车辆损失+路灯损失×50%=6 000+2 000

×50%=7 000元>财产损失限额=2 000元

(2) 应由A车承担的医疗费用=B车车上人员医疗费用+行人C的医疗费用×50%=12 000+20 000×50%=22 000元>医疗费用赔偿限额=10 000元

(3) 应由A车承担的死亡伤残费用=B车车上人员残疾赔偿金+行人C死亡赔偿金×50%=40 000+230 000×50%=155 000元>死亡伤残赔偿限额=110 000元

所以A车交强险赔偿金额=2 000+10 000+110 000=122 000元

2. B车交强险赔偿

(1) 应由B车承担的财产损失金额=A车车辆损失+A车车上货物损失+路灯损失×50%=5 000+3 000+2 000×50%=9 000元>财产损失限额=2 000元

(2) 应由B车承担的医疗费用=行人C的医疗费用×50%=20 000×50%=10 000元=医疗费用赔偿限额=10 000元

(3) 应由B车承担的死亡伤残费用=行人C死亡赔偿金×50%=230 000×50%=11 5000元>死亡伤残赔偿限额=110 000元

所以B车交强险赔偿金额=2 000+10 000+110 000=122 000元

分析：在此交强险赔款案例中，包含公共设施的损坏赔偿，在计算时是将公共设施的赔偿按照均分的方式来计算赔偿金额，而不是按照交警部门裁定的责任比例。

在实际赔款理算的过程中，不仅要计算出交强险的赔偿金额，还要计算出事故各方得到交强险的赔偿金额，以便启动商业保险的赔款理算。本案例中事故各方获得的赔偿金额如下所述。

1. A车

财产损失赔偿金额2 000元，其中

应赔偿B车车辆损失=6 000/(6 000+2 000×50%)×2 000=1 714元

应赔偿路灯损失=(2 000×50%)/(6 000+2 000×50%)×2 000=286元

医疗费用赔偿金额10 000元，其中

应赔偿B车人员医疗费用=12 000/(12 000+20 000×50%)×10 000=5 454元

应赔偿行人C的医疗费用=(20 000×50%)/(12 000+20 000×50%)×10 000=4 546元

死亡伤残赔偿金额110 000元，其中

应赔偿B车车上人员伤残费金额=40 000/(40 000+230 000×50%)×110 000

=28 387元

应赔偿行人C死亡赔偿金金额=(230 000×50%)/(40 000+230 000×50%)×

110 000=81 613元

2. B车

财产损失赔偿金额2 000元，其中

应赔偿A车车辆损失=(5 000+3 000)/(5 000+3 000+2 000×50%)×2 000=1 778元

应赔偿路灯损失=(2 000×50%)/(5 000+3 000+2 000×50%)×2 000=222元

医疗费用赔偿金额10 000元，应赔偿行人C的医疗费用=10 000元

死亡伤残赔偿金额110 000元，应赔偿行人C死亡赔偿金金额=110 000元

分析：在交强险项下各方获得的赔偿金额通过比例赔偿的计算方式进行计算。

第二节 机动车损失保险赔款理算

机动车损失保险是指车辆发生保险事故时，造成的车辆本身损失以及发生的合理施救费用，保险人应依照保险合同的规定，给予被保险人赔偿。本节以中国人民财产保险股份有限公司的机动车辆损失保险为例，介绍车辆损失保险的赔款理算方法。

车辆损失保险中，投保人一般有两种投保方式：一种是按照被保险机动车的新车购置价格确定保险金额；另一种是按照被保险机动车实际价值或协商价格确定保险金额。这两种投保方式以及保险金额，直接影响发生保险事故时，从车辆损失保险中获得的赔偿金额。在实际发生保险事故时，赔偿金的多少还取决于机动车的损失程度和事故责任比例，其中损失程度包括全部损失和部分损失。全部损失是指保险车辆在保险事故中实际整体损毁或推定全部损失。部分损失是指保险车辆在车损险项下的赔偿金额不超过车辆的保险金额。因此，在进行车辆损失保险的赔款理算时，不仅要考虑到交警部门的裁决，还要考虑到车辆损失赔偿的金额是否达到或超过保险金额。

一、投保时按照被保险机动车新车购置价确定保险金额的车损险赔款理算

1. 全部损失

(1) 保险金额高于保险事故发生时被保险机动车的实际价值。

赔款=(实际价值−残值−交强险赔偿金额)×事故责任比例×(1−免赔率之和)

其中：实际价值是指在保险事故发生时，由新车购置价减去折旧金额后，确定的保险车辆实际价值；事故责任比例是以公安交通管理部门确定的责任比例为准；免赔率之和是指在保险条款中约定的各项免赔率之和。

案例9-3

一辆新车购置价格为150 000元的家庭自用轿车，投保车辆损失险的金额亦为150 000元，而车辆的实际价值为130 000元，由于意外事故，车辆发生全损，驾驶员承担70%的责任，依据条款规定负有主要责任的免赔率为15%，车辆的残值价值1 000元，暂不考虑交强险，计算车损险赔款金额。

解：因为车辆的保险金额高于实际价值，所以

赔款=(实际价值-残值-交强险赔偿金额)×事故责任比例×(1-免赔率之和)

=(130 000-1 000)×70%×(1-15%)=76 755元

(2) 保险金额等于或低于车辆实际价值的车损险赔款理算。

赔款=(保险金额-残值-交强险赔偿金额)×事故责任比例×(1-免赔率之和)

案例9-4

一辆投保了车辆损失险的家庭用车，在保险期内发生了保险事故，造成车辆全损，新车购置价为150 000元，保险金额150 000元，实际价值亦为150 000元，驾驶员承担次要责任，承担经济损失的30%，依据条款规定有5%的免赔率，因事故发生在非指定区域，所以增加10%的免赔率，车辆残值为2 000元，暂不考虑交强险赔偿，计算车损险赔款金额。

解：因为保险金额与实际金额相同，所以

赔款=(保险金额-残值-交强险赔偿金额)×事故责任比例×(1-免赔率之和)

=(150 000-2 000)×30%×(1-5%-10%)=37 740元

2. 部分损失

赔款=(实际修理费用-残值-交强险赔偿金额)×事故责任比例×(1-免赔率之和)

案例9-5

一辆新车购置价格为100 000元的家庭自用轿车，投保车辆损失险的金额亦为100 000元，车辆的实际价值为90 000元，由于单方事故，车辆发生部分损坏，驾驶员承担全部责任，依据条款规定负有全部责任的免赔率为20%，经确定修复车辆

损失需8 000元，残值为100元，暂不考虑交强险，计算车损险赔款金额。

解：赔款=(实际修理费用-残值-交强险赔偿金额)×事故责任比例×(1-免赔率之和)=(8 000-100)×100%×(1-20%)=6 320元

所以应向被保险人支付赔款6 715元。

3. 施救费赔款理算

赔款=实际施救费用×事故责任比例×(保险财产价值/实际施救财产总价值)×(1-免赔率之和)

二、投保时按机动车实际价值确定保险金额或协商确定保险金额的车损险赔款理算

1. 全部损失

(1) 保险金额高于保险事故发生时被保险机动车实际价值

赔款=(实际价值-残值-交强险赔偿金额)×事故责任比例×(1-免赔率之和)

案例9-6

一辆按照车辆实际价值确定车辆损失险保险金额的家庭自用轿车，保险金额为100 000元，在保险期限内发生保险事故，发生事故时，保险车辆的价值为80 000元，驾驶员承担全部责任，车辆全损，车辆残值1 000元，依据条款规定有20%的免赔率，暂不考虑交强险，计算车辆损失险的赔款金额。

解：因为保险金额高于实际价值，所以

赔款=(实际价值-残值-交强险赔偿金额)×事故责任比例×(1-免赔率之和)
　　=(80 000-1 000)×100%×(1-20%)=63 200元

(2) 保险金额等于或低于车辆实际价值的车损险赔款理算。

赔款=(保险金额-残值-交强险赔偿金额)×事故责任比例×(1-免赔率之和)

当保险金额等于车辆的实际价值时，赔款按照保险金额赔偿。当车辆的保险金额小于车辆的实际价值时，残值要按照保险金额与车辆实际价值的比例赔偿方式计算赔款金额。

残值=总残值金额×(保险金额/车辆实际价值)

案例9-7

一辆新车投保了营业用汽车损失保险,并按照双方协商的价格确定了保险金额为50 000元的车辆损失保险,在保险期限内发生了保险事故,并承担事故的主要责任,负责赔偿经济损失的70%,事故中车辆全损,车辆残值为1 000元,依据条款有15%的免赔率,已知在发生保险事故时,车辆价值为70 000元,暂不考虑交强险,计算车损险赔偿金额。

解:因为保险金额低于车辆的实际价值,所以

赔款=[保险金额-总残值金额×(保险金额/车辆实际价值)-交强险赔偿金额]×事故责任比例×(1-免赔率之和)

=[50 000-1 000×(50 000/70 000)]×70%×(1-15%)=29 325元

2. 部分损失

赔款=(实际修理费用-残值-交强险赔偿金额)×(保险金额/投保时保险车辆新车购置价)×事故责任比例×(1-免赔率之和)

部分损失的赔款大于或等于实际价值时,赔款按照实际价值来计算,即赔款=实际价值;如果赔款小于实际价值,就要按照保险金额与投保时保险车辆新车购置价的比例来确定赔款金额。

案例9-8

一辆投保车辆损失险的自用汽车,投保时新车购置价为100 000元,车辆的实际价值为40 000元,确定保险金额为80 000元,在保险期限内发生了保险事故,驾驶员承担全部责任,车辆的修理费用为70 000元,残值200元,根据条款规定负有全部责任的免赔率为20%。暂不考虑交强险,计算车损险赔偿金额。

解:赔款=(实际修理费用-残值-交强险赔偿金额)×(保险金额/投保时保险车辆新车购置价)×事故责任比例×(1-免赔率之和)

=(70 000-200)×(80 000/100 000)×100%×(1-20%)=44 672元

因为赔款大于车辆的实际价值,所以按照车辆的实际价值赔付,赔款为40 000元。

3. 施救费赔款理算

赔款=实际施救费用×事故责任比例×(保险金额/投保时保险车辆新车购置价)×(保险财产价值/实际施救财产总价值)×(1−免赔率之和)

第三节 第三者责任保险赔款理算

车辆的第三者责任保险与车辆损失保险的不同之处：第三者责任保险的保险标的是以被保险人依法应对第三者承担的赔偿责任作为保险标的；第三者责任保险采用的是定额保险的投保方式。

第三者责任保险的赔款理算分为以下两种计算方式(去除交强险赔偿后)。

1. 当被保险人应承担的赔偿金额高于责任限额时

赔款=责任限额×(1−免赔率之和)

2. 当被保险人应承担的赔偿金额小于责任限额时

赔款=应承担的赔偿金额×(1−免赔率之和)

其中，应承担的赔偿金额=赔偿金额×事故责任比例

案例9-9

一辆投保商业第三者责任保险的家庭自用汽车，责任限额为15万元，在保险期间发生保险事故，造成第三方损失30万元，负主要责任，承担损失的70%，依据条款规定的免赔率为15%。暂不考虑交强险，计算商业第三者责任保险赔款金额。

解：被保险人应按责任比例承担的赔偿金额为

30万元×70%=21万元>责任限额15万元

所以应按责任限额赔偿，即

赔款=责任限额×(1−免赔率之和)

=15万元×(1−15%)=12.75万元

案例9-10

一辆投保交强险和商业第三者责任保险的自用汽车，第三者责任保险的限额为20万元，在保险期间发生保险事故，造成第三方损失25万元，负主要责任，承担损失的70%，依据条款规定的免赔率为15%。暂不考虑交强险的分项赔款理算，

计算商业第三者责任保险赔款金额。

解：根据赔款的顺序首先应启动交强险赔偿。

因为第三方损失为25万元，所以交强险应按照限额赔偿，即赔款为122 000元，剩余128 000元赔偿应由商业第三者责任保险负责承担，剩余赔偿金额小于责任限额。

赔款=应承担的赔偿金额×(1-免赔率之和)
=128 000×70%×(1-15%)=76 160元

因此在此事故中，商业第三者责任保险应赔偿76 160元。

第四节 附加险赔款理算

1. 玻璃单独破碎险

赔款=实际修复费用

2. 车身划痕损失险

在保险金额5 000元内，按照实际修理费用计算赔偿。在保险期限内赔偿金额累计达到保险金额时，保险责任终止。

3. 不计免赔率险

经特别约定，保险事故发生后，按照对应投保的险种规定的免赔率计算的、应当由被保险人自行承担的免赔金额部分，保险人负责赔偿。

下列情况下，应当由被保险人自行承担的免赔金额，保险人不负责赔偿。

(1) 机动车损失保险中应当由第三方负责赔偿而无法找到第三方的；

(2) 被保险人根据有关法律法规规定选择自行协商方式处理交通事故，但不能证明事故原因的；

(3) 因违反安全装载规定而增加的；

(4) 因保险期间内发生多次保险事故而增加的；

(5) 发生机动车盗抢保险规定的全车损失保险事故时，被保险人未能提供机动车行驶证、机动车登记证书、机动车来历凭证、车辆购置税完税证明(车辆购置附加费缴费证明)或免税证明而增加的；

(6) 可附加本条款但未选择附加本条款的险种规定的；

(7) 不可附加本条款的险种规定的。

4. 自燃损失险

(1) 全部损失：赔款=(保险金额-残值)×(1-20%)

(2) 部分损失：赔款=(实际修理费用-残值)×(1-20%)

(3) 施救费用：实际施救费用×(保险财产价值/实际施救财产总价值)×(1-20%)，赔款不超过保险金额。

5. 新增加设备损失保险

车上新增设备的直接损毁，保险人在保险单该项目所载明的保险金额内，按实际损失计算赔偿。

6. 发动机涉水损失险

(1) 全部损失：赔款=(保险金额-残值)×(1-15%)

(2) 部分损失：赔款=(实际修理费用-残值)×(1-15%)

(3) 施救费用：实际施救费用×(保险财产价值/实际施救财产总价值)×(1-15%)，赔款不超过保险金额。

7. 修理期间费用补偿险

(1) 全部损失：赔款=保险合同约定的日赔偿金额×保险合同约定的最高赔偿天数

(2) 部分损失：以约定的修理天数和实际修理天数中短者为准

修理天数未超过合同约定的最高赔偿天数，则

赔款=保险合同约定的日赔偿金额×修理天数

修理天数超过合同约定的最高赔偿天数，则

赔款=保险合同约定的日赔偿金额×合同约定最高赔偿天数

在保险期限内，赔款金额累计达到保险金额时，此附加险保险责任终止。

在保险期限内发生保险事故，约定赔偿天数超出保险合同终止期限的，仍应予以赔偿。

8. 车上货物责任险

(1) 全部损失：赔款=(保险金额-残值)×(1-20%)

(2) 部分损失：赔款=(实际货物损失费用-残值)×(1-20%)

(3) 施救费用：实际施救费用×(保险财产价值/实际施救财产总价值)×(1-20%)，赔款不超过保险金额。

9. 代步机动车服务特约条款

(1) 保险人提供代步机动车服务的期限与修理期限相同。按照实际修理期限和协

商修理期限中短者为准。

(2) 保险人每次提供代步机动车服务的期限累计计算，累计服务期限最长为60天。

10. 更换轮胎服务特约条款

赔款=服务费用

11. 送油、充电服务特约条款

赔款=服务费用

12. 拖车服务特约条款

赔款=服务费用

13. 附加换件特约条款

对受损零部件维修费用达到该部件更换费用20%的，保险人按照保险合同的约定对应予修理的配件给予更换。

赔款=更换零件费用

14. 随车行李物品损失保险

(1) 全部损失：赔款=赔偿限额×事故责任比例。

(2) 部分损失：赔款=实际损失×事故责任比例。

在保险期限内，赔款金额累计达到保险单载明的本附加险的保险金额，本附加险保险责任终止。

15. 不计免赔率特约条款

经特别约定，保险事故发生后，按照对应投保的险种规定的免赔率计算的、应当由被保险人自行承担的免赔金额部分，保险人负责赔偿。

下列情况下，应当由被保险人自行承担的免赔金额，保险人不负责赔偿。

(1) 机动车损失保险中应当由第三方负责赔偿而无法找到第三方的；

(2) 被保险人根据有关法律法规规定选择自行协商方式处理交通事故，但不能证明事故原因的；

(3) 因违反安全装载规定而增加的；

(4) 投保时指定驾驶人，保险事故发生时为非指定驾驶人使用被保险机动车而增加的；

(5) 投保时约定行驶区域，保险事故发生在约定行驶区域以外而增加的；

(6) 因保险期间内发生多次保险事故而增加的；

(7) 发生机动车盗抢险规定的全车损失保险事故时，被保险人未能提供机动车行驶证、机动车登记证书、机动车来历凭证、车辆购置税完税证明(车辆购置附加费缴费证明)或免税证明而增加的；

(8) 可附加本条款但未选择附加本条款的险种规定的；

(9) 不可附加本条款的险种规定的。

第五节 赔款理算实例

一、混合责任的交强险赔款理算

案例9-11

有甲、乙两车，甲车为载货汽车，乙车为小型载客汽车，在道路上发生交通事故，双方负事故的同等责任，事故导致一名骑自行车的人(丙)受伤，并造成路产管理人(丁)遭受损失。交通事故各参与方的损失分别为：甲车车辆损失3 000元，车上货物损失5 000元；乙车车辆损失10 000元，乙车车上人员重伤一名，造成残疾，花费医药费20 000元，残疾赔偿金50 000元；骑自行车人经抢救无效死亡，医疗费用30 000元，死亡赔偿金100 000元，精神损害抚慰金20 000元；路产损失5 000元。甲、乙两车均承保了交强险，试计算甲、乙两车的交强险赔款。

解：

各方损失明细如表9-1所示。

表9-1 各方损失明细表　　　　　　　　　　　　　　　　　　　　元

相关方	财产损失	车辆损失	医疗费	死亡伤残赔偿金	精神损害抚慰金
甲	5 000	3 000			
乙		10 000	20 000	50 000	
丙			30 000	100 000	20 000
丁	5 000				

本案例中双方均有责任，互为三者且有共同第三者损失，根据规定，机动车发生了均有责的事故，如果有除肇事车辆以外的第三者损失，那么该损失由有责的机动车方按平均分摊的方式，在各自交强险分项赔偿限额下赔偿。

计算方法如下所述。

1. 甲车

(1) 财产损失赔偿金额。

受损财产核定金额=乙车辆损失金额+路产损失×50%=10 000+5 000×50%=12 500元>财产损失赔偿限额2 000元,故财产损失赔偿金额为2 000元。

其中:

乙车辆得到的赔偿=10 000/(10 000+5 000×50%)×2 000=1 600元

路产管理人得到的赔偿=5 000×50%/(10 000+5 000×50%)×2 000=400元

说明:路产损失和乙车的损失相对甲车来说都是第三者的财产损失,应该先总计再进行分摊。以下计算均按此规则。

(2) 医疗费用赔偿金额。

医疗费用核定损失金额=乙车人员的医疗费+骑车人丙的医疗费×50%=20 000+30 000×50%=35 000>医疗赔偿限额10 000元,故医疗费用赔偿金额为10 000元。

其中:

乙车人员得到的赔偿=20 000/(20 000+30 000×50%)×10 000=5 714.29元

骑自行车人得到的赔偿=30 000×50%/(20 000+30 000×50%)×10 000=4 285.71元

(3) 死亡伤残费用赔偿金额。

死亡伤残费用核定损失金额=乙车人员死亡伤残赔偿+(骑车人丙死亡伤残赔偿+精神损害抚慰金)×50%=50 000+(100 000+20 000)×50%=110 000=死亡伤残赔偿限额110 000元,故死亡伤残费用赔偿金额为110 000元。

其中:

乙车人员得到的赔偿=50 000/[50 000+(100 000+20 000)×50%]×110 000=50 000元

骑自行车人得到的赔偿=(100 000+20 000)×50%/[50 000+(100 000+20 000)×50%]×110 000=60 000元

甲车交强险总赔偿金额=2 000+10 000+110 000=122 000元

2. 乙车

乙车赔偿金额的计算方法与甲车相同。

(1) 财产损失赔偿金额。

受损财产核定损失金额=3 000+5 000+5 000×50%=10 500元>财产损失限额2 000元,故财产损失赔偿金额为2 000元。

其中:

甲车得到的赔偿=(3 000+5 000)/(3 000+5 000+5 000×50%)×2 000=1 523.81元

路产管理人得到的赔偿=5 000×50%/(3 000+5 000+5 000×50%)×2 000=476.19元

(2) 医疗费用赔偿金额。

医疗费用核定损失金额=30 000×50%=15 000>医疗费用赔偿限额10 000元，故医疗费用赔偿金额为10 000元。

骑自行车人得到的赔偿为10 000元。

(3) 死亡伤残赔偿金额。

死亡伤残核定损失金额=(100 000+20 000)×50%=60 000<死亡伤残赔偿限额110 000元，故死亡伤残赔偿金额为60 000元。

骑自行车人得到的赔偿为60 000元。

乙车交强险总赔偿金额=2 000+10 000+60 000=72 000元

3. 分析

单独理算交强险的赔款比较简单，但在实际工作中，车辆往往会同时投保商业险，因此，不仅要计算交强险的赔款金额，还要分别计算出事故各方得到的交强险分项赔偿金额。

计算方法如下所述。

(1) 甲车得到的赔偿。

因甲车的财产损失包含车辆损失和货物损失，所以甲车在获得乙车交强险赔偿的财产损失1 523.81元中，既包含车辆损失，也包含货物损失，我们要采用比例分摊的计算方式，来对其分别计算。

车辆损失获得赔偿=3 000/(3 000+5 000)×1 523.81=571.43元

货物损失获得赔偿=5 000/(3 000+5 000)×1 523.81=952.38元

(2) 乙车得到的赔偿。

乙车在甲车交强险各分项下获得赔偿的情况如下：

车辆损失获得赔偿=1 600元

医疗费用获得赔偿=5 714.29元

死亡伤残获得赔偿=50 000元

(3) 骑自行车人(丙)得到的赔偿。

因骑车人(丙)为甲和乙共同的第三者，所以丙所获得的赔偿为甲和乙交强险各分项限额下赔偿之和。

医疗费用赔偿=4 285.71+10 000=14 285.71元

死亡伤残赔偿=60 000+60 000=120 000元

(4) 路产管理人(丁)得到的赔偿。

因路产管理人(丁)为甲和乙共同的第三者，所以丁所获得的赔偿为甲和乙在交强险财产损失赔偿项下的赔偿之和。

路产管理人(丁)得到的赔偿=400+476.19=876.19元

分析：本案例是一个典型的混合责任且具有共同第三者损失的交强险赔款理算的计算方法，事故参与方可能是机动车，也可能是非机动车和行人，参与方的多样性大大增加了交强险赔偿计算的复杂性，并且在其中包含限额赔付与分项占总分项比例赔付的计算方式。不仅交强险采用此种计算方法，在商业险赔款理算过程中也采用此种计算方法。

二、车辆商业保险赔款理算

案例9-12

A车投保了交强险、足额的车辆损失险、商业第三者责任保险10万元，B车投保了交强险、足额的车辆损失险、商业第三者责任保险15万元，C车投保了交强险、足额的车辆损失险、商业第三者责任保险20万元，A、B、C三车发生互撞，责任与事故损失如下所述。

A车负有事故的50%责任，车辆损失5 000元，车上一人受伤，医疗费用15 000元，死亡伤残费120 000元；B车负有事故的30%责任，车辆损失6 000元，车上一人受伤，医疗费用12 000元，死亡伤残费100 000元；C车负有事故的20%责任，车辆损失7 000元，车上一人死亡，医疗费用10 000元，死亡伤残费200 000元，暂不考虑免赔率关系，计算A、B、C三车分别获得的保险赔偿金额。

解：A车赔偿

(1) 交强险。

因A、B、C三车均有责任，所以在交强险的赔款理算中，每辆车的赔款都由另外两辆车给予赔偿。即A车与B车分摊C车的损失，A车与C车分摊B车的损失，B车与C车分摊A车的损失，所以A车应承担B、C两车损失的一半。

财产损失=(6 000+7 000)/2=6 500元>交强险赔偿限额2 000元=2 000元

医疗费用=(12 000+10 000)/2=11 000元>交强险赔偿限额10 000元=10 000元

死亡伤残金赔偿=(100 000+200 000)/2=150 000元>交强险赔偿限额110 000=110 000元

所以，交强险赔偿分别为：财产损失2 000元，医疗费用10 000元，死亡伤残赔偿110 000元。

(2) 车辆损失险。

A车在B车交强险下获得财产损失赔偿金额=5 000/(5 000+7 000)×2 000=833.33元

A车在C车交强险下获得财产损失赔偿金额=5 000/(5 000+6 000)×2 000=909.09元

所以车辆损失险的赔偿金额=5 000-909.09-833.33=3 257.58元

实际赔偿金额=3 257.58×50%=1 628.79元

(3) 商业第三者责任险。

在计算A车商业三者险赔款时，应先计算出B、C两车在交强险中获得的赔偿部分，其剩余部分计入商业三者险的赔偿金额。

① 财产损失。

B车计入商业三者险的财产损失：

A车交强险赔偿B车财产损失=6 000/(6 000+7 000)×2 000=923.08元

C车交强险赔偿B车财产损失=6 000/(6 000+5 000)×2 000=1 090.91元

即6 000-923.08-1 090.91=3 986.01元

C车计入商业三者险的财产损失：

A车交强险赔偿C车财产损失=7 000/(6 000+7 000)×2 000=1 076.92元

B车交强险赔偿C车财产损失=7 000/(7 000+5 000)×2 000=1 166.67元

即7 000-1 076.92-1 166.67=4 756.41元

所以B、C两车财产损失计入商业三者险的赔款=3 986.01+4 756.41=8 742.42元。

② 医疗费用。

同理，计算B、C两车应计入商业三者险的医疗费用。

B车计入商业三者险的医疗费用：

A车交强险赔偿B车医疗费用=12 000/(12 000+10 000)×10 000=5 454.55元

C车交强险赔偿B车医疗费用=12 000/(12 000+15 000)×10 000=4 444.44元

即12 000-5 454.55-4 444.44=2 101.01元

C车计入商业三者险的医疗费用：

A车交强险赔偿C车医疗费用=10 000/(12 000+10 000)×10 000=4 545.45元

B车交强险赔偿C车医疗费用=10 000/(10 000+15 000)×10 000=4 000元

即10 000-4 545.45-4 000=1 454.55元

所以B、C两车医疗费用计入商业三者险的赔款=2 101.01+1 454.55=3 555.56元。

③ 伤亡伤残费用。

B车计入商业三者险的伤亡伤残费用：

A车交强险赔偿B车伤亡伤残费用=100 000/(100 000+200 000)×110 000=36 666.67元

C车交强险赔偿B车伤亡伤残费用=100 000/(100 000+120 000)×110 000=50 000元

即100 000-36 666.67-50 000=13 333.33元

C车计入商业三者险的伤亡伤残费用：

A车交强险赔偿C车伤亡伤残费用=200 000/(200 000+100 000)×110 000=73 333.33元

B车交强险赔偿C车伤亡伤残费用=200 000/(200 000+120 000)×110 000=68 750元

即200 000-73 333.33-68 750=57 916.67元

所以B、C两车伤亡伤残费用计入商业三者险的赔款=13 333.33+57 916.67=71 250元。

综上所述，A车计入商业三者险的赔偿=8 742.42+3 555.56+71 250=83 547.98元

商业三者险实际赔偿金额=83 547.98×50%=41 773.99元

B、C两车保险赔偿的计算方法与A车相同，此处不再重复。

复习思考题

1. 一辆投保了车辆损失险的营业用汽车，发生了单方事故，承担事故的全部责任，已知发生事故时，新车购置价为150 000元，保险金额为120 000元，实际价值为80 000元，车辆的修理费用为40 000元，残值300元，依据条款规定驾驶人负全部责任，承担15%的免赔率，不考虑交强险，计算车辆损失保险的赔款金额。

2. A、B两辆机动车发生交通事故，经交警裁决，双方均承担事故的50%责任，A车车辆损失3 000元，车上一人受伤，医疗费用8 000元；B车车辆损失5 000元，一人死亡，伤亡赔偿金210 000元。两车均投保了交强险、足额车辆损失险及20万元的商业三者险。计算A、B两车获得的保险赔偿金额。

3. A、B、C三车均投保了交强险、足额的车辆损失险、商业第三者责任保险15万元，A、B、C三车发生互撞，责任与事故损失如下：

A车负有事故的70%责任，车辆损失6 000元，车上一人受伤，医疗费用8 000元，死亡伤残费100 000元；B车负有事故的30%责任，车辆损失3 000元，车上一人死亡，死亡伤残费250 000元；C车无责任，车损4 000元，车上一人受伤，医疗费用15 500元，死亡伤残费150 000元，按条款规定承担主要责任有15%的免赔率，承担次要责任有5%的免赔率，计算A、B、C三车分别获得的保险赔偿金额。

第十章

汽车保险典型案例分析

学习目标

能力目标	● 能够运用所学知识，确定保险事故成因 ● 能够综合运用交强险、商业险条款内容，确定保险事故赔偿标准
知识目标	● 掌握交强险理赔过程中应注意的问题 ● 掌握车辆损失险理赔过程中应注意的问题 ● 掌握第三者责任险理赔过程中应注意的问题 ● 了解附加险理赔过程中应注意的问题

> **引导案例**
>
> 由于汽车保险理赔的质量关系到保险人与被保险人双方的利益,是保险人与被保险人共同关注且敏感的问题,这就决定了汽车保险理赔工作要求理赔人员具有较强的实践性,并且需要兼顾不同类型的赔案。本章通过列举一些比较典型的赔案,可以使理赔人员提高理赔服务质量,更好地为被保险人服务,同时也可以使被保险人在发生责任范围内的事故以后,知道如何报案索赔,依法维护自身权益。

第一节 交强险案例

案例分析10-1

1. 案情介绍

2015年6月26日,张某驾驶摩托车途经一立交桥下,向左转弯时与直行的公交车右后轮发生碰撞,造成张某受伤及摩托车损坏的后果。经肇事地公安交警部门处理,认定张某属酒后无证驾驶无牌照的摩托车在转弯时未让直行车辆先行,应负此次事故的全部责任,公交车驾驶人李某无责任。经调查,张某的摩托车未参加任何保险,而李某驾驶的公交车在某保险公司投保了交强险,保险期限从2015年4月16日至2016年4月15日。事故发生后,张某经住院治疗,现已痊愈。张某通过熟人打听到,像他这样的情况,由于对方驾驶人没有事故责任,对方保险公司将不会进行任何赔偿。为此张某与李某一同到公交车投保的保险公司就张某能否得到赔付进行咨询。

2. 理赔关键

虽然本案中的公交车驾驶人李某在事故中无责任,但公交车投保了交强险,根据交强险条款的约定,保险公司应当在无责任死亡伤残赔偿限额11 000元、无责任医疗费用赔偿限额1 000元、无责任财产损失赔偿限额100元内对摩托车驾驶人张某进行赔付。

3. 理赔结果

因为张某的各项损失金额均已超过上述各项最高责任限额,所以保险公司最终赔付张某12 100元。

4. 案件点评

我国《道路交通安全法》第七十六条确立了第三者责任强制保险制度，并于2008年2月1日起调整了交强险责任限额，根据《机动车交通事故责任强制保险条例》的规定和《机动车交通事故责任强制保险条款》的约定，机动车交强险的责任限额总计为122 000元，包括死亡伤残赔偿责任限额110 000元，医疗费用赔偿限额10 000元，财产损失赔偿限额2 000元；但被保险人无责任时，无责任死亡伤残赔偿限额为11 000元，无责任医疗费用赔偿限额为1 000元，无责任财产损失赔偿限额为100元。而在商业性质的第三者责任保险条款中，各保险公司均约定，保险公司只依据被保险车辆驾驶人在交通事故中所负的责任比例进行赔偿，即当被保险车辆驾驶人在交通事故中无责任时，保险公司对第三者将不予赔偿。公交车投保了交强险，故保险公司应在无责任的各赔偿限额内进行赔付，并非完全不予赔偿。保险公司依据交强险的约定，对张某进行了赔偿，使其合法权益得到了保护。

案例分析10-2

1. 案情介绍

2015年5月7日，某驾驶人培训学校将自有的10台桑塔纳汽车，向某保险公司投保了机动车交通事故责任强制保险，保险期限为一年。2015年8月30日，教练员刘某驾驶教练车在教练场地行驶时，因脚穿拖鞋，采取紧急刹车制动时，拖鞋滑落，脚误踏到油门上，车辆撞到同在教练场地的另一教练车，造成两台车辆损坏。此事故经公安交警部门处理，认定教练员刘某负事故的全部责任。

事故发生后，被保险人某驾驶人培训学校向保险公司报案，申请索赔。保险公司经过查勘，发现受损的两台车辆都是同一被保险人的财产，而且被撞的车同时也由被保险人向保险公司报案，该车与肇事车一样，在同时间投保了机动车交通事故责任强制保险。

2. 理赔关键

保险公司收到被保险人索赔申请后，对该事故如何理赔产生两种意见：第一种意见认为，两台车辆都办理了机动车交通事故责任强制保险，可以按交强险的保险责任，在财产损失赔偿限额内，由这两台车分别在各自有责任与无责任的赔偿限额内进行赔偿；第二种意见认为，此案中两台车辆的损失都不能赔付，因为根据《机动车交通事故责任强制保险条款》责任免除的规定，被保险人所有的财产遭受的损失，不属于保险责任范围。

3. 理赔结果

保险公司按第二种意见处理，通知被保险人，报案的两台车不能按交强险的保险责任处理，不属于保险责任，两个案件予以注销。

4. 案件点评

此案的实质是同一被保险人的两台车辆发生碰撞事故，这两台车能否构成互为三者的损失，从而得到保险公司的赔偿？

《机动车交通事故责任强制保险条款》保险责任第八条规定："被保险人在使用被保险机动车过程中发生交通事故，致使受害人遭受人身伤亡或财产损失，依法应当由被保险人承担的损害赔偿责任，保险人按照交强险合同的约定对每次事故在下列赔偿限额内负责赔偿。"《机动车交通事故责任强制保险条款》定义第五条规定："交强险合同中的受害人是指因被保险机动车发生交通事故遭受人身伤亡或者财产损失的人，但不包括被保险机动车本车上人员、被保险人。"

本案中应该引起注意的是驾驶员因脚穿拖鞋开车，造成这起事故，穿拖鞋开车确实是不安全因素，虽然现在的道路交通安全法没有对驾驶员穿什么鞋做限制规定，但是，只有按照操作规范安全驾驶、文明驾驶，才能有效预防事故发生。

第二节 车辆损失保险案例

案例分析10-3

1. 案情介绍

杨先生驾驶车辆在行驶中为躲避行人撞上马路边石，致使车辆严重受损，当时杨先生在底盘受损、漏油的情况下启动汽车驶入辅路，后向保险公司报案，提出索赔申请。经检验车辆底盘受损修理费用9 784元，发动机受损修理费用4 685元。杨先生为自己的车投保了车辆损失险。保险公司应怎样回应杨先生的索赔请求？

2. 理赔关键

车辆撞上马路边石只造成底盘受损，而发动机的损坏是由于杨先生在底盘受损、漏油的情况下启动汽车驶入辅路，才使发动机发生严重损坏。那么，杨先生采取的这种做法是否属于"合理的、必要的施救措施"成为保险公司是否赔偿发动机损失的关键。

3. 理赔结果

保险公司只对底盘的修理费用给予赔偿，并未对受损发动机的修理费用给予赔偿。

杨先生认为，发动机的损坏应予以赔偿，所以起诉至一审法院，要求保险公司对发动机损坏部分予以赔偿。

经一审法院审理判决后，杨先生不服，以当时事故地点位于快速路上，来往车辆很多、速度快，其启动车辆只是为了将车从主路移到辅路，并不是保险条款所称的"继续使用车辆"，保险公司不应以免赔为由上诉至事故地第二中级人民法院。

事故地法院经审理认为，杨先生在车底盘受损、发动机漏油的情况下启动汽车，从主路开到辅路，该行为虽不是继续使用车辆，但在车辆已受损的情况下采取该方法，并不是保险合同约定的"合理、必要的施救措施"，其应及时报警并采用其他方法将车拖走。杨先生采取的措施不当，使车辆遭受更大的损害，应由其自行承担责任。

4. 案件点评

根据保险条款的规定，遭受损失后，未经必要修理继续使用保险车辆，致使损失扩大部分保险公司不予赔偿，故保险公司对发动机损坏部分不予赔偿。

此案提醒驾驶人员，在不熟悉车辆构造的情况下，发生事故后不要擅自发动车辆，应注意保护现场，同时及时报警并与保险公司联系，否则因擅自启动车辆造成的损失保险公司可不予赔偿。

案例分析10-4

1. 案情介绍

2010年6月21日，沈阳某货物运输有限公司向某保险公司投保解放半挂牵引车，分别投保了车辆损失险，保险金额为20万元；第三者责任险，保险限额为30万元；车上人员责任险3人，每人保险金额为5万元，并同时投保挂车车损险和三者险。

2010年11月20日,司机赵某驾驶解放半挂牵引车、牵引挂车,行驶至环城高速公路匝道处,因未按操作规范安全驾驶,在弯道减速时,紧急制动刹车,致使车厢内钢筋向前窜出,砸到驾驶室后方,造成车辆损坏,司机赵某和随车人员薛某当场死亡。经交警处理,赵某负事故的全部责任。

2. 理赔关键

被保险人沈阳某货物运输有限公司向保险公司提出索赔申请,要求赔偿车辆损失和车上人员伤亡损失。保险公司就被保险人的索赔有两种意见:第一种意见认为,被保险车辆的这次事故属于保险的碰撞责任,保险公司应该赔偿车辆损失和车上人员伤亡损失;第二种意见认为,车载货物撞击造成的本车损失不属于保险责任,保险公司不应该赔偿车辆损失,可以赔偿车上人员伤亡损失。

3. 理赔结果

保险公司经过仔细分析案情认为,被保险车辆因车载货物的撞击造成的损失不属于保险责任,保险公司不予赔偿,被保险车辆发生车载货物撞击造成车上人员伤亡,是一种意外事故,因此车上人员伤亡属于保险责任,保险公司按照车上人员责任险保险金额,每人赔偿5万元。

4. 案件点评

此案涉及被保险车辆损失和车上人员伤亡损失,适用的保险条款包括营业用汽车损失保险条款和机动车辆第三者责任保险条款。

营业用汽车损失保险条款规定:"保险车辆所载货物坠落、倒塌、撞击、泄漏造成的损失,保险人不负责赔偿。"车上人员责任保险条款规定:"发生意外事故,造成被保险车辆上人员的伤亡,依法应由被保险人承担的经济赔偿责任,保险人负责赔偿。"

通过对保险条款的分析可以看出,汽车损失保险责任中的碰撞责任,在保险术语中有特定的意义,并且保险术语的解释属于保险条款的内容。车辆装载货物以后,车辆和货物即成为一体,车载货物撞击本车辆造成的损失不属于保险碰撞责任。

通过对保险条款的分析还可以看出,第三者责任保险及附加车上人员责任险中的保险责任是意外事故造成的损失,依法由被保险人承担经济赔偿责任。因此,车上人员伤亡的损失属于保险责任。

第三节 第三者责任保险案例

案例分析10-5

1. 案情介绍

曹先生将自有出租车在某保险公司投保了第三者责任险30万元及不计免赔率特约条款。保险期限为2015年4月11日至2016年4月10日，投保后，曹先生雇佣的司机高某于2015年11月26日在驾驶该出租车营运过程中将刘某撞伤，刘某当即被送至医院，经住院治疗后现已治愈。本案由公安交警部门出具裁决书：肇事司机高某负此事故的主要责任，伤者刘某负此事故的次要责任。伤者刘某共花费医疗费、住院伙食补助费、护理费、交通费等合计65 000元。故被保险人曹先生到保险公司要求理赔。

2. 理赔关键

根据机动车第三者责任险的约定，保险公司按照被保险机动车驾驶人在事故中所负的责任比例进行赔偿。因本案事故责任认定书中记载，被保险机动车驾驶人高某负此事故的主要责任，故保险公司正常理赔时承担伤者刘某上述合理费用的70%。

3. 理赔结果

根据交警部门的事故责任认定，保险公司应核对伤者医疗费等合理费用，赔偿刘某45 500元。

4. 案件点评

本案案情简单，责任明晰。根据机动车辆第三者责任险保险条款的约定，保险人依据被保险机动车驾驶人在交通事故中所负的事故责任比例，承担相应的赔偿责任。其中被保险机动车驾驶人负事故主要责任的，赔偿比例为70%。依法成立的合同对保险合同双方当事人均具有约束力。因此，本案保险公司对被保险人按照其交通事故责任，赔付受害人刘某各项经济损失金额的70%，符合保险合同条款的相关约定。保险公司关于机动车第三者责任保险条款第二十四条规定："保险人依据被保险机动车驾驶人在事故中所负的事故责任比例，承担相应的赔偿责任。"

保险合同为保险人与被保险人约定的具有合法性的法律文书，符合我国《合同法》第八条规定，即"依法成立的合同，对当事人具有法律约束力。当事人应当按照约定履行自己的义务，不得擅自变更或者解除合同。依法成立的合同，受法律保护。"

案例分析10-6

1. 案情介绍

某市轮胎厂为单位的一台解放轻型货车投保了车损险5万元，第三者责任险20万元，车上人员险三个座位每人2万元，并投保了不计免赔险。保险期限为2015年9月3日至2016年9月2日。

2016年8月17日，驾驶员张某驾驶该车行驶到一处盘山道的弯路时，路边的闲散人员黄某看到车速放缓，便爬上车去偷盗车上所载轮胎，张某从后视镜发现后，一时分神，将货车驶入反道与对面驶来的一辆丰田轿车迎面发生碰撞事故。这起事故造成两车严重受损，张某重伤致残，黄某摔下车后，经抢救无效死亡，丰田车驾驶员刘某重伤。交警经过现场查勘处理，认定张某遇紧急情况采取措施不当，应付此次事故的全部责任。

事故发生后，某市轮胎厂向保险公司索赔如下：货车损失13 000元、货车驾驶员张某医药费和伤残补偿费54 000元、丰田轿车损失23 600元、丰田车驾驶员刘某医药费28 000元、黄某家属提出的死亡赔偿金15万元，共计268 600元。保险公司同意赔付两车损失和车上人员损失84 600元，其中对货车驾驶员张某赔付20 000元，对黄某家属不予赔偿。

由于索赔金额与赔付金额差距较大，协商未果，某市轮胎厂和黄某家属将保险公司诉至法庭。

2. 理赔焦点

某市轮胎厂认为，货车已投保了三个座位的车上人员责任险，并及时足额缴付了保险费，保险公司应当在事故发生后给予足额赔偿。黄某家属认为，事故的发生是导致黄某死亡的直接原因，所以向轮胎厂提出赔偿要求，而轮胎厂只能向保险公司转嫁风险。

3. 理赔结果

经过法庭调查和听取双方当事人辩护，参阅当时签订的保险单、相关保险条款，法院最后判定保险公司胜诉，保险公司赔偿货车及丰田轿车两车损失及双方车上人员损失共计84 600元，其中对货车驾驶员张某只赔付20 000元。黄某的损失不在保险责任范围内不予赔偿。其理由如下所述。

（1）保险公司认为保险合同中车上人员和第三者有本质区别：第三者是指因被保险机

动车发生意外事故遭受人身伤亡或者财产损失的人,但不包括被保险机动车本车上人员、投保人、被保险人和保险人。车上人员是指保险事故发生时在被保险机动车上的自然人。

(2) 法院认为丰田车上的受伤人员为本案中货车的第三者,按保险合同应得到足额赔偿。而货车驾驶员张某是保险标的车上的司机,按所签订的保险合同应属于车上人员责任险范围,只能得到每人的最高赔偿限额20 000元,保险公司对此做出赔付,履行了保险合同义务,不存在违约和欺诈行为。

(3) 偷盗者黄某不能被认定为车上人员,保险公司车上人员责任保险条款第五条已做出明示,被保险机动车辆造成下列人身伤亡,不论在法律上是否应当由被保险人承担赔偿责任,保险人均不负责赔偿,其中第三分项注明违法、违章搭乘人员的伤亡。黄某的情况应属违法搭乘,所以不能得到保险公司的赔偿。

4. 案件点评

本保险案例最突出的问题是车上人员责任保险和第三者责任险的区别。

车上人员是指保险事故发生时在被保险机动车上的自然人。车上人员责任保险的保险责任:保险期间内,被保险人或其允许的合法驾驶人在使用被保险机动车过程中发生意外事故,致使车上人员遭受人身伤亡,依法应当由被保险人承担的损害赔偿责任,保险人依照本保险合同的约定负责赔偿。

第三者是指因被保险机动车发生意外事故遭受人身伤亡或财产损失的人,但不包括被保险机动车本车上人员、投保人、被保险人和保险人。第三者责任保险的保险责任:保险期间内,被保险人或其允许的合法驾驶人在使用被保险机动车过程中发生意外事故,致使第三者遭受人身伤亡或财产直接损毁,依法应当由被保险人承担的损害赔偿责任,保险人依照合同约定,对于超过机动车交通事故责任强制保险各分项赔偿限额以上的部分负责赔偿。

两者有本质区别,不能相互替代,被保险人投保时不要混淆其概念。

案例分析10-7

1. 案情介绍

刘女士驾车回家,快到自家车库门口时,儿子看见妈妈回来了,就飞奔过来迎接,结果刘女士在倒车时,不慎将自己的儿子撞伤,在医院治疗期间,花费了几万元的医疗费。刘女士之前投保了保额为15万元的商业第三者责任险,就向保险公司报了案,认为应该得到赔偿,向保险公司提出了索赔请求。

2. 理赔关键

刘女士的遭遇是所有驾驶员和车主都可能遇到的问题。多数人都会认为，因为自己的家人不在车上，就应属于第三者，而且事故属于意外事故，并不是故意行为造成的，所以保险公司应给予赔偿。

本案理赔的关键就在于刘女士的儿子是否属于第三者。最新的《商业车险条款费率管理制度改革工作实施方案》明确规定："家庭成员属于第三者范畴，对于保险事故中被保险人或被保险机动车本车驾驶人的家庭成员的人身伤亡予以赔付。但对于被保险人或被保险机动车本车驾驶人家庭成员所有、承租、使用、管理、运输或代管的财产的损失，以及本车上财产的损失不予以赔付。"因此，刘女士将自己儿子撞伤所产生的人身伤亡费用，保险公司应当赔付。

3. 理赔结果

保险公司应当接受刘女士的索赔请求。

4. 案件点评

商业第三者责任险保障的是第三方的利益，保险赔款的受益人应该是第三方，汽车商业保险条款改革之前条款中认为，在这种情况下，保险赔款的受益人与驾驶员有关，不能成为真正的第三者。而在最新的条款中将此条款进行了修改，家庭成员在车外与驾驶员发生了保险事故，属于第三者范畴，应当对人身伤亡的损失进行赔偿，但对财产损失部分仍然拒绝赔付。

第四节 盗抢险案例

案例分析10-8

1. 案情介绍

2015年7月18日，张某向保险公司为自己的捷达车投保了交强险、车辆损失险、附加盗抢险等。2016年3月10日早7时30分，被保险人张某发现，于前一天下午停放在自家楼房前的车被盗丢失了，张某立即向驻地公安机关报案，同时向保险公司报案。

两个月后，被盗车辆经过侦查，仍然没有破案，所以被保险人向保险公司申请索赔。保险公司根据盗抢险保险条款，认定被保险人索赔符合"被保险车辆被盗窃、抢劫、抢夺，经出险当地县级以上公安刑侦部门立案证明，满60天未查明下落的全车损失"，属于保险责任。

被保险人按照保险条款索赔要求的规定，向保险公司提供了保险单、机动车行驶证、机动车登记证书、机动车来历凭证、车辆购置税完税证明、车辆停驶手续和出险当地县级以上公安刑侦部门的盗抢立案证明及车辆管理机关车辆档案封存证明后，保险公司确认索赔单证齐全有效，按照被保险车辆盗抢险保险金额计算理赔，实行20%免赔率向张某赔款，张某向保险公司出具了权益转让书，索赔结案。

2016年6月23日，公安机关通知保险公司和被保险人，被盗车辆已经破案找回，车主张某看到找回的被盗车辆没有什么损坏，就与保险公司联系，同意收回车辆，将赔款返还保险公司。保险公司与侦破被盗车辆的公安机关办理完车辆交接有关手续后，收回被保险人返还的保险赔款，将被盗车辆和车辆有关手续归还被保险人，退回权益转让书。

2. 案件点评

车辆被盗保险理赔案件，不同于一般的车辆交通事故保险理赔案件，在被盗案件理赔处理中，有以下特殊的要求需要说明和注意。

(1) 保险责任在时间上有特殊规定

一般的保险车辆交通事故发生，被保险人报案后，保险公司经查勘认定属于保险责任的，就可以立即进行理赔处理，但是，保险车辆全车被盗事故发生后，即便属于保险责任，也需要满60天后，才能进行理赔处理。在这60天内，需要被保险人及公安机关查找破案，如果被盗车辆在60天内破案找回，车辆的所有权益仍然归车主所有，保险公司只承担车辆被盗期间损坏的修复赔偿责任，而不必接受车辆的权益转让，承担全损赔偿责任。

(2) 事故证明的特殊规定

盗抢险保险条款规定，被保险人车辆被盗索赔时，被保险人须提供车辆停驶手续和出险当地县级以上公安刑侦部门出具的盗抢立案证明，未能提供的，保险人不承担赔偿责任。

本案中，被保险人提供的车辆手续为两种证明，第一种是车辆管理机关出具的车辆档案封存证明，第二种是车辆停驶证明。

要求被保险人索赔时提供车辆停驶手续，既符合国家对机动车辆管理的规定，也是保险人接受车辆权益转让后对车辆进行处置的要求。

我国《道路交通安全法》第八条规定："国家对机动车辆实行登记制度。机动车辆经公安机关交通管理部门登记后,方可上道路行驶。"《中华人民共和国道路交通安全法实施条例》第四条规定："机动车的登记,分为注册登记、变更登记、转移登记、抵押登记和注销登记。"

我国对机动车辆实行严格管理,不允许机动车辆非法使用,机动车辆被盗后,车主有责任办理注销登记。保险公司要求车主提供车辆档案封存证明,既是贯彻交通安全法的规定,保障车主对车辆的权利,也是为了防止被盗车辆被正常交易转移,出现道德风险。

同样,要求被保险人提供县级以上公安刑侦部门的被盗立案证明,既是为了被盗车辆的侦破,也是为了防止虚假报案骗取保险赔偿,出现道德风险。

(3) 权益转让的特殊规定

机动车辆一般的交通事故保险理赔中,保险人赔偿后,就履行了保险责任,案件已经结案了。机动车辆被盗案件中,保险人赔偿后,虽然履行了保险责任,案件可以结案,但是,案件仍然需要转入追偿处理程序,当被盗车辆找回时,因保险人已经支付保险赔款,车辆的权益属于保险人。机动车辆盗抢险保险条款中关于被保险车辆找回的规定:"保险人尚未支付赔款的,车辆应归还被保险人。保险人已支付赔款的,车辆应归还被保险人,被保险人应将赔款返还给保险人;被保险人不同意收回车辆的,车辆的所有权归保险人,被保险人应协助保险人办理有关手续。"在保险公司处置被盗车辆时,必须持有该车辆的权益转让书,才能在车辆管理机关办理车辆变更登记,因此,权益转让是盗抢险理赔中的一项特殊规定。

(4) 提供有关单证和免赔的特殊规定

盗抢险保险条款规定,被保险人索赔时,须提供保险单、机动车行驶证、机动车登记证书、机动车来历凭证、车辆购置税完税证明;被保险人未能提供机动车行驶证、机动车登记证书、机动车来历凭证、车辆购置税完税证明的,每缺少一项增加1%的免赔率。

保险人要回保险单,目的一是确认被保险人,二是承担保险赔偿后,终止保险责任。

保险人要求被保险人提供机动车行驶证、机动车登记证书、机动车来历凭证、车辆购置税完税证明,是出于车辆权益转让的需要,上述证明材料是车辆登记的必备要件。如果盗车人持有上述证明材料,就能够应付交通警察的正常检查,影响被盗车辆的侦破。

(5) 修理费用在保险金额内全额赔偿的规定

机动车辆盗抢险的保险金额按照车辆的实际价值确定,虽然实际价值一般总是小于车辆重置价值,但是,投保盗抢险的车辆发生被盗窃、被抢劫、被抢夺造成车辆部分损坏时,盗抢险条款规定,保险人在保险金额内按实际修复费用计算赔偿,这也是与机动车辆不足额保险需要比例赔偿不同的特殊规定。

第五节 自燃损失险案例

案例分析10-9

1. 案情介绍

2015年7月17日,车主孙某向某保险公司报案称其投保的本田轿车行驶在农村柏油路上,与路边放置的石块发生撞击后起火,造成全车损毁严重。承保公司在接到报案后迅速前往现场查勘并协助施救,因为出险地离市区较远,所以当消防车赶到时本田车完全烧毁,没有任何修复价值。根据车辆自身情况无法判断起火原因,车主说是由于避让其他车辆时不慎撞到了路边的石块造成起火出险的。根据该案的具体情况,保险公司调阅了该车的承保情况。该车于2015年1月12日投保,该车车损险保额为10万元,第三者责任险保额为20万元,车上人员附加险每人1万元共计保5人,并投保了不计免赔险,但是未保车辆自燃险。

2. 理赔关键

保险公司认为,起火原因和部位是这起赔案的关键。因此,保险公司派出了资深的查勘人员对现场做了细致的勘察后发现,虽然出险车辆与石块存在撞痕,但是非常轻微,其损失程度和部位都不足以成为车辆起火的直接原因。虽然当时天气炎热,具备出于天气原因造成车辆自燃的常见外因,但车辆的撞击点为右前部,其内部构件不易因撞击而成为起火因素。因此保险公司拒绝赔偿所有损失。

3. 理赔结果

保险公司对此案做了拒赔处理,并对车主孙某进行了严肃的批评教育。

4. 案件点评

面对专业的查验报告以及公安部门的调查,车主不能自圆其说,只好承认在车辆行驶过程中他突然发现前机器盖下面冒出火苗,于是在慌乱状态下靠边停车时将右前轮及右前叶子板撞到了石块上。因为损失车辆烧毁严重,车主又没保车辆自燃险,当时怀着一丝侥幸的心理报了假案。

(1)《保险法》第一百七十六条明确规定:投保人、被保险人或者受益人有下列行为之一,进行保险诈骗活动,尚不构成犯罪的,依法给予行政处罚。

① 投保人故意虚构保险标的,骗取保险金的;

② 编造未曾发生的保险事故,或者编造虚假的事故原因或者夸大损失程度,骗取保险金的;

③ 故意造成保险事故,骗取保险金的。

保险事故的鉴定人、评估人、证明人故意提供虚假的证明文件,为投保人、被保险人或者受益人进行保险诈骗提供条件的,依照前款规定给予处罚。

(2) 被保险人在车辆出险后一定要实事求是地向保险公司出具证明材料。

(3) 保险人建议被保险人熟知保险条款,保险利益的双方要了解其责任和承担的经营风险,及法律范畴的道德风险。

第六节 其他案例

案例分析10-10

1. 案情介绍

2015年5月,张某为归自己所有的一辆7座金杯面包车投保了交强险、车辆损失险、商业第三者责任险15万元、车上人员责任险(4座)每座1万元,该车在同年8月15日发生交通事故,造成驾驶员张某及车上的5名乘客不同程度受伤,车辆受损。经交警部门裁定,张某负有此次事故的全部责任,并承担事故造成的全部经济损失。于是,张某带着保险单证到保险公司办理索赔,保险公司理赔人员对单证审核后,除对车辆损失部分按照保险双方达成的维修价额赔偿外,对车上人员受伤赔付产生争议。争议的原因:该车投保的车上人员责任险为4座,且没有约定是哪4个座位,因在事故中各位受伤人员的受伤程度不同,各自的医疗费也不同,其中驾驶员张某花费的医疗费为3 000元,其余5人分别为2 000元、2 500元、3 000元、4 000元、5 000元,因此选择不同的赔偿对象，则赔偿结果是不一样的。

2. 理赔关键

现行的《机动车辆保险条款》中，对于车上人员责任险并没有要求被保险人在投保时要约定哪个或哪些座位，因此，多数被保险人采用了选择座位数，而不约定哪些座位的投保方式来投保。因此，在发生保险事故时，对于车上人员受伤，均视为投保座位上的人员受伤，当受伤人数多于投保座位数时，要求将发生医疗费用较高的伤员视为投保座位上的人员，以此要求保险公司赔偿，本案就属此例。

实际上，投保车上人员责任险时，除驾驶人可以在约定栏约定外，其余的座位均无法明确，所以在发生保险事故时，只能按照出险人数、投保座位数和每座最高赔偿金额来确定保险赔偿。

3. 理赔结果

此案例的赔偿结果：保险公司除赔偿车辆损失部分以外，对于车上人员责任险的赔偿为15 000元，即选择对除驾驶员外赔付金额较高的3人进行赔偿。

4. 案件点评

对于此案例，被保险人按照选择座位数投保与按核定座位数投保的最大区别在于保险费率的不同。由于费率不同，保险公司承担的风险也不同，既然被保险人是按照选择座位数来投保，并缴纳了保险费，没有约定是哪几个座位，那么保险公司在赔偿时，就应以赔偿金最高的乘客为依据进行理赔，但不应超过每座责任限额，以投保的座位数为限。

案例分析10-11

1. 案情介绍

王某购得一辆捷达车自用，并向保险公司投保了车辆损失险和第三者责任险。投保3个月后，王某的车被盗。不久，市交通部门通知王某：他的捷达车被盗后在某地与他人轿车相撞，王某的车翻入沟中，全部损毁，窃贼逃跑；他人轿车被撞坏，司机受伤。这起事故是由窃贼驾驶时的疏忽所致，窃贼负有事故的全部责任，但窃贼逃逸后一直没有下落。事故发生后，受伤司机要求王某赔偿自己的经济损失，王某同时向保险公司要求赔偿轿车的全部损失及第三者损失。保险公司认定，同意对王某的车辆全损进行赔偿，但窃贼盗车后，在外地肇事，并致一人受伤，这不属于《机动车辆保险条款》规定的第三者责任，保险公司不负赔偿责任。

2. 理赔关键

《机动车辆保险条款》第一条规定："出于碰撞、倾覆、火灾、爆炸等原因造成保险车辆的损失，保险公司负责赔偿。在保险合同有效期内，保险车辆发生保险事故所遭受的全部损失，按保险金额赔偿。"在本案中，王某的轿车被盗用，在窃贼驾驶车辆过程中，致使该车发生保险事故，其损失符合条款中规定的"碰撞、倾覆"责任。

《机动车保险条款》第十条规定："被保险人或其允许的驾驶人员在使用车辆过程中发生意外事故，致使第三者遭受人身伤亡或财产的直接毁损，被保险人依法应当支付的赔偿金额，保险公司依照保险合同的规定予以补偿。"根据此条规定，窃贼盗车驾驶肇事所造成的第三者损失是不予以补偿的。事故是由于窃贼盗用他人机动车肇事，而窃贼不属于《机动车辆保险条款》中规定的被保险人，也不是经被保险人允许的驾驶人员，所以由此造成的第三者损失，保险人不予以赔偿。

3. 理赔结果

本案窃贼除应依法被追究刑事责任外，还要承担经济责任，即赔偿王某轿车的全部损失，以及被撞司机所遭受的经济损失。因为保险公司已经赔偿王某轿车的车损，所以可以从王某处取得代位求偿权向窃贼追偿，但第三者的损失是由窃贼造成的，商业第三者责任险不进行赔偿，应由保险公司给付交强险的赔款。

4. 案件点评

本案例是一起比较典型的按条款要求来进行赔偿的案例，在处理此类案件时，要仔细分析各项损失所属的责任和应赔偿的范围，以及在何种情况下要获得代位求偿权。

案例分析10-12

1. 案情介绍

张某在驾车上班的途中，不慎将行人孙某撞伤，造成孙某小腿部骨折，住院两周，共花费5 000元治疗费。交警判定：孙某违反交通规则横穿马路，负有事故的主要责任，张某正常行驶，但车速过快，负有次要责任。由于张某想尽快结案，于是在交警的调解下愿意承担孙某治疗费的70%，孙某自负30%。事后，张某向保险公司提出索赔3 500元。保险公司了解事故情况后，按30%赔偿并扣除免赔率5%，只赔偿张某1 425元。

2. 理赔关键

本案的关键是被保险人在交警的调解下，多支付的医疗费是否应由保险公司承担。由于张某本人想尽快结案，并未遵照交警以责论处的调解原则，按照《道路交通事故处理办法条例》的规定，负有次要责任，一般只承担经济损失的30%。显然，张某按照70%承担治疗费，超过了次要责任应承担的经济赔偿责任。根据《机动车辆保险条款赔偿处理》的规定，对被保险人自行承诺或支付的赔偿金额，保险人有权重新核定或拒绝赔偿。

3. 理赔结果

保险公司只赔偿张某1 425元，对于剩余的赔偿，均由张某自行承担。

4. 案件点评

此案提醒被保险人，机动车辆保险属于责任保险，一旦发生保险事故，在处理事故过程中要遵循以责论处的原则，不可以自行承诺赔偿，否则保险公司将重新核定，剔除超出的赔偿金额，超出的赔偿金额应由被保险人自行承担。

参考文献

[1] 张晓华.汽车信贷与保险[M].北京：机械工业出版社，2008.

[2] 吴定富.保险原理与实务[M].北京：中国财政经济出版社，2005.

[3] 李景芝，赵长利.汽车保险与理赔[M].北京：国防工业出版社，2010.

[4] 明光星.汽车车损与定损[M].北京：中国人民大学出版社，2009.

[5] 焦新龙.汽车信贷、保险与理赔[M].杭州：浙江大学出版社，2007.

[6] 付铁军，杨学坤.汽车保险与理赔[M].北京：北京理工大学出版社，2010.

[7] 王永盛.车险理赔查勘与定损[M].北京：机械工业出版社，2006.

[8] 骆剑亮.汽车保险与理赔[M].北京：清华大学出版社，2010.

[9] 费洁.汽车保险[M].北京：中国金融出版社，2009.

[10] 李景芝，赵长利.汽车保险典型案例分析[M].北京：国防工业出版社，2010.

[11] 贺展开，张岸杨.机动车保险与理赔实务[M].北京：机械工业出版社，2009.

[12] 罗向明，岑敏华.机动车辆保险实验教程[M].北京：中国金融出版社，2009.

[13] 王守辉，王俊喜，马骊歌.汽车保险与理赔[M].北京：北京理工大学出版社，2010.

[14] 任静.汽车保险与理赔[M].北京：化学工业出版社，2010.